太极运动养生

理论与科学方法研究

叶向东 著

吉林大学出版社

图书在版编目（CIP）数据

太极运动养生理论与科学方法研究/叶向东著. --
长春：吉林大学出版社, 2017.9
ISBN 978-7-5692-1455-0

Ⅰ.①太… Ⅱ.①叶… Ⅲ.①太极拳—养生（中医）—
研究 Ⅳ.① G852.11 ② R212

中国版本图书馆 CIP 数据核字（2017）第 307354 号

书　　名	太极运动养生理论与科学方法研究
	TAIJI YUNDONG YANGSHENG LILUN YU KEXUE FANGFA YANJIU
作　　者	叶向东　著
策划编辑	孟亚黎
责任编辑	孟亚黎
责任校对	樊俊恒
装帧设计	崔蕾
出版发行	吉林大学出版社
社　　址	长春市朝阳区明德路 501 号
邮政编码	130021
发行电话	0431-89580028/29/21
网　　址	http://www.jlup.com.cn
电子邮箱	jlup@mail.jlu.edu.cn
印　　刷	三河市铭浩彩色印装有限公司
开　　本	787×1092　1/16
印　　张	17
字　　数	220 千字
版　　次	2018 年 5 月　第 1 版
印　　次	2024 年 9 月　第 2 次
书　　号	ISBN 978-7-5692-1455-0
定　　价	60.00 元

版权所有　翻印必究

前　言

中华民族历史悠久、源远流长，拥有博大精深的传统文化。从中国传统医学处得知，中国人的健康之道来源于养生。"养生"一词，源出《管子》，乃"保养生命，以达长寿"之意。健康与长寿一直是人们向往和追求的美好愿望，因而养生文化得到不断丰富和发展。在漫长的历史发展过程中，中国劳动人民经过一代又一代的不懈努力，终于创造出了一系列抗衡疾病和衰老的独特理论方法，逐渐形成了一种极具华夏民族特色的养生文化。

中国养生学是兼具自然科学和社会科学特征的理论体系。它的背后有着古代哲学和医学以及现代科学的理论支撑，在融合了儒、道、墨、释及诸子百家的理论精华的基础上，吸收了现代科学的先进思想，充满着浓厚的东方神秘色彩。探索中国养生文化，不但有利于弘扬传统文化，而且符合当今世界科学的发展趋势。太极作为中国传统体育养生的运动方式，是中华民族宝贵的文化遗产。太极运动养生在许多国家和地区都得到了研究和推广，关于推广太极运动的组织也相继建立，每年专程来我国学习和交流太极养生的人更是日益增多。可见，太极运动在增进我国和其他国家人民的友谊方面起到了积极的作用。基于对太极运动养生的兴趣和热爱，笔者撰写了《太极运动养生理论与科学方法研究》一书，以期为进一步普及太极运动，发展太极运动养生科学推波助澜。

本书共九章，先总述后分述，将理论和实践相结合。前三章总述了传统体育养生和太极运动养生的基本理论知识，为后面的分述打下坚实的理论基础：第一章为传统体育养生概述，阐述了传统体育养生的概念、内容、特点、功能以及理论方法；第二章为太极运动养生的科学理论基础，论述了太极运动养生的哲学基础、医学基础、生理学基础以及心理学基础；第三章为太极运动养生的内涵解析与锻炼指导，揭示了太极运动养生的内涵、准则以及太极运动与饮食、四时的关系。第四章到第八章分述了太极运动的五种形式的相关理论和方法：第四章为太极拳运动养生理论与科学方法研究，探讨了太极拳运动以及太极拳运动养生的技术原理、价值和套路；第五章为太极剑运动养生理论与科学方法研究，论述了太极剑运动以及太极剑运动养生的价值、技法和初级太极剑养生方法；第六章为太极扇运动养生理论与科学方法研究，论述了太极扇运动以及太极扇运动养生的价值、基本知识、技术和套路；第七章为太极柔力球运动养生理论与科学方法研究，论述了太极柔力球运动以及太极柔力球运动养生的价值、注意事项、技术和战术；第八章为太极养生杖运动养生理论与科学方法研究，论述了太极养生杖运动以及太极养生杖运动养生的价值、功法和技术。第九章为高校太极养生运动开展情况及其他养生功法研究，对太极养生运动在高校的开展情况进行了分析，并对导引养生功和八段锦进行了研究。

  本书力求科学、严谨、全面地揭示太极运动养生的理论与方法体系。在结构方面，章节安排合理、逻辑清晰；在内容方面，语言精确、有理有据。本书具有较强的知识性和可操作性，迎合了大众的实际养生需要，便于太极运动爱好者参考学练。

  撰写书籍是一项较为艰巨的工作，常常有"书到用时方恨少"的感觉，因此笔者在撰写本书时还参考了同领域有关学者的资料，在此向他们表示衷心的感谢。由于笔者水平和时间所限，书中难免会有纰漏和不足之处，恳请读者予以批评指正。

笔 者
2017 年 7 月

目 录

第一章 传统体育养生概述 ······················· 1
   第一节 传统体育养生的概念与内容 ·············· 1
   第二节 传统体育养生的特点和功能 ·············· 13
   第三节 传统体育养生方法的基本理论 ············ 21
   第四节 传统体育养生的修炼方法 ················ 26

第二章 太极运动养生的科学理论基础 ············· 35
   第一节 太极运动养生的哲学基础 ················ 35
   第二节 太极运动养生的医学基础 ················ 39
   第三节 太极运动养生的生理学基础 ·············· 55
   第四节 太极运动养生的心理学基础 ·············· 63

第三章 太极运动养生的内涵解析与锻炼指导 ······· 69
   第一节 太极运动养生的内涵解析 ················ 69
   第二节 太极运动养生锻炼的基本准则 ············ 76
   第三节 太极运动与饮食养生 ···················· 79
   第四节 太极运动与四时养生 ···················· 85

第四章 太极拳运动养生理论与科学方法研究 ······· 94
   第一节 太极拳运动概述 ························ 94
   第二节 太极拳运动养生技术原理分析 ············ 98
   第三节 太极拳运动基本养生价值分析 ············ 110
   第四节 太极拳运动养生套路指导 ················ 112

第五章 太极剑运动养生理论与科学方法研究 ······· 134
   第一节 太极剑运动概述 ························ 134
   第二节 太极剑运动养生价值分析 ················ 136

  第三节 太极剑的基本养生技法…………………… 140
  第四节 初级太极剑养生方法指导…………………… 162

第六章 太极扇运动养生理论与科学方法研究………… 176
  第一节 太极扇运动概述……………………………… 176
  第二节 太极扇运动养生价值分析…………………… 182
  第三节 太极扇运动养生的基本知识与技术指导…… 183
  第四节 太极扇运动的养生套路指导………………… 191

第七章 太极柔力球运动养生理论与科学方法研究…… 195
  第一节 太极柔力球运动概述………………………… 195
  第二节 太极柔力球运动养生价值与注意事项……… 198
  第三节 太极柔力球运动养生技术指导……………… 206
  第四节 太极柔力球运动养生战术指导……………… 216

第八章 太极养生杖运动养生理论与科学方法研究…… 223
  第一节 太极养生杖运动概述………………………… 223
  第二节 太极养生杖运动养生价值分析……………… 225
  第三节 太极养生杖运动基础养生功法……………… 228
  第四节 太极养生杖运动养生技术指导……………… 236

第九章 高校太极养生运动开展情况及其他养生功法研究… 243
  第一节 高校太极养生运动开展情况研究…………… 243
  第二节 导引养生功…………………………………… 253
  第三节 八段锦………………………………………… 258

参考文献……………………………………………………… 263

第一章 传统体育养生概述

我国传统体育在漫长的发展历程中逐渐形成了一套较为完整的养生体系。传统体育养生不仅是人们强身健体的手段之一，更是人们生活中重要的组成部分。传统体育养生的发展极大地促进了传统体育理论体系的丰富与完善。本章重点对传统体育养生进行概述，主要包括传统体育养生的概念与内容、特点和功能、传统体育养生方法的基本理论以及传统体育养生的修炼方法。

第一节 传统体育养生的概念与内容

一、传统体育养生的概念

传统体育养生的基础理论中，最为基础的理论内容是传统体育养生的概念问题。传统体育养生体现了多学科的交叉，主要涉及的学科有体育学、养生学与传统养生学，对传统体育养生的概念从多学科的角度来进行梳理十分必要。所以，建立传统体育养生学理论体系首先要对传统体育养生的概念进行界定。

我们可以将传统体育养生的概念界定为，通过人体自身的姿势调整、呼吸锻炼、意念控制，使身心融为一体，达到增强人体各部分机能，诱导和启发人体内在潜力，进而防病、治病、益智、延年的作用。传统体育养生学是关于传统体育养生的专门性学科，其是在传统养生学理论的指导下，通过一定的身体姿势和动作进行自我调理，使体内真气充沛、阴阳平衡的一门理论与方法相结合的科学。①

传统体育养生在传统养生学中是非常重要的一个组成部分,其产生离不开特定历史条件下民族传统文化和生命科学的交叉与互动。传统体育养生这一体育养生文化与民族文化遗产是建立在民族传统文化基础上的,而且体现了古代养生学说与强身健体的锻炼方法的结合。以传统体育养生项目为研究对象而形成的人文科学即为传统体育养生学,在传统体育研究中,这是一个前沿学术研究领域,其能够高度概括与反映传统体育养生项目和民族文化的本质特征。

中华民族历史悠久,拥有丰富的文化遗产,我们祖先为我们留下的宝贵遗产中就包括通过运动而延年益寿的著述及养生之道的经验。人们在传承传统体育养生文化的过程中,相关的学科知识(社会科学知识与自然科学知识、理论学科知识与技术学科知识)会对其造成一定的影响。在传统体育养生基础上形成的养生学,其指导思想为中国传统哲学,主要构成骨架为中医理论,而且多种文化思想和观念(如伦理学、美学等)也蕴藏于养生学中,一个完整的知识结构体系在这些基础上形成,并在漫长的发展历程中不断充实与完善,且深受群众欢迎与关注。

传统体育养生的发展经历了漫长的过程,许多精湛的理论与实践在这一过程中逐渐形成与发展。自诞生起,传统体育养生就对中华民族思想文化(如哲学、政治、军事、文学、中医等)产生了广泛而深远的影响。传统体育养生的充实与完善离不开人民群众在生产劳动中逐渐提高的认知水平,也离不开我国博大精深的朴素哲学思想及丰富多彩的自然科学。传统体育养生中包含的养生理论极具中国特色。

随着时代的发展与人民生活水平的提高,人们对保健强身、延年益寿的追求进一步加强,传统体育养生为人们这一目标追求的实现提供了良好的契机与科学的手段,因此,其必然会在未来

---

① 尹海立.传统体育养生方法导论[M].北京:高等教育出版社,2008:5.

得到进一步的发展与完善。中华民族的创造力很强,在五千年的发展历史中,形成了丰富多彩的文化和多姿多元的社会生活方式,在这些有利条件下,中华民族认真思考并执着地追求着关于人的生命的问题,并将思考结果从理论转向实践,从而促进了我国博大精深的体育养生体系的形成,独具中华民族特色的武术与导引养生也因此而产生,它们在中华传统体育养生中占据着举足轻重的地位。

二、传统体育养生的内容

(一)武术养生

中国武术对内外兼修及形神合一极为讲究。人们一直都将内养性情,固本保元,外练筋骨,手足矫健视为养生的主要方法。在我国古代,武术不仅是训练格斗技能的重要方式,而且也是强筋健骨、锻炼身体的一项有效健身方法。尤其是在武术套路出现后,武术的养生特征进一步凸显,而人们创编武术套路的基础与前提也正是对"武"与"健"进行的有机结合。我国自古代起就在保健养生中广泛运用武术运动。

中国武术拥有繁多的流派与丰富多彩的内容,以武术的运动形式和技法特征为依据,可以将武术分为三类,即套路运动、格斗运动以及功法运动。其中,功法与套路运动主要用于养生保健中。

1. 功法运动

武术功法运动是为对武术套路进行掌握促进格斗技术的提高,对武技所需的人体潜能进行培养促进身体运动素质的增强或对某一特殊技能进行锻炼而编成的专门练习。功法运动的主要作用在于健身养生、健身护身及提高技击能力。功法运动的锻炼形式以个人单独练习为主,练习方法较为简单,经过反复交替练习可逐渐熟练,不断增加练习的难度可逐渐取得良好的锻炼效果。随着武术运动的不断发展,武术功法也逐渐兴旺与昌盛,武术的演进直接促进了武术功法的发展变化。武术功法拥有较为丰富的内容,其中内功和柔功是主要用于养生的功法内容。

(1)内功。内功指的是促进肢体关节活动幅度增加和肌肉舒缩性能提高的柔功以及对形、意、气、劲进行综合锻炼的功夫。内功的基本形式为练气、养气,在修炼过程中通过以气助势、以气助力、以气养生达到内强外壮的目的,同时也能够达到促进武术功力增强和武术技能发展的目的。武术技法与古代气功的结合共同促进了武术内功的产生,随着攻防技术的产生与发展,内功也在逐步完善。内功可分为内养类内功和外壮类内功两种类型,这主要是以内功在武术健身作用中的表现形式为依据划分的。在意念运用、效果表现和练习形式上,这两类内功具有一定的差异,但是都可以达到健身强身的效果。

其一,内养类内功。培本筑基、强身健体是进行内养类内功练习的目的,动式和静式是这类功法运动常见的两种练功形式。不管用哪一种形式来练功,放松肢体和精神、呼吸细匀深长、意念专注、某一部位的意守等都是需要重点注意的内容,通过练习这类功法,可以对脏腑进行调理,促进经络的通畅和体质的增强。比较常见的武术内养类内功有太极桩、养生太极棒等。

其二,外壮类内功。外壮类内功这种练习形式一般采用的锻炼手段是以意领气、以气运身、以身催力,目的是促进力量、速度、耐力等身体运动素质的提高,实现意气和谐、气力和谐、内外合一。动式和静式是这类功法运动常见的两种练功形式。无论采用哪一种形式来练习,呼吸和劲力的配合、劲力和意念的配合都是需要重视的要点。常见的武术外壮类内功是少林强壮功。

(2)柔功。柔功是对身体柔韧素质进行锻炼,并促进柔韧性增强的一项基本手段,习武者都很重视进行柔功锻炼。经常练习柔功能够促进肌肉的发达、关节灵活性与稳定性的提高、韧带柔韧性与弹性的增强以及体能素质和控制能力的改善,从而实现强健筋骨、调和气血、疏通经络的目的。柔功是武术套路运动的基础,这在动作规范的要求以及演练艺术性的表现等方面都能体现出来,特别是随着武术套路技术的不断发展,柔功的重要性更是日益凸显。现在,武术养生中的柔功练习方法在不断向完整及系统的方向发展,肩臂功法、腰部功法、腿部功法等都有了不同程度的发展,功法的训练目的都是明确的。

其一,肩臂功法。肩臂功法的主要训练目的是促进肩关节活动范围的增加及肩关节韧带柔韧性的增强,促进肩臂力量的发展和上肢各项能力(如敏捷、舒展、环转等)的提高。绕环、抡臂、压肩等是其主要练习方法。

其二,腰部功法。腰部功法的主要训练目的是促进腰部活动幅度的增加和腰部力量的提高,促进腰部更加柔韧、灵活与协调,要想促进身法演练技巧的提高,就要注意腰部功法的练习。俯腰、甩腰、涮腰、下腰等是主要的练习方法。

其三,腿部功法。腿部功法的主要训练目的是促进髋关节活动幅度的增加,促进腿部更加有力量,更加灵活与柔韧,促进下肢弹踢、伸屈、跳跃等能力的提高。搬腿、压腿、劈腿和踢腿等是主要的练习方法。

2. 套路运动

武术套路运动的主要特征是全面发展人体各部分。因为不管是拳术(踢、摔、打、拿),还是器械(如刺、击、劈等),每个套路中的动作都有不同:或柔缓划抹,或快速劈击;或左旋右转,或前吐后吞;或贴底穿盘,或腾空高跃——动作极其丰富。丰富多样的套路动作能够全方位增强人体的健康,促进人的力量、速度、耐力、柔韧、灵敏等各种素质的全面发展与提高。

通过武术练习能够达到的外在效果主要表现为强筋健骨,但武术的健身作用不仅仅是如此,武术还可以有效地锻炼人体中枢神经系统和内脏器官,即锻炼人的精、气、神。在我国古代的养生观中,人体生命活动的根本动力与物质基础就是精、气、神,生命就是以精、气、神的方式而存在的,"人有三宝精气神"说的就是这种观点。

作为一种健身方法,武术套路与古代导引养生术的关系密切。吐故纳新是导引术讲究的重点,调息运气同样是武术套路的特殊要求。例如,在进行长拳演练时,以姿势变化为依据,可对"提、托、聚、沉"的呼吸方法进行选择;太极拳也要求练习者要"气沉丹田"。这说明,有机结合呼吸与动作,不但可以更合理地完成动作,而且能够促进内脏器官功能的加强。从武术锻炼的角度来看,只有意到气到,气到力到,内外合一,才能促进人体对外界变化适应能力的提高,才能达到强身健体、延年益寿的目的。

以武术套路的运动形式和风格特点为依据,可以将武术套路运动分为以下四种类型。

(1)拳术。拳术这类套路运动是以徒手练习为主的锻炼形式。拳术有丰富的内容,有一百多种拳法都是有证可考的,不同拳法的技术演练特点各不相同。练习不同拳种,能够从不同的方面影响人体,各种拳种也能够互相补充,从而更好地发挥武术的健身作用。太极拳、长拳、南拳、形意拳、地趟拳、八极拳、八卦掌、通臂拳、劈挂拳、翻子拳、少林拳、戳脚、象形拳等是常见的拳种。下面就其中的几种进行简单阐述。

长拳:这种拳术的基本特点是动作灵活、姿势舒展、节奏分明、快速有力。姿势、方法、眼法、身法、劲力、精神、节奏、呼吸是长拳技术的八要素,主要包括三种手型(拳、掌、勾),五种步型(弓、马、仆、虚、歇),一定数量的拳法、掌法、肘法和不同组别的腿法(如屈伸、直摆、扫转等),以及平衡、跳跃、跌扑、滚翻动作。其套路主要有适合普及的初级套路、中级套路,以及适合竞赛的规定套路和自选套路。

太极拳:这种拳术的基本特征是轻灵、柔和、缓慢。掤、捋、挤、按、采、捌、肘、靠、进、退、顾、盼、定等是太极拳的基本方法。各式太极拳都有具体的要求,其总要求是静心用意、柔和缓慢、连贯协调、刚柔相济。陈式、杨式、吴式、孙式和武式等都是传统太极拳的主要流派。

南拳:在我国南方各地流传的拳种统称南拳。该拳种有很多流派,洪、刘、蔡、李、莫家等是广东流派的代表,咏春、五祖等是福建流派的代表。步法稳固、拳势刚烈、擅标手、多桥法、以发声吐气助发力等是南拳的主要特征。

形意拳:基本桩法为三体式,基本拳法为五行拳(劈、崩、钻、炮、横五拳)和十二形拳(龙、虎、猴、马、龟、鸡、鹞、燕、蛇、骀、鹰、熊十二形),基本桩法和拳法共同组成形意拳。动作严密紧凑、整齐简练、朴实明快、发力沉着是其基本运动特点。

(2)器械。器械有很多种类,长器械(如大刀、枪、朴刀、棍等)、短器械(如剑、刀、匕首、铜等)、软器械(如三节棍、九节鞭、流星锤、绳镖等)、双器械(如双剑、双刀、双钩、双枪等)等是常见的分类。下面就其中几种器械项目进行简要阐述。

长器械中以大刀为例,基本刀法以劈、砍、斩等为主,舞花等动作与基本刀法结合共同构成大刀的套路。在练习过程中双手握持大刀,以腰发力,动作表现出勇敢果断、雄浑威武的气势。身械协调、劲力充沛是基本练习要求。

短器械中以刀术为例,劈、砍、斩、撩、扎、挂、刺等是其基本刀法,各种步型、步法、跳跃等动作与基本刀法共同构成刀术套路。勇猛快速、气势逼人、刚劲有力、雄健剽悍是其基本运动特点。

软器械中以九节鞭为例,舞花形式主要以抡、扫、缠、挂为主,这些形式共同组成九节鞭套路。腕花、手花、绕脖、缠臂、背鞭等是九节鞭的主要动作。抡舞如轮,鞭走顺劲,横飞竖打,势势相连是其基本运动特点。

双器械中以双剑为例,穿、挂、云、刺等是主要剑法,身法、步法与基本剑法结合,且双手交替变换而构成双剑套路。潇洒奔放、身随剑动、矫捷优美、步随身移等是其基本运动特点。

(3)对练。至少两人按预定程序进行攻防格斗的武术套路就是所谓的对练,器械对练、徒手对练、徒手和器械对练是常见的对练形式。

(4)集体演练。集体进行徒手演练、器械演练或徒手与器械的综合演练就是所谓的集体演练,这种套路运动中,队形、图案都是可变的,也可以采用音乐来进行伴奏,队形整齐、动作协调是这类运动的基本要求。

(二)导引养生

导引功法拥有众多的流派和丰富的内容。根据功法锻炼的主要特征调身、调息、调心等是导引锻炼的三要素,基本上我们可以将导引功法分成静功、动功及保健功三大类。

区分各种功法的动静分类,主要参考的依据是主体功法的特点。事实上,肢体运动和按摩拍击等动作也出现在不少静功中,在功前、功后都有运用,或在不同练功阶段都会穿插一些,其主要是起辅助的作用。在明代以前,动功功法基本上不与静功练法相结合,明朝以后,静功练法中逐渐融进动功功法,意念与呼吸相结合的锻炼就是二者融合的主要表现之一,这对于动功功法锻炼效果的提高具有积极的作用,这也是动功功法与现代体操相区别的主要特征之一。动功、静功锻炼中,常见的辅助功法还有按摩、拍击等。

1. 动功

在动功练习中,练功者肢体不断运动变化,意与气相互配合,从而达到气血畅通、舒活筋络的效果。很明显,"动"的锻炼是动功着重强调的内容。动功功法的主要特征表现为动静相兼、柔和均匀、松静自然、意气相随等。肢体运动、呼吸调整、意念运用三个部分共同组成了动功的操作方法。

从古代到现在,养生家对许多动功功法进行了创造,而在具体创造过程中的指导思想就是"流水不腐,户枢不蠹,动也,形气亦然,形不动则精不流,精不流则气郁""动摇则谷气消,血脉流通,病不得生,譬如户枢终不朽也"。[①] 肢体拧转、伸屈、仰俯等是养生学家创造出的功法运动中的基本动作,这些动作的完成都是按一定的规律进行的,富有节奏感,通过练习这些功法,可以促进

---

① 尹海立.传统体育养生方法导论[M].北京:高等教育出版社,2008:38.

筋骨的强健、关节灵活性的提高、全身气血的流通以及体质的全面增强。

一些动功在呼吸锻炼上对呼吸和动作的配合有特别的要求。通常配以吸气的是开、起、伸、收、蓄等动作,用呼气配合的是屈、合、放、落、发。也有些动功呼吸自然,不作特别强调。不管用什么方式呼吸,自然通畅、不憋气都是基本要求。

一般要求在思想安静的状态下进行动功锻炼,锻炼时要有机结合动作和意念,全神贯注,每个动作都要集中思想。对呼吸有特别要求的动功练习中,更要将每一次呼吸掌握好,恰到好处地呼吸,这对于结合动作和意念是有帮助的。以动功锻炼的不同侧重为依据,又可将动功分为以下两类。

(1)以内练为主的动功。进行以内练为主的动功练习时,肢体自然运动,对意念的调节和呼吸的锻炼要特别重视,从而达到经络疏通、气血调和、阴阳平衡的目的。锻炼时尽可能使动作柔和、缓慢与轻松。此外还要注意集中精神,全神贯注,保持平和的心态,气沉丹田,自然呼吸;动作力度要自然把握,注意动作要有内在力量。八段锦、十二段锦(针对医疗保健需要而编创)、五禽戏(从古代宣导舞发展而来)以及太极导引(由太极拳衍生而来)等功法都是以内练为主的动功,因而也具备以上这些特征。这些功法运动量不大,对于中老年人、体弱者及慢性病患者较为适合。

(2)以外练为主的动功。以外练为主的动功对肢体运动比较注重,有较大的活动幅度,发力动作有时也会在练习中出现,进行这种动功的练习能够使肌肉、关节、筋骨的牵拉进一步加强,促进肌肉力量的增强和关节灵活性、韧带弹性的提高。外练动功的动作刚柔结合得较好,刚柔互兼,转化也比较自然,肢体的运动会对不同部位肌肉的紧张度和负重力产生一定的影响。此外,练习这类动功能够促进血液循环的畅通,从而合理地再分配循环血量,促进脏腑和经络机能活动的改善。练习时要注意内动外静,保持意念上的松静,从而达到气血畅行的效果。注意以动作为依据来对呼吸进行调整,使呼吸与动作充分协调。一些功法动作对发力也有一定的要求,一般在蓄气时吸气,发力时呼气,通过呼吸来达到良好的发力效果。易筋经、从武术基本功中移植的功法都是以外练为主的动功,因而具备上述特征。这类功法的运动量比较大,对于青年人和身体较强壮的人更为适合。

2. 静功

静功指的是在练习过程中基本保持形体和位置的固定,同时结合意念和呼吸来达到身体内部机能不断提高的目的的导引功法。[①] 通过静功练习能够达到心神宁静、消除杂念、气血畅通、精气充盈的效果。

练习静功时,坐、卧、站等是基本的姿势,不管是进行哪种姿势的练习,都要注意保持全身稳定,内部放松,松垮、强直是特别要注意避免的状态。头正身直,下颚微收,眼帘下垂,耳注于息,舌抵上颚,眼敛观鼻,鼻对脐,含胸拔背,松开两腋,沉肩垂肘,松腰松胯,尾闾中正是静功练习的具体要求。如果能够按照这些要求练习,就能够规范地完成动作,并能够最大限度地保持机体内外松静,神经与肌肉得到充分的放松。

静功练习中,一般采取腹式呼吸的方法来调整呼吸,注意呼吸的深长、细缓及均匀。具体练习过程中,可先练习自然呼吸,顺其自然是自然呼吸的基本要点,等到达到腹式呼吸的基本要求时,再通过腹式呼吸的方法来进行呼吸调整。腹式呼吸通常要结合意念进行,"以意引气"说的就是呼吸与意念的结合。对腹式呼吸进行练习时,一定要注意松、静、自然,切忌憋气,意念上要相对放松,不疾不徐。调整呼吸能够促进机体的放松和安静,促进人体内"真气"的调整,并使"真气"循经络在全身运转。

静功的主要环节就是进行意念锻炼,在古代,意念练习也被称为"凝神""调心"。练意时,在某件事物或某一身体部位上集中注意力,思想、情绪、意识要处于安静状态,排除大脑中的杂念,使大脑宁静、轻松,使精力充沛,从而对人体内在的潜力进行调

---

① 尹海立. 传统体育养生方法导论[M]. 北京:高等教育出版社,2008:36.

动,促进人体自我调节的生理功能的充分发挥。练静功时,要在意念活动支配的作用下调整姿势和呼吸。所以,在导引锻炼中起主导作用的是意念,要注意在自然的前提下进行意念活动,要"勿忘勿助""似有意似无意",强行操作是难以取得良好效果的,反而会使精神紧张。

在静功练习中,对调息和调心有不同的侧重,以此为依据,可将静功分为下面两种类型。

(1)以锻炼意念为主的静功。以锻炼意念为主的静功具有以下几个特点。

其一,以锻炼意念为主的静功主要特点是"定点意守",意守穴位、丹田、脏器等身体部位,以此来促进思想的松静,达到"凝神聚气"的目的。

其二,意守气流、液流、五脏色体等体内的意境,意守珍奇动物、自然景观、特定人事等体外的意境,通过既定的自我暗示内容仔细进行想象,促进体内外同时达到入静、放松的境界。

其三,以意念引导经气循经络运转于人体内,一般任、督二脉是运转主线,以此来促进人体内部精气运行的通畅。

(2)以锻炼呼吸为主的静功。以锻炼呼吸为主的静功,主要练习内容为腹式呼吸,通过呼吸练习来对人体的内气进行调动,使之在身体某一部位不断聚集、储存,并循经络在体内顺利运行,促进气血的畅通。六字诀吐纳法、顺腹式呼吸法、逆腹式呼吸法、丹田呼吸法、停闭呼吸法等是腹式呼吸的几种常见方法。

3. 保健功

保健功指的是对简单手法进行运用,双手或器具按摩、拍打体表某些部位或全身,从而实现预防缓解疾病、强身健体、延年益寿等目的的导引功法。[①] 导引术中,保健功是一种辅助功法,自我按摩和自我拍击是常见的保健形式。通过这些形式的练习,既可

---

① 尹海立.传统体育养生方法导论[M].北京:高等教育出版社,2008:36.

保健，也可治疗疾病，非常适合老年人与体弱者。

（1）自我拍击法。用手或器具对自己身体某一部位进行有节律的拍打，从而震动并刺激机体，达到缓解疲劳、调和气血、疏通经络的作用。自我拍击法操作起来比较简单，应根据自我需要来拍击，刚柔结合，放松腕关节，在屈伸腕关节时，前臂做配合性动作，促进拍打的弹性的增加，并使拍打动作在平稳和有节奏的状态下完成，从而进一步渗透拍打的力量，提高拍打的效果。拍、击、叩、弹、啄等是常用的拍打手法。某一部位或全身都可作为重点拍击的范围，要按照一定的顺序拍击，《调气圭臬》有如下记载："行打功，先左后右，凡手足四面、胁肋腰腹、肩腋臂腿、脊臀、臀囊俱打到。若腹中有恙，腹须多打，打觉畅舒，正以去病也。但必须顺打而下，依次而行，切勿颠倒错乱。"[①]

（2）自我按摩法。在古代，按摩法是导引中的一种方法，练习时一般结合其他功法进行，因此通常将导引、按摩并称。现在的按摩法主要在临床治疗中使用，一般都是他人按摩。按摩从导引术中分离出来，成为现在医学中一门独立的分科。

导引中的按摩主要是自我按摩，目的是为了保健养生。点、推、拿、揉、捏、按、压、摩等是常用的按摩手法。耳功、目功、叩齿、舌功、漱津、项功、浴面、揉肩、揉腹、擦胸、搓腰、摩丹田、搓尾闾、浴（摩擦）手、浴大腿、浴臂、擦涌泉、揉膝等是常见的练功方法。可重点选取某一部位进行按摩，也可进行全身自我按摩，头面、躯干、上肢、下肢是全身按摩的一般顺序，循人体经络进行全身按摩也可。

---

① 尹海立.传统体育养生方法导论[M].北京：高等教育出版社，2008：36.

第二节　传统体育养生的特点和功能

一、传统体育养生的特点

（一）思想观点方面的特点

1. 强调性命双修、神形俱养

人的生命是精神同肉体的统一，这是中国古代哲学的一种观点，基督教主张灵魂可以脱离肉体，而从"神即形也，形即神也，是以形存则神存，形谢则神灭也"中的"形斥神以立，神须形以存"可以看出我国养生思想强调精神与肉体合二为一，不可分离。"神形俱养"强调的是生命机体的整体异化，在人的生命历程中，人体的系统、器官都应相互协调，特别是物质（形、体、命）与精神（神、性、心）更要协同发展，物质与精神共同构成了人的生命功能。

"欲全其形，先在理神"的观点从古流传至今，因此，神经系统的功能锻炼在我国养生体育中居重要地位。马克思说："有意识的生命活动把人同动物的生命活动直接区分开来。"意识主导着人的所有行为和活动。养生保健需要经过长期复杂的过程才能取得一定的效果，如果缺乏意识的主导，对各种复杂关系无法妥善处理，难以实现长寿。人的情绪与心理精神状态对神经内分泌系统的活动有直接的影响，对细胞（人的生命基础）的生命活动也有直接的影响。所以，中华民族传统养生体育注重身心与神形的协调发展，并强调通过一些特殊运动方式来对神经系统的机能进行锻炼与调解，这样才有利于整体优化人的生命功能。

2. 注重植物神经和躯体运动神经的协调发展

元神、识神是神经活动的两种类型，这是古人的划分方法。"天命之性者，元神也；气质之性者，识神也"，就是说人体有"元神"和"识神"两大系统对人的生命活动进行着主导,二者分别对应的是植物神经系统及功能和躯体运动神经系统及功能。植物神经系统对人新陈代谢基本生命功能的神经系统部分(如吸收、排泄、循环、生殖等)进行主导,这一神经机制是与生俱来的。躯体运动神经系统对人的意识、信息、运动等功能的神经系统部分进行主导,这一神经机制在指挥人体运动器官应答中,要想发挥主导作用,需要以各感官接收信息为基础,并通过大脑来处理信息。人类在后天的生活实践中,随着认识的发展而逐渐意识到了躯体运动神经系统的价值。

运动系统功能的锻炼与训练十分受西方体育重视,"更高、更快、更强",提高人体的运动能力和技术是所有运动方式追求的目标。"养生"是中国养生体育认为比提高技术运动能力更重要的内容。使五脏六腑所有生命基本功能的脏器系统都得到合理的运动与锻炼就是"养内",所以中国养生体育专门创造对进行植物神经功能锻炼的运动方法(如导引、自我按摩等)。

现代科学已证明,腺体(如脑垂体、肾上腺等)分泌的激素能够对人体细胞生命活动过程进行完全的控制,而激素的分泌与其作用直接关系着植物神经的功能,所以锻炼植物神经有利于整体优化生命技能。

(二)方法学方面的特点

1. 对静动和内动及两者结合的运动方式进行创造

神经系统特别是信息、意识功能的自我调节、整合运动,以对大脑的训练、锻炼为主的功法就是静动;人体在空间不发生水平位移的自我肌肉收缩运动,以对植物神经的训练与锻炼为主的功法就是内动。二者相互结合,相互作用。静动练习中,注重调息入静,把呼吸调节为"纳唯绵绵,吐唯纫细",将一切信息信道暂时关闭(如闭目、止听、皮肤尽量脱离接触等),使大脑处于安静与放空状态,清理已接收的信息,将积累消除,以使信息机制的灵活运作得到保证。植物神经及其调控的脏器的功能锻炼是内动练习中的重点,它是在调息入静中运用腹肌收缩,形成腹式呼吸,进而带动脊柱运动。对植物神经进行锻炼的方法主要有以下几种。

(1)脏器蠕动对肾上腺皮质等腺体造成刺激,将各腺体分泌激素的机能激活,促进监督与调整体内各种细胞的活动程序、状态、活力的能力的加强。

(2)对腹腔内的脏器进行暂时关闭,内外摩擦,相互刺激,促进脏器活力的增强和体液循环的通畅,促进消化、吸收、生殖等功能的增强。

(3)在半入静状态下进行由意念主导的各部肌肉的收缩运动,这就是静动与内动结合的且在意念指导下的肌肉收缩方式。本质上而言,就是在意念主导下肌肉循经络信道而收缩。这种运动动作在空间上不大显现,外部信息或刺激的诱发也不存在,自我信念是这一运动动作产生的根本,肌肉收缩运动在体内进行,但同样可以有效地改善心血管系统功能。

2. 人体外部运动注重适量和适度

民族传统养生体育对人体的外部运动也很重视。人体各种运动形式都有利于促进人的生命体内外物质、能量交换,血气流转。古人所说的人体运动包括两方面,即自然运动和导引运动,前者包括人的各种劳动活动,后者是由人工创编的运动方式,较为独特。现代健身体操、医疗体育都是以导引为起源而产生的,导引图最早在马王堆出土的西汉墓葬文物中就曾出现。导引是对动物动作的模仿形式,具体的动作组合的编制是以人体生命发展的需要为依据而进行的。导引的价值主要体现在以下几个方面。

(1)人类对导引这一运动方式进行创造是为了自我优化生命机能,人类对自身生命活动规律的认识能力能够在导引中体现出来。

(2)在医疗实践活动中,导引的一些动作组合逐渐形成与发展,这些动作组合通过肢体定式化的运动能够使人体某个部位的病患减轻或消除。医疗体育的雏形就是导引。

（3）导引强调意念的引导作用，动作要在意念的指导下完成，以意领动，动作随意至而动。

（4）导引运动是自我运动，由个体自觉练习，具体以个人的生理、心理特点为依据来选择活动方式，不提倡组织相关的竞技比赛。

二、传统体育养生的功能

(一)道德修养的功能

传统体育养生对道德方面的修养非常重视。我国很多养生著作中都明确提到养生保健以道德修养为本。《素问·上古天真论》中说：是以嗜欲不能劳其目，淫邪不能惑其心，愚智贤不肖，不惧于物，故合与道。所以能年皆度百岁，而动作不衰者，以其德全不危也。[1] 意思为，拥有高尚道德品质的人，淡泊名利，清静寡欲，不贪图物质，不患得患失，因此才能长命百岁。

专气致柔、淡薄无为、清静寡欲等养生观念和主张(以老子、庄子为代表)及有关修炼方法(如"坐忘""心斋"等)对传统体育养生思想和方法的发展产生了深刻的影响，锻炼功法中以这些思想与方法为根本准则。清静指的是"养神""守静"，无为指的是"依乎天理，因其固然""人法地，地法天，天法道，道法自然"，主张人应顺应自然地对待生命，对生命问题要淡然处理。在养生功法中，主张自然大方地完成动作，不要过于刻意追求规范，保持放松，按照人体运动规律来促进各方面机能的发展；同时主张练功者"清静专一""恬淡虚无"，这样才能"静能生慧"，心灵"必静必清""水静犹明，而况精神"，从而对高尚的情操进行培养与陶冶。

护其肾气，养其肝气，调其肺气，理其脾气，升其清气，降其浊气，闭其邪恶不正之气，培其元气，守其中气，保其正气是传统养

---

[1] 邱丕相，蔡仲林.传统体育养生教程[M].北京：高等教育出版社，2011：10.

生功法的练习要求。① 孟子"至大至刚,以直养而无害"之气就是这里所说的"正气",促进道德修养的提高,一定要重视对正气的培育,而养生的主要任务也正是培育正气。在具体练习每种功法的过程中,都要求以静始,从而使神志处于安宁状态,在静中回归天性。因此德始终都是养生的首要因素。

(二)修身养性的功能

修身养性具体是对身体和性情的修炼,目的是使身体和心理都能在稳定、协调的状态中发展。传统体育养生中,修身养性既是手段又是目的。人们在对客观世界进行改造的过程中,为了保持健康、延长寿命,对养生规律进行不断地摸索,并积累了丰富的经验,在此基础上对传统体育养生进行了深入的总结。促进人的全面发展是传统体育养生的最终目的。传统体育养生不但对健身有要求,对健心也很重视;练习者的身体和心理能够在传统体育养生中达到松静自然状态,从而缓解压力,愉悦身心,促进身心的健康与协调发展。

体力、智力、志趣、才能和道德品质等多方面发展即为人的全面发展。在民族传统养生学说和强身健体锻炼方法相结合的条件下,传统体育养生逐渐产生,作为民族智慧的结晶,其促进身心协调发展的作用是在人体自身的姿势调整、呼吸锻炼和意念控制中实现的,在这一过程中,人体机能也在不断加强。

传统体育养生是典型的民族传统健身项目,具有独特功效,旨在将人的主观能动性充分发挥出来,使人在有意识的自我身心控制及一定的肢体活动中达到增强体质、防治疾病的目的,以实现人的全面协调发展。动静结合、内外兼修是传统体育养生的重要主张,通过各种姿势动作,使肢体舒展,筋骨活力加强,外动内静,对气息进行调整,宁心安神,从整体上调理人的精、气、神。它对练习者的首要要求是净化心灵、心无杂念,只有达到超凡脱俗

---

① 邱丕相,蔡仲林.传统体育养生教程[M].北京:高等教育出版社,2011:10.

的意境,才能在练习中集中思想与精神。练习者还能够通过不断的练习达到提高气质的效果。传统体育养生具有健身祛病的功效,特别是能够有效地治疗慢性和疑难病症,从而促进身心的健康。传统养生并非是针对病因或病症而提出的具体功法动作,而是通过促进机体自我调节功能的增强来对其自愈能力进行激发,进而达到健身与治病的目的。

（三）社会功能

1. 改变健康意识

现代社会的变革与科学技术的发展使人类社会生活产生了深刻的变化,人类的生活习惯、生活方式、生活内容也因此在不断改变。由于生产力的迅速发展,在工作过程中人们的精神处于紧张疲劳状态,而且家庭生活也更加现代化,人们更需要全面协调地发展身体和心理素质。由此可见,人们不再将"没病"看作是健康的唯一标准,而是从身心两方面来认识健康。传统体育养生文化中"内外兼修"的思想与人们的健康需求是相符的。传统体育养生注重人的全面锻炼,提倡内外兼修与统一,看重的是身体和心理的和谐健康。传统体育养生对人心理上的效用主要体现在其内在的仁义观上,这种观念转化成普通大众的生活准则和评价标准,使人们在社会发展中对和谐的关系进行探求,从而使人的精神和情感得到了调节,实现了人的和谐发展。

2. 增强体质

增强老中青少各类人群体质是传统体育养生文化在现代社会中最重要的功能与价值体现。人们通过参与传统体育锻炼,能够收到实际的锻炼效果,能够获得更加健康的身体和更加充沛的精力。传统体育锻炼方法的主要特点与优势表现在节奏舒缓平和、场地器械要求低、强度可自由调控、时间可自主安排、不同年龄群体的人都适宜等。正是如此,我们应对中国传统体育养生文化进行大范围的提倡与宣扬。

（四）医学功能

1. 传统医学功能

（1）调和气血。传统医学中，气是一种精微物质，在人体内运行，温养机体、抵御外邪入侵、参与脏腑功能的新陈代谢是气的主要作用。血的功能主要从两个方面体现出来。一方面，对脏腑、形体、经络和骨窍进行调养；另一方面，精神活动以血液为物质基础。因此，对于人体而言，气血是生命活动的基础、人体能量的来源以及重要的营养物质。倘若气血不足，就会产生营养不良、贫血等症状，影响免疫功能，许多虚症也因此而出现；如果气滞血淤就会阻碍气血的顺利运行，许多实症就会由此产生。传统体育养生锻炼不但能够补益气血，而且也可以理气活血，使虚症和实症得到有效的防治。

（2）疏通经络。气血运行的通路就是经络，不通则痛，如果经络不通，气血就无法滋养脏腑组织器官，各种病症就会产生。传统体育养生锻炼能够促进经络疏通，使各种病症得以减轻或消除。

（3）扶正祛邪。扶助人体的正气就是扶正，疾病的产生与正虚邪实有很大的关系。正虚是指精血不足和脏腑功能低下，邪实是指风、寒、暑、湿、燥、火六淫之邪气侵袭。传统体育养生锻炼既可扶助正气，又可祛除邪气，所以能够防治虚症或实症多种疾病。

传统体育养生锻炼能够促进体内精、气、神三宝不断充盈，逐渐达到精充、气足、神旺。精气充足则脏腑组织器官功能健全，神旺则大脑和免疫功能健旺。

2. 现代医学功能

（1）调节系统。传统体育养生锻炼有利于对心动过速（或过缓）、高血压（或低血压）、甲状腺机能亢进（或减退）、高血糖（或低血糖）等病症的预防与治疗，这说明传统体育锻炼能够双向调节人体各系统。

（2）增强大脑。实验证明，在练功中保持放松安静状态，练功者脑电图中α波波幅会增高，并由枕叶逐渐向颞叶扩散。单位时间氧耗明显下降，比清醒状态下的正常人大约低16%。而正常人在熟睡时，单位时间氧耗比清醒状态下大约低10%，这说明参与传统体育养生锻炼获得的休息比睡眠更好。由于α波是反映大脑皮质抑制的波形，所以α波波幅增高并有扩散趋势，说明传统体育养生锻炼可使大脑皮质各种不良刺激减轻或消除，从而对中枢神经进行调节，这有利于调养大脑皮质和全身脏器，也有利于促进记忆力和智力的提高。

（3）减少能量消耗。参与传统体育养生锻炼能够使能量代谢得到不同程度的降低，使人体从"耗能"态向"储能"态转化。研究发现，人体血液中ATP含量在练功后比练功前有更显著的升高，这说明练功具有储能的功能。所以，经常参与传统体育养生锻炼可以使能量消耗减少，能量储存增加，对于养生保健、延缓衰老、延年益寿十分有利。

（4）促进血液循环。长期练习传统体育养生项目，不仅可以促进心脏功能增强，促进大小循环和微循环的血液流动，还能够使异形血管的管袢数量减少，这说明传统体育养生有利于增强心血管系统的功能。实践证明，参加传统体育养生功法锻炼后，人的四肢和身体温度都会提高，微微出汗，但不会感到身体酸痛，这说明传统体育养生功法对于促进血液循环、防治心脑血管病（如冠心病、脑动脉硬化等）都具有积极的影响。

第三节　传统体育养生方法的基本理论

一、阴阳学说

阴阳学说中阴阳相互对立、依存、消长、转化的概念以及养生中形与神、动与静、劳与逸的养生观点,是人们认识人体生命活动的观点和方法。人体正常的生命活动一方面决定于人体内环境中阴阳两个方面要保持协调平衡的关系,即身与心(机体内物质与物质、功能与功能、物质与功能间)表现出阴阳的协调平衡,另一方面决定于人与外界客观环境之间阴阳的和谐统一。

人体内外环境由多种可变因素组成,按阴阳学说来看,这些多种、多层次、多尺度、多参数的可变因素,实质上反映了人体内外环境充满了阴阳现象。对于内环境而言,若表现出阴平阳秘的协调平衡,人则健康;若阴阳失调,就会出现阴阳某方面的偏盛或偏衰,则会导致人的生命力减弱或产生疾病。对于外环境而言,若能使人体适应自然、社会环境的变化规律,则达到了人体与自然、社会环境阴阳的和谐统一,就会有利于人的健康长寿;否则,会生病、减寿。可见,保持人体内环境的协调平衡,保持人体与外界环境的和谐统一,就会促进人生命力的发展。所以,阴阳平衡是创编和实施中国传统体育养生法的指导思想和原则。

中国传统体育养生的智者、贤士们还运用阴阳学说的观点和方法,以积极主动的态度不断地探索、揭示不同季节时令、月缺月圆、昼夜交替、地理方位等生态环境的自然变化规律对人体的不同影响,因势利导地顺应自然界阴阳变化规律,实验、总结、创编不同的养生保健康复手段、方法及运动强度、运动量要求,使人体生命活动的活跃峰值与自然生态环境的活跃峰值尽量有机契合,使人体内外环境获得阴平阳秘的高度和谐统一。传统体育养生按季节时令进行摄养。

（1）春季阳气向上、向外升发，万物复苏、万象更新，人的阳气也顺应春季阳气向上、向外舒发，因此春季养生主在养阳生发，精神调养也应做到思想豁达开朗，情志生发，切忌情绪抑郁。运动宜选择野外徒步、旅游、登高等利于明目、舒肝解郁等的体育项目。

（2）夏季阳气盛、阴气衰，万物繁荣，人的心火也炽盛，夏季养生主在养阳滋阴，应保持精神愉快，使体内阳气向外开发宣泄，切忌情志闭郁烦闷，宜积极主动地从事一些轻松愉快舒心平血的体育活动。

（3）秋季阳气下降潜伏，阴气上升泄发，天气渐凉，万物成熟。因此，秋季养生以养阴为主，应使情志宁静，尽量采用保养神气、益气养肺、防止耗损的体育健身法。

（4）冬季阴气盛、阳气衰，万物生机潜藏，养生应谨藏肾水，以生阳养阴为主，使精神情绪安宁平静，宜避寒就温，选练一些力所能及的缓慢而耐寒、暖背而固肾腰的体育运动。

根据阴阳学说的观点，方位的东、南属阳，西、北属阴。地理上的高阔之地属阳，低漫之地属阴。练习传统体育养生法（功、术）多选择面朝东、南的方位与花草树木茂盛、洁净清雅的高阔之地，以求获得体育养生的最佳效果。

由上可见，中国传统体育养生学是根据阴阳学说平衡论的观点，以身体练习为基本手段，从影响人体生命活动的内外环境所表现出的阴阳范畴着手，按照"补其不足，泻其有余"的原则，通过各种养生方法的实施调节机体的阴阳平衡，使之朝着阴气平顺、阳气固秘的"阴平阳秘"状态发展，达到培补元气、滋阴壮阳健康长寿的目的。

总之，阴阳是宇宙万物变化的总规律，阴阳学说是中国古人用于认识宇宙万物的世界观和方法论。阴阳平衡是中国传统体育养生的指导思想和采用养生健身手段、方法的理论基础，调和阴阳是传统体育养生法的重要法则，"阴平阳秘"是传统体育养生法追求的最佳状态。

二、五行学说

五行学说是关于木、火、金、水、土五种物质的哲学论述。五行学说是古人认识宇宙、解释万物变化的一种学说,最早见于殷末的《尚书·洪范》:"一曰水,二曰火,三曰木,四曰金,五曰土。"古人用类比法将自然界的万物进行了归类,并阐述了万物之间相生(木生火,火生土,土生金,金生水,水生木)、相克(木克土,土克水,水克火,火克金,金克木)的相互关系与作用。

(一)传统体育养生中事物之间的五行联系

五行学说是中国传统体育养生方法的认识论和方法论。中国传统体育养生中把人的生命活动所表现出来的复杂事物和现象按五行的特征和分析、归类、推演络绎的方法进行了分类。中医学和中国传统体育养生学一方面把对人体健康有影响的自然界的季节、气候、方位、味道、颜色以及生物的生死变化等现象归属于五行,另一方面把人体脏腑、五官、形体、情志、声音等也分别归属于五行。

中国传统体育养生还根据五行生、克、乘、侮的规律,指出人体生命活动过程中,机体组织器官或生理功能之间,不仅容易出现生克制化维系生命活动动态平衡的正常现象,也容易出现相乘或相侮而引起的不正常现象,导致机体脏腑组织器官的器质和功能产生不平衡的病变或衰竭。传统体育养生的实践也证实,古代养生家在编创养生内容和手段方法时,自觉地运用了五行学说的生、克、乘、侮观点与方法,如具有增强养生技击效果的形意拳,对其五种基本拳法崩、炮、横、劈、钻的训练,既能提高实战技击性,又能按木、火、土、金、水的五种属性使五脏肝、心、脾、肺、肾得到彼此联系和滋补。

（二）五行学说在传统体育养生中的应用

首先,按五脏和季节相配的五行关系采取相应的养护措施。利用五行的属性分析五脏的生理特点及其功能特性,同季节相配练习可以医治脏腑疾病。其次,运用阴阳五行归类法则选择适宜的功法和练功时间。人有形态、体质、禀性等的不同,中医运用阴阳归纳法则,归纳为"五态之人",即太阴之人,少阴之人,太阳之人,少阳之人,阴阳平和之人;根据五行归类法则归纳为五型,即木形之人,火形之人,土形之人,水形之人,金形之人。木形、火形都能春夏而不能秋冬;土形、金形、水形之人都能秋冬而不能春夏。所谓不能,就是不能很好地适应环境的意思。不能适应则易于感邪而生病,这就说明由于人的先天禀赋的不同,对自然界四时气候变化有不同的适应能力。

三、天人相应论

天人相应论中的"天"是指整个自然界。天人相应指人体与自然界、社会的和谐统一。其中的人指自我身心协调统一的个体;"天"为客观事物,又为"理之所出者也",泛指客观事物及其变化规律,包括自然界及其变化规律,人类社会及其变化规律。中国古代养生家认为人的生存离不开阳光、空气和水谷等自然物,也离不开社会对人心身的调摄。人是自然物的一种,人的生命是自然物的精粹,又在不断地获取自然界的精华;人还是人类社会的成员之一,人只有依靠社会才能提高生活质量。

自然界天地万物,无时无刻不按照阴阳五行法则在不断地发生变化。大千社会,存在着形形色色的人和事,时时刻刻都会出现是与非、善与恶、荣与辱的矛盾和斗争。人作为自然界的组成部分,作为社会的成员之一,是自然和社会的依存者,必然受天地间自然变化和社会变革规律的影响和支配,其生理、心理也相应地伴随着自然、社会的变化而发生变化。所以,"天人相应"是指人体与自然环境之间的相互关系。"以天地之气生,四时之法成""人与天地相参与,与日月相应也"的理论就充分说明了人类的有机生命体来自于自然,受自然规律的支配,即使在宏观上自然界的规律变化也直接、间接地影响人体的生理功能及病理变化。

顺应四时,辨识阴阳消长是养生长寿的基本要求。根据季节气候春温、夏热、长夏湿、秋燥、冬寒的变化规律,人就应和其他生物一样,随着季节气候春生、夏长、长夏化、秋收、冬藏的变化而与之适应。根据每天晨昼昏夜时序的阴阳消长、寒温变化,与四季的二十四节气相一致。二十四节气是我国古代天文学家发现创造的,最初主要服务于农事活动,而后逐渐延伸到医学上,为诊治疾病和养生服务。

二十四节气的更迭是以春、夏、秋、冬四季为周期,这正是地球绕太阳运转的反映。人类居住、生活在地球上,感觉不到大地的运动,却看到太阳在星空中运动,一年正好运动一周。通常将太阳的这种运动称之为视运动,把它所运动的道路,称为黄道,黄道是360°的大圆圈,将黄道等分成24段,即为二十四节气,太阳每移150°就表示到了一个节气。太阳是匀速运动的,所以二十四节气在农历上的日期几乎不变。二十四节气变化是以年为周期而有规律地交替进行着,它反映了大范围内气象变化的趋势,因而可根据其变化规律服务于养生。

根据中医脉象学说,体内脏腑也对应于自然界的运动变化,肝木旺于东,肝气通于春;心火旺于南,心气通于夏;脾土旺四时,脾气通于长夏;肺金旺于西,肺气通于秋;肾水旺于北,肾气通于冬。在人体的生理病理过程中,一定的脏就表现出与相应时令、气象相一致的特征,以维持体内脏腑与自然界的平衡。

四、形神合一论

"形神合一"是指形体与精神的统一,也可以说形态与机能的统一。形是人体的一切组织器官,包括五脏六腑、经络、四肢百骸等组织结构和气、血、津液等基本营养物质。神指精神意识活动。

形与神是密切结合着的,神不能脱离形体而存在。运用"形""神"的概念及其相互之间的关系,阐述生活活动的本质及其生命整体观的理论,即为"形神合一论"。"形神合一论"是传统的生命整体观的重要内容,这一理论长期有效地指导着养生保健及疾病防治的实践。

神的盛衰是形体健康与否的重要标志,人体是形神的统一体,形的病变可导致神的异常,神的改变也可影响形的生理功能变化,现代研究表明,人的许多躯体疾病如癌症、高血压、偏头痛、溃疡病等与心理精神因素有密切联系,有人将上述疾病称为"心因性疾病"。

临床上常见的一些癫狂(神明之乱)患者或精神发育不全(白痴)之人,都是"形存神乱""形存神失"的异常表现,如喜、怒、忧、思、悲、恐、惊等情志活动本是人在日常生活中对机体内外环境的精神意识和情绪的反映,但是七情过极就会影响人体的生理功能而导致疾病发生。中国传统体育养生的形神合一论,包括人体内环境身心的统一、协调、和谐,它是人体生命得以生存的基础,也是中国传统体育养生方法的理论基础,对创编传统体育养生的健身法起着主导作用,对传统体育养生方法的具体动作也起着指导作用。

第四节　传统体育养生的修炼方法

一、呼吸运动法

(一)呼吸运动的原则

1. 持之以恒原则

有两种人长期坚持锻炼:一是身患不治之症,在走投无路的情况下,通过行气尝到了甜头,所以长期坚持;二是深受佛、道、儒家思想的影响而长期坚持锻炼。行气必须持之以恒才能有效果。

2. 辩证运动原则

（1）根据病情轻重选择不同方法。例如，卧床不起的人适合练卧功，而病情较轻的人则可选择站桩功。

（2）根据病种不同选择不同方法。例如，神经衰弱，可采用站桩功；肠胃病患者，则宜用卧坐功；高血压病人，则宜采取意守涌泉或三线放松法等，以引导气血下沉，达到降压目的。

（3）同一病种不同患者选择不同方法。例如，平时好动或性情急躁的人，不宜选用意守法，可采用放松法等。总之，需因人因病制宜，区别对待，辩证运动。

3. 顺其自然的原则

气的效应是随着运动深入一定阶段、一定程度后自然产生的，每个人运动的进步以及防治的效果也往往是在运动过程中不知不觉地获得的。因此，锻炼要顺其自然，不可勉强，更不要强求。尤其在内气尚未聚集、贮存之时，不宜急于追求气的效应，更不要去追求大、小周天的经气循环感觉，否则容易在锻炼中出偏差。

（二）呼吸运动的要领

1. 调患运气，腹式呼吸

调息，就是调整呼吸，要求把自然的呼吸逐渐调整成深、慢、细、匀的自然腹式呼吸。这种腹式呼吸的频率随着锻炼者放松入静的程度加深而逐渐变慢，逐渐形成一开一阖的丹田呼吸，最后形成胎息，也叫内呼吸。经常进行腹式呼吸和意守丹田的训练，人体内气就会逐渐至丹田部位聚集、贮存起来，即气聚丹田，而气聚丹田到一定程度，丹田之气随之旺盛。就会出现内气循环经络系统运行的感觉。在调息运气时应注意以下方面。

（1）行腹式呼吸时宜淡不宜浓，不要使劲，也不要屏气，以免伤气、憋气。

（2）运气通关要在练习过程中自然地形成,切勿强求气通小周天、大周天之类的通关感觉,否则容易出现偏差。

（3）当练习到高度入静、呼吸频率减至很低,若有若无,进入"胎息"状态时,不要让意念离身,仍应顺其自然地练下去,以免引起昏睡及"身心分离"等现象。

（4）古人总结的"丹田呼吸法""停闭呼吸法""踵息法""胎息法"等调息方法,初学的人不要去追求,随着练习程度的提高自然会逐渐掌握进而采用。

2.意气配合,以意引气

意气配合,以意引气,这是积蓄和调动内气的基本要领。其做法是既练意又练气,即在练气的过程中把意和气的练习结合起来,让意念轻缓地配合深、慢、细、匀的腹式呼吸。具体做到以下方面。

（1）意想身体某一部分放松,呼吸亦配合随之,吸气时想静,呼气时想松,以引导该部位放松,并使大脑入静。

（2）意想某一经络、穴位,呼吸亦配合随之;或意想呼吸至丹田、命门、会阴、涌泉等穴,将气引至该经络穴位,以引导运气、调气。

（3）意念随呼吸,听呼吸或默数呼吸次数,以引导入静。

（4）呼吸随意念,内视呼吸至身体某一经络线路,以引导内气循该经络线路运行。

（5）呼吸随意念,呼吸时意念吐、嘘、呵、咽、吹、唏六字,但不要出声,以引导运气调气。

3.动静结合,练养兼顾

动静是对立的统一。动中有静,静中有动。静动是两大类别,但结合练习,效果可能会更好。练养兼顾就是练中有养,养中有练,特别对于体质较差或有某些慢性病的人来说尤为重要。不宜过练,如运气太过,意守太过,都可能出现伤气、伤神及憋气等偏差,所以练到一定程度时就不再意守或运气,应让意念轻微地放在丹田部位,即似守非守,似意非意,让元神、元气汇合养育于其中,使气回归存养于丹田,这就是"养气存神,复命归根"。

4. 精神内守,恬淡虚无

精神内守,是指锻炼时用意存想丹田部位。当然,精神内守不是仅限于丹田,而是通过内守而逐渐达到全身恬淡虚无的崇高境界。精神内守对治疗有较好的效果,如高血压患者可意守丹田或涌泉穴;失眠、神经衰弱之人可意守丹田、命门或涌泉;心脏病人可意守劳宫、内关或丹田等。

二、按摩法

按摩养生是运用手、手指的技巧在人体一定的经络穴位上,进行推、按、点、拿、拍、搓、捏、揉等连续动作,通过手法的局部刺激作用促进机体的新陈代谢,以达到强身健体的目的。由于按摩简便易行,无须任何条件,故受到历代养生家的重视和推崇。

(一)按摩的原理

中医学理论认为人体的五脏六腑、四肢百骸各部都不是孤立存在的,而是一个内外相通、表里相应、相互为用的整体。人体的一切变化反应都是由于刺激信息所引起的,有什么样的刺激信息就会产生什么样的反应。按摩手法的物理刺激,可使作用区引起生物物理和生物化学变化,局部组织发生生理反应,这种反应通过神经反射与体液循环的调节,不仅会得到加强,而且还会引起整体的继发性反应,从而达到治疗效果。

按摩能调整神经系统的兴奋和抑制,使神经系统处于相对平衡的状态。按摩还能增强机体的免疫能力。人体皮下组织有一种具有吞噬作用的组织细胞,这种细胞平时处于休眠状态,在皮肤受到按压、摩擦的情况下,这种组织细胞受到刺激就会被激活而进入血液循环,参与吞噬细菌的活动,增强了机体的免疫力。

人体能够维持着阴阳平衡,主要是依靠一个由大脑—脊髓—

经络—皮肤组成的"自我调节系统"来实现的。按摩强身健体的基本原理,就在于按摩手法直接对人体的皮肤、肌肉、肌腱、关节、神经及淋巴等产生一种机械性刺激,激发出一种信息,这种信息通过经络系统由体表传入体内,增益或衰减已改变的内脏信息,使之接近或恢复原有的阈值,逐渐趋于正常并保持下去以达到保健或治疗的目的。

（二）按摩的基本方法

按摩的基本方法有以下几种：推、擦、揉、揉捏、搓、按、拍击、抖动、运拉等。

1. 推法

根据用力大小可分为重推和轻推。

（1）手法：四肢并拢,拇指分开,全手接触皮肤,沿着淋巴流动的方向向前推动,要求掌根用力,虎口稍抬起,以免引起疼痛。用力轻的为轻推,用力重的为重推。

（2）作用：轻推法对神经系统起镇静作用,重推法能加速淋巴和静脉血液的循环流动。

（3）应用：轻推多用于按摩的开始和结束,也可在按摩的过程中在其他手法中插入几次轻推。重推常用于按摩中间,多与揉捏、按压等方法交替使用。

2. 擦法

（1）手法：用拇指或四指指腹、大鱼际、小鱼际掌根贴在皮肤上,做来回直线形的摩动。手法要轻柔,用力要均匀。擦动的速度稍快,用力不可太猛,其作用力主要在皮肤上,也可深达皮下组织。

（2）作用：能加强局部血液循环,提高皮肤温度,增强关节韧带的柔韧性。

（3）应用：擦法应用于四肢、腰背、韧带及肌腱处,可在按摩开始或结束时使用,也可以在按摩中间由一个手法转换另一个手法时插入几次擦法,根据不同的按摩部位采用不同的手型,如踝关节宜用大鱼际擦,背部用手掌或小鱼际擦,肌腱与小关节处用拇指指腹擦。

3.揉法

(1)旋形揉动:揉动时用拇指或四指指腹、掌、掌根、大鱼际及小鱼际紧贴于某一部位或穴位上,做轻柔和缓地环旋揉动,使该处的皮下组织随手指或掌的揉动而滑动。

(2)作用:促进血液循环,改善局部组织的新陈代谢,缓解该部皮下组织并有缓和刺激和减轻疼痛的作用。

(3)应用:适用于全身各部。

4.揉捏法

揉捏法是揉法与捏法相结合的复合手法。

(1)手法:四指并拢,拇指分开,形成钳形,将全掌及各指紧贴皮肤上,拇指与其余四指相对用力,将肌肉略往上提,沿着向心方向做旋转式移动。在前进过程中手指与手掌都不能离开皮肤。手指不能弯曲,用力均匀柔和,切勿用指尖着力。根据不同的需要可用单手或双手(并列或加压)操作,做到揉中有捏、捏中有揉,使拇指做圆形揉的动作明显,其余四指做捏的动作明显,揉与捏同时进行。

(2)作用:促进肌肉血液循环和新陈代谢,能增强肌肉力量和防止肌肉萎缩,也有缓解肌肉疲劳、缓解肌肉痉挛和活血散瘀的作用。

(3)应用:揉捏是按摩肌肉的主要方法,多用于大块肌肉、肌群或肌肉肥厚的部位,如小腿、大腿和臀部。

5.搓法

(1)手法:用双手掌夹住按摩的肢体,相对用力、方向相反,做来回快速搓动。动作要协调、连贯,搓动要快,移动要慢。手法轻重视具体需要灵活应用。

（2）作用：能使皮肤、肌肉、筋膜等组织松弛，加快血液循环，促进新陈代谢，缓解肌肉痉挛，加速疲劳消除，提高肌肉工作能力。

（3）应用：适用四肢和肩膝关节处，常在每次按摩的后阶段使用。

6. 按法

（1）手法：用一手或两手的手掌和掌根（双手重叠、并列或相对）按压被按摩的部位，停留一段时间（约30秒左右），用力由轻到重，再由重到轻。

（2）作用：使肌肉放松，消除疲劳，减轻酸胀、疼痛等不良感觉，并对关节起到整形作用。

（3）应用：常用于腰背部、肩部及四肢肌肉僵硬或发紧时，也用于腕关节。

7. 拍击法

用手掌或手的尺侧面等拍击体表，称拍击法。

（1）手法：分为拍打、叩击和切击三种。拍打时双手半握拳或两手手指张开，掌心向下，两手有节奏地进行上下交替的拍打，手指手腕均放松；用力轻重应根据需要灵活掌握，也可用单手拍打。叩击时双手握拳，用拳的尺侧面进行交替叩击。切击时，双手的手指伸直而并拢，用手的尺侧面进行切击。手法操作时用力要均匀，指关节和腕关节放松，主动发力在腕关节（拍打）或肘（叩击和切击）。

（2）作用：促进血液循环，改善局部营养，消除疲劳和调节神经肌肉的兴奋性。

（3）应用：多用于肩、背、腰、臀、四肢等肌肉及肌肉肥厚部位。

8. 抖动法

（1）手法：肌体抖动时用双手握住肢体末端，微微用力作连续小幅度的上下快速抖动。抖动时用手轻轻抓住肌肉，进行短时间的快速振动。动作要连续，频率由慢而快，再由快而慢，抖动的幅度要小,频率一般较快,用力不要过大。被按摩者应根据不同关节的活动范围做被动的屈、伸、内收、外展、旋内、旋外。

(2)作用:使肌肉、关节放松。

(3)应用:多用于肌肉肥厚的部位和四肢关节,经常与搓法配合使用,是一种按摩的结束手法。

9. 运拉和环转运动

(1)肩关节运拉法:按摩者一手握住肘关节,另一手按在肩部上方,然后使肩关节做外展、内收、旋勾、旋外及绕转运动。

(2)肘关节运拉法:按摩者一手按住前臂,另一手轻托住肘后,然后使肘关节做屈伸及旋转摇动。

(3)腕关节运拉法:按摩者一手握住腕关节上方,另一手握住手掌中部,然后使腕关节做屈、伸、内收、外展及旋转运动。

(4)髋关节运拉法:被按摩者仰卧,按摩者一手握住小腿下部,一手按在膝关节上,使膝关节弯曲。然后做髋关节屈、伸、展、内收和环转运动。

(5)膝关节运拉法:被按摩者取仰卧位,按摩者一手握住踝部,另一手按于膝关节上方,然后使膝关节做屈伸与旋内旋外等运动。

(6)踝关节运拉法:被按摩者取坐位或仰卧位,按摩者一手握住小腿下部,另一手握住前足掌,然后使踝关节做屈伸、内收外展及旋转运动。

三、导引法

导引是中华养生中的一种重要养生方法,它包含肢体活动、呼吸运动、按摩等具体的手段,类似现代的体育保健活动。这是从广义上的理解。中国古代把"导引"又称作"道引",即"通气令和,引体令柔"的意思。导引又有狭义的理解,专指肢体活动。

从总体上看,我国古代的导引动作与近代徒手体操基本相似,它也是根据人体解剖知识,按身体各部分结构而创造出的锻炼动作,以针对性地锻炼头颈、躯干、四肢和全身,使各部分的肌肉韧带和关节能得到活动。动作也是左右对称,交替进行,编成套路,以全面锻炼身体的各部分。以《易筋经》为例,全套十二个动作中,除一个是俯撑动作外,其余均为站立进行,与近代徒手体操几乎没有什么两样。当然,导引毕竟是具有中国特色的徒手体操,是东方传统文化的产物,因此它又具有明显区别于西方文化色彩的自身特点。

  我国的导引与近代徒手体操相比更重视静力性的锻炼,有许多静力性的动作,大致可以分为三类。

  (1)为两力相争:如两手手指在颈后交叉,头用力向后仰,同时两手用力不使头后仰,互相争力。

  (2)为保持动作的不变:如两臂前平举,手心向下,保持不变,直到两臂感到酸痛后再两臂上下摆动。

  (3)为动作过程的慢慢进行:如做慢慢地拉弓射箭的动作或如慢慢地向上推举千斤重物。

  与近代徒手体操不同,古代导引通常没有严格的时间、次数规定,似乎更趋随意化,有较大的自由度。例如,"叉手胸前,左右摇头,不息,至极止。坐地,直舒两脚,以两手叉挽两足,至极止。"这是强调一个动作可以不停地做直到无力再做下去为止。在练习时间上古人认为:"不为每晨为之,但觉自身有不理则行之。"

第二章　太极运动养生的科学理论基础

中国是一个拥有五千年文明史的大国,在传统体育养生方面有着博大精深的理论建树。传统体育养生在其发生、发展的过程中,一直接受中国传统文化的哺乳。太极运动养生的科学理论基础包括哲学、医学、生理学和心理学。本章主要揭示太极运动养生的科学理论基础,力求做到"古为今用",为弘扬中华民族的传统养生方法,提高中华民族人民的体质与健康水平做出一定贡献。

第一节　太极运动养生的哲学基础

传统体育养生包含着对人生、生命的认识,包含着对健康理念和达到健康的理论与方法的认识。中国传统哲学给予传统体育养生以世界观和方法论的指导,传统体育养生践行了中国传统哲学的思想,丰富了传统哲学的内容。

一、儒家哲学

(一)"中和"思想与养生

儒家以"中和"为最高原则,"中和"指的是世界万物存在的一种理想状态,"中和"概念也包含了人与自然、人与人、个人与社会、人之身与心的中和。"中和"思想指导着传统体育养生的理论与实践。

人体正常的生命活动,不仅取决于人体内环境中阴阳两个方面要保持协调平衡的关系,而且还取决于人与外界客观环境之间的阴阳和谐统一。对于内环境而言,若表现出阴平阳秘的协调平衡,人则健康;若阴阳失调,就会出现阴阳某方面的偏盛或偏衰,从而导致生命力减弱或产生疾病。对于外环境而言,若能使人适应自然和社会环境的变化规律,则达到了人体与自然和社会环境阴阳的和谐统一,就会有利于人的健康长寿,否则会生病、减寿。可见,保持人体内环境的协调平衡和人体与外界环境的和谐统一,就会促进人体生命力的发展。因此,通过练养使机体内部阴阳平衡,是人体延年益寿的必要途径。

传统体育养生根据中和观念,以调身、调息和调心合一的基本手段,从影响人体生命活动的内外环境所表现出的阴阳范畴着手,按照"补其不足,泻其有余"的原则,调节机体的阴阳平衡,使之朝着阳气固秘、阴气平顺的"阴平阳秘"的状态发展,达到培补元气、运行真气、滋阴壮阳、健康长寿的目的。

传统体育养生的锻炼要求身体"中正安舒",处处体现出中和思想。例如,太极拳运动对姿势的要求,要做到百会上领与沉肩坠肘、松腰敛臀相结合,含胸与拔背相结合等;动作技术要做到上领下沉,前推后撑,左与右及上与下、前与后的劲力对拔拉长等;运动特点为动静结合、练养结合、内外合一动作左右对称、周而复始、一气呵成等。真可谓传统体育养生中无处不阴阳。

(二)"仁者寿"思想与养生

健康是生理健康与心理健康的和谐统一。儒家提出用"诚""敬"的正心、养心方法,以"仁爱"思想来修养精神,达到"仁者寿"的目的。

孔子在《论语·雍也》中就提出"仁者寿"的观点。孔子所说的"仁爱"思想,包含了孝、悌、宽、信、敏、惠、俭、恭、温、刚、毅、勇等道德行为规范。从这些方面进行自我修养,就可以达到"仁者不忧""君子坦荡荡"的思想境界。倘若一个人能做到无欲无求,不贪求名利、富贵,谦逊厚道,礼让待人,其内心自然就能清静,这种心境对健康长寿是颇有裨益的。太极拳养生理论于实践中贯彻和实施了儒家"仁者寿"的思想,太极拳拳旨中要求习练者性格温柔、脾气和顺、与人为善,特点就是注重涵养道德。

二、道家哲学

道家哲学以老子和庄子为代表人物,以"道"为最高范畴,以"道法自然"为普遍规律和最高准则,是中国传统哲学思想的重要组成部分。道家文化探求"长生久视之道",它提出的"守一""养神""致虚极,守静笃"等养生理念和方法,备受后世养生家青睐。道家哲学的"道法自然""天人合一"的自然观、生命观,"反者道之动"的辩证法思想,对传统体育养生的理论与实践有着重要影响。

(一)"道法自然"思想与养生

"道法自然"蕴涵着环境健康、社会健康的理念。人作为自然界的组成部分之一,作为社会的成员之一,是自然和社会的依存者,必然受天地间自然变化和社会变革规律的影响与支配,其生理、心理也相应地伴随着自然和社会的变化而发生变化。人应该和其他生物一样,根据季节气候春温、夏热、长夏湿、秋燥、冬寒的变化规律,随着季节气候的变化而进行相应的调整。此外,根据每天晨昼昏夜时序的阴阳盛衰,人的生理活动也应该适应其变化规律。养生之道,在于遵循客观规律,顺应自然。从《庄子·刻意》的"熊经鸟申(伸)"到《淮南子》《抱朴子》和《马王堆导引图》中的"龙导、虎引、龟咽、燕飞、蛇屈、猿据"等,再到《健身气功·五禽戏》中的"虎、鹿、熊、猿、鸟戏"和《健身气功·易筋经》中的"青龙探爪、卧虎扑食、掉尾式"等。无论是动作名称,还是动作的练习要领,都形象且直观地反映了"道法自然"的思想。

（二）"反者道之动"思想与养生

《老子·道德经》曰："反者,道之动;弱者,道之用。"提出了朴素的"反者道之动"的辩证思想。"人之生也柔弱,其死也坚强。万物草木之生也柔脆,其死也枯槁。故坚强者死之徒,柔弱者生之徒。"（《老子·七十六章》）老子从人和草木的生长发育过程中看到了"生而柔弱,及其壮而至于老则刚强"的现象,发现"柔弱者生之徒"的规律。老子运用"反者道之动"的辩证思维,得出了"弱者道之用"的认识,认为保养生命最好的办法就是要"专气致柔""归根复命""处弱守雌",从而回归生命自然而然的状态。

三、墨家哲学

墨家学派的创始人和代表者墨子,名翟,鲁国人。他的生卒年不可确考,大概略孔子之后而孟子之前,他的门徒也多半来自社会下层,主要思想是"兼相爱,交相利"。他在传统体育养生思想上主张运动。

墨子经常将自己自比"贱人"。因为他的出身相当于今天的农民,曾经当过制作器具的工匠。他从小就有走路爬山的习惯。墨子一生中曾周游宋、卫、齐、楚等国,行程数千里,没有高车驷马,都是用两条腿一步一步走出来的。在旅途中他还爬了许多像太行山那样有名的大山。墨子不仅能够走路,而且很善于走路。据《墨子·公输》篇载:一次公输盘为楚国设计制造了一种云梯,准备攻打宋国。"墨子闻之,起于齐,行十日十夜而至于郢"。在这紧张的十日十夜的步行中,墨子"裂裳裹足",日夜兼程,赶到楚国的首都,制止了楚文王对宋国的进攻。当然,墨子主张运动是出于政治的需要,但却起到了客观的养生效果。据说墨子的寿命很长,在80多岁时,"视其颜色"还"常为五十许人"。看来这与他注重养生活动不无关系。

四、释家哲学

佛教禅宗是从"心"的方面来阐述人生,把宇宙本相与其所以然安放于心中,使外界的客观存在变成心灵的附庸和随从,宇宙仿佛被玩于股掌上,认为内心有一块可以到达的"洞天福地"。因为心的迷乱,远离了娴静的本心,因此世界就沸沸扬扬,人生就充满痛苦,要脱离痛苦,达到极乐的彼岸,就必须恢复娴静的本心,克服尘间的邪念。

所以,在佛者看来,解脱人生痛苦,通往超脱境界的途径有两条:其一是"心斋""坐忘",从精神上超越自我的意识和主体的欲求,对精神的自我生命大彻大悟;其二就是"贵生",全躯保命,讲究导引服食、房中术等长久视之道。在中国漫长的历史过程中,这些思想被逐渐发展成了以人的自我为主体的养生学说,使养生成为最具有中华民族传统特色的体育活动形式。

第二节 太极运动养生的医学基础

中国传统养生是中国医学宝库中的一大瑰宝,它的产生和发展与中国医学的产生和发展是基本一致的。精气神理论、脏腑理论及经络理论是中国传统医学的基础理论,也是传统体育养生的重要理论基础,指导养生实践并产生了丰富的养生方法。

一、精气神理论

养生尤重养气血和养精神。气、血、津液、精是构成人体的基本物质,也是维持人体生命活动的基本物质。

(一)精

"精"是构成人体的基本物质,也是维持人体生命活动的基本物质,它主持人体生长、发育、生殖及各种生理功能的活动。

1. "精"的含义

精有广义、狭义之分。广义的精,是构成人体和维持人体一切生命活动的精微物质,包括精、气、血、津液等。狭义的精,指肾中化生和贮藏的精,是具有促进人的生长、发育和生殖功能的基本物质。

精又因其在人体原源的不同,有先天和后天之分。"先天之精"是禀受于父母的生殖之精,它是生命之源。例如,《灵枢本神》所云:"生之来,谓之精。""后天之精"则是指水谷等营养物化生而成的精。二者具有相互依存、相互为用、相辅相成的关系,先天之精依赖于后天精气的不断培育和充养,才能发挥生理效应,而后天之精又依赖于先天之精的活力资助,才得以化生不息。

2. "精"的功能

由于精的生理功能与气的生理功能相结合在人体生命活动中起效应,所以人们通常用"精气"把二者概括为一个概念提出。精气是人体生命活动的物质基础,人形体上的五脏六腑、四肢百骸、诸窍的活动和心理上的精神、意识、思维的活动,都是以精气为源泉和动力的,精气的盛衰决定着人体生命的健旺与衰竭。精气在体内升降出入通畅与否,关系到体内物质、能量、信息的气化,关系到生命力的盛衰。例如,《类证治裁·健忘》指出:"精可养神,神赖精养,精盛则神旺,精衰则神扰。"又如,《东医宝鉴·内景篇》所说:"精满则气壮,精耗则气衰,气衰则病至,病至则身危。"鉴于精在人体生命中的重要性,《素问·金匮真言论》指出:"夫精者,生之本也。"《类经·摄生类》强调:"善养生者,必保其精,精盈则气盛,气盛则神全,神全则身健,身健则病少。神气坚强,老而益壮,皆本乎精也。"

(二)气

气是古代人们对自然现象的一种朴素认识,认为"气"是构成自然界的最基本物质,宇宙间的一切事物都是由气的运动变化产生的。

1. "气"的含义

人体的气有先天气和后天气两种。

（1）先天气

先天气又称"元气",是禀受父母的先天之精气,藏于肾中,又依赖水谷精气的充养,使肾中精气的气化功能沿三焦通道升降敷布全身,发挥其生理效应,推动人体生长和发育,温煦和激发各脏腑、经络等组织器官的生理功能,主持人体复杂的生命活动。元气的盛衰影响人体生、长、壮、衰、死的全过程,历来养生家都很重视培补元气,并以各种导引、行气、意念的方法调动丹田之气,循任脉、督脉以及全身经络周身运行。

（2）后天之气

后天之气,主要有宗气、营气、卫气等,来源于水谷之精气和空气的清气。水谷精气是靠脾胃从后天饮食中运化而来的,空气中的清气则靠肺司呼吸从空气中吸入。

肺吸入的清气与脾胃运化饮食而化生的水谷精气相结合而成的气,称为"宗气",其生理功能是走息道以司呼吸,贯心脉以行气血。

由水谷精微的精华化生的气,称为"营气",它有营养并化生血液的生理功能,因此营气是脉中气血的主要成分。

由水谷精微化生而来,且行于脉外的气,称为"卫气",其主要生理功能是护卫肌表、防御外邪入侵和温养脏腑、肌表、皮毛等,以及调控腠理开合、汗液排泄和维持体温相对恒定。

人体禀受于父母且藏于肾中的精气与来源于脾胃的水谷精气、自然界的清气相互结合,入藏于肾,称为"真气"。人体真气随经脉运行分布到全身各处,是维持生命活动的源泉和动力。人体生化不息、健康长寿,全靠真气充盈。

2. "气"的运动形式

人体的气,具有很强的活力,流行于全身,无处不有。气的运动形式虽然多种多样,但可以将它们归纳为升、降、出、入四种基本形式。气的升降出入运动,称为"气机"。气运动的升降出入过程是通过脏腑的功能活动实现的,脏腑之气的运动就是升与降、出与入的矛盾统一。人体脏腑经络、气血津液、营卫阴阳,均赖气机升降出入相互联系,维持正常的生理功能,且与周围环境不断地进行新陈代谢。

气机畅通,气才能在脏腑、经络、四肢、七窍中川流不息,从而使肾蒸腾汽化、吸清排浊;使肺主司呼吸,宣发肃降;使脾升清,胃降浊,脾、胃、肠的消化、吸收、输布、排泄正常;使肝疏泄条畅;使心肺气血调和畅通。这些都说明人体气机的升降出入运动具有维系、推动、激发、协调、平衡人体各种生理功能的作用。气机的升降出入运动畅通无阻,机体则健旺。否则,气机失调,即气机的升降出入运动受阻,机体就会出现"气滞""气逆""气陷""气结""气郁"和"气闭"等病理状态。气机运动一旦止息,生命活动也就会终止。

3. "气"的作用

人体之气具有推动、激发、温煦、防御、固摄、气化等生理作用。

(1) 推动作用

气具有激发和推动作用,能激发和促进人体的生长发育及各脏腑经络等组织器官的生理功能;能推动血液的生成、运行,以及津液的生成、输布和排泄等。无论是调身、调息或是心理调节,都有赖于气的推动作用,也即传统医学认为的"痛则不通,通则不痛"。

(2) 温煦作用

气有温煦、熏蒸的功能。人体正常体温的维持,脏腑、经络等组织器官的生理活动,血和津液的运行等都要依赖气的温煦作用。温煦人体之气乃人身之阳气,在习练行气、运气、敛气等方法时要依赖气的温煦作用,同时又能提升阳气,调和气血,平衡阴阳。传统医学认为,"气有余便是火""气不足便是寒"。

(3)固摄作用

气的固摄作用,主要是指气对血、津液等液态物质具有防止其无故流失的作用。固摄血液,使其循脉运行,不致溢出脉外;固摄汗液、尿液、胃液、精液、肠液、白带、月经等,控制分泌排泄的正常生理活动,防止无故流失。

(4)防御作用

气既能护卫肌表、防御外邪的侵犯,又能与侵入人体的病邪做斗争、驱邪外出。因此,气的防御功能正常时,邪气不易侵入;或虽有邪侵入,也不易发病;即使发病,也易康复。故气的防御功能与疾病的发生、发展、转归都有着密切的关系。

(5)气化作用

气化,是指由于气的运动而产生的各种变化。具体地说,是指精、气、血、津液各自的新陈代谢及其相互转化。例如,气、血、津液的生成,都需要将饮食转化成水谷之精气,然后再化生成气、血、津液等;在炼精化气、炼气化神的过程中均有赖于气化作用,这些都是气化作用的具体表现。

(三)神

人的神,是人体生命存在的标志,同时也是人体生命活动的主宰,人体形与神同源、同生、同时存在,是生命活动的开始。神,以精、气、血、津液作为物质基础。生来之精是神的基石,后天的精气是神的给养。

1."神"的含义

人的神有广义和狭义之分。

(1)广义的神

广义的神,指人体生命活动机能的总称,包括外在"形征"和人体生命活动中不同层次的内在"神志"两方面的含义。

外在"形征"的表现是眼神、面色、语言、应答、躯体动作、姿态等。随着人的生、长、壮、衰、死的过程,"形征"的神也经历了逐渐健旺,又逐渐衰竭的过程。

人体的内在"神志"是指精、神、魂、魄、心、意、志、思、虑、智,具有不同的层次性。其中,精、神、魂、魄是"先天之神"。先天之神又称"元神",禀受父母精气而生,是人体机能的自我控制系统,多受遗传因素的影响,具有调节适应内、外环境的作用,是"后天之神"的基础,又靠后天精、气滋养。心、意、志、思、虑、智是"后天之神"。后天之神亦称"识神",是人出生后逐渐积累的"知、识、智"及其运用,虽然与先天资质有关,但主要是靠后天环境、教育、资历等影响,对调节和适应内、外环境具有主导作用。

（2）狭义的神

狭义的神,指人的精神、意识、思维,是"识神"的主要体现,实际上是指人的大脑功能,是大脑对外界事物的反映,它主宰着人的一切精神心理活动与行为活动,影响着整个人体各方面生理功能的协调平衡。

2. 神与心

人体之神藏于心,如《灵枢·大惑论》说:"心者,神之舍也。"《素问·宣明五气篇》说:"心藏神。"由于神具有主宰人体五脏六腑、形体官窍的一切生理活动和人体精神意识思维活动的能力,故《类经·脏象类》说:"心者,君主之官,神明出焉。心为一身之君主,禀虚灵而含造化,具一理而应万机,脏腑百骸,唯所是命,聪明智慧,莫不由之,故曰神明出焉。"

人体的神能统帅五脏六腑、四肢百骸、诸窍以及精、气,它主宰生命力的盛衰和生命的寿夭,神守则身健,神弱则身病;有神则生,无神则亡。中医所说的喜、怒、忧、思、悲、恐、惊"七情",是客观事物在人体反映出的不同的精神心理状态,它受外界环境、信息的影响产生变化,更重要的是它受人的意识和思维的调控。外界环境与信息在意识、思维的正确调控下,不会致病,而一旦受到突然、强烈或持久的情志刺激,意识思维又不能正确调控,则会出现"大怒伤肝""大喜伤心""大悲伤肺""思虑过度伤脾胃"和"久恐不节伤肾"等致病现象,使五脏的功能气机紊乱,从而导致各脏腑间生理功能的不协调,阴阳、气血失调,严重时可出现久病或身亡。

3. 神与形

传统体育养生学主张"形神共养",强调"性命双修"。所谓"形神共养",是指同时注重形体养护和心神调摄,既要使形体健康,又要使心神健旺,还要使形体与心神协调、均衡的发展。所谓"性命双修",性一般指心性,即精神、意识、思维;命指形体和生命,性与命要同步练养,相互促进,共同发展。古人把调心养神、修身养性作为养生的任务。

(1) 调心养神

古代养生把"爱养神明"放在首位,实质是指养生应以调心养神为主,通过修炼者心理调摄,创造良好的心境,保持"恬愉无患"的精神状态。心理调摄有两个方面的原则与要求:一方面用正确的思维逻辑导向待人处事,通过提高认知水平、明确人生的宏远目标与长生久视目的,使生活有远谋而无近忧、成大事而不计较琐事,不怨天尤人;另一方面是调谐情志,修身养性,防止和控制劳心过度,使人处于"恬愉无患"的精神状态。

(2) 修身养性

通过"意守""存想""内视""意导"等"精神内守"的要求,沉浸在一种超然的、宁静的、自我满足的修炼之中,从而使机体保持在内环境协调及安和的最佳状态。修身以立命养神,存心以安心养性,以此长期而炼,久而久之,可以培养和陶冶人的高尚情操,达到精盈、气充、神合的修身养性目的。

二、脏腑理论

脏腑,是机体内脏的总称。人的脏腑按其生理功能特点,可分为五脏、六腑及奇恒之腑三类。五脏的主要生理功能是化生和贮藏精气,主持复杂的生命活动。六腑的主要生理功能是受盛和传化水谷,以充养精、气、神。奇恒之腑指脑、髓、骨、脉、胆、女子胞,其主要的生理功能是藏精气。

脏腑学说是研究人体各个脏腑的生理功能、病理变化及相互关系的学说。脏腑学说的主要观点是以五脏为中心的整体观,主要体现在以下四个方面:第一,通过经络把每个互为表里的脏与腑联结为一体;第二,通过经络循行把五脏、六腑及四肢百骸、诸窍联结成一个整体;第三,通过阴阳、五行法则和经络循行把五脏之间的生理活动、病理变化密切相连;第四,人体五脏为中心的"五个系统"之间的生理功能与精神、情志、意识、思维密切相关。由此可见,五脏之间生理功能的协调平衡,维系着人体内环境协调平衡的相对恒定。下面从以人体五脏为中心的"五个系统"简述各系统的传统体育的养生机理。

(一)脏腑理论与养生

1.心的养生

心居胸中,其主要生理功能是主血脉、主神明,主宰着人的生命活动。

心主血脉。心指心脏;血指血液;脉即脉管(血管)。全身的血,在心脏的搏动下,在脉管中运行,进而输送到全身各处,发挥其濡养作用。

心主神明。神是人体生命活动的标志,或者说神是人体生命活动的主宰。神主要指精神、意识、思维活动的反映,实质是大脑的功能。传统体育养生历来都注重心神调控,它不仅通过身体放松入静来调心养神,通过逻辑思维导向来排除易引起恼、怒、怨、恨、烦等情绪波动的外界干扰,而且还通过身体练习,改善和增强人体血液循环,给人体提供足够的营养物质和氧气,从而使人体生理机能旺盛,促使各脏腑组织器官之间的生理功能处于协调平衡状态。

2. 肺的养生

肺位于胸腔,左右各一,上通喉咙。由于肺位在五脏中最高,故称"华盖"。因肺叶娇嫩,不耐寒热,易被邪侵,故又称"娇藏",为魄之处、气之主,在五行属金。肺的主要生理功能是主气,司呼吸,主宣发肃降,通调水道,朝百脉而主治节,以辅佐心脏调节气血的运行。肺在体合皮,其华在毛,开窍于鼻,在志为忧,在液为涕。手太阴肺经与手阳明大肠经相互络属于肺与大肠,故肺与大肠互为表里。

肺主气,司呼吸,朝百脉,主治节。这主要体现在四个方面:一是肺主呼吸,人体的呼吸运动是有节奏的一呼一吸;二是随着肺的呼吸运动,治理和调节着全身的气机,即调节着气的升降出入的运动;三是由于调节着气的升降出入运动,因而辅助心脏,推动和调节血液的运行;四是肺的宣发和肃降,治理和调节津液的输布、运行的排泄。

肺主宣发肃降。宣发,指肺气向上升宣和向外周布散的作用。肃降,指肺气向下通降和使呼吸道保持洁净的作用。肺通过宣发和肃降对体内水液的输布、运行和排泄起着疏通和调节作用。肺的这两种运动形式是十分重要的,肺的任何生理功能都是通过肺气的这两种运动来完成的。

3. 肝的养生

肝位于腹部,横膈之下,右胁之内。肝为魂之处,血之藏,筋之宗。肝在阴阳中为阴中之阳,在五行属木,主动,主升。肝的主要生理功能是主疏泄和主藏血。肝开窍于目,主筋,其华。在爪,在液为泪,在志为怒。胆与肝,不仅经络相互络属,而且本身也直接相连,互为表里关系。

肝藏血是指肝具有贮藏血液和调节血量的功能。肝内贮藏血液，即可濡养自身，制约肝的阳气升腾，勿使过亢，又可防止出血。肝还能调节人体各部分的血量分配，这一功能为肢体活动和呼吸吐纳提供了生理基础：在功法锻炼时，气血运行加快，血液循环加快，微循环改善，肝就把贮藏的血液向外输布；在练功结束或安静休息时，外周的血液需用量相对减少，部分血液便归藏于肝。因此，在功法锻炼的过程中避免突然"加油"或突然"刹车"，要使其平稳过渡，保护导引养生的安全和有效。

肝主疏泄是指肝具有疏通、调达、升发的特性和调畅人体全身气机的功能，其功能类似疏通工人的作用。肝主疏泄的功能对于气机的调畅起着重要的调节作用，主要表现在协调气血运行、调节精神情志、促进消化吸收、调理任冲二脉、调节水液代谢五个方面。

4. 脾的养生

脾位于中焦，在膈之下，主要生理功能是主运化、升清和统摄血液。足太阴脾经与足阳明胃经，相互络属于脾胃，相为表里。

脾主运化水谷和水液，两方面的作用是相互联系的，脾胃共同完成食物的消化、吸收，化生精、气、血、津液，生命活动才得以持续，故称脾胃为气血生化之源，"后天之本"。脾气的运化特点，以上升为主，水谷精微等营养物质，称为"清"。脾气将水谷精微上输于心、肺、头、目，通过心肺的作用化生气血以营养全身，故称"脾主升清"。脾胃为表里关系，胃主降浊，胃气以降为和，以通为用，位于中焦，是升降之枢。

脾统血，指脾具有统摄血液在经脉中运行，防止溢出脉外的功能。脾能统血，是由于脾为气血生化之源，气能摄血。脾气健运，则气血充盈，气的固摄作用健全，血液不致外溢。通过习练促进脾胃健旺，使气血生化有源。

5. 肾的养生

肾位于腰部，在腹后壁、脊柱两侧的腹膜外，左右各一，故《素问·脉要精微论》说:"腰者,肾之府。"由于肾藏有"先天之精",为脏腑阴阳之本,生命之源,故称肾为"先天之本"。

肾藏精,主生长发育与生殖。肾藏精的"藏",即闭藏,是指肾具有贮存、封藏精气的生理功能。根据阴阳属性的不同,可将肾中精气的生理功能,概括为肾阴和肾阳两个方面:对人体各脏腑组织器官起滋养、濡润作用的称为肾阴;对人体各脏腑组织器官起推动、温煦作用的称为肾阳。肾阴和肾阳之间,相互制约、相互依存、相互为用,维持着肾脏本身及各脏的阴阳相对平衡。

肾主纳气,是指肾具有摄纳肺吸入之清气,防止呼吸表浅的作用,保证体内外气体的正常交换。人体的呼吸功能,虽为肺所主,但必须依赖于肾的纳气作用。《类证治裁·喘症》说:"肺为气之主,肾为气之根,肺主出气,肾主纳气,阴阳相交,呼吸乃和。"养生功法都十分注重"下实上虚"、气定神敛、气沉丹田,以培补元气,提高生命活力。肾主水的功能主要是靠肾中精气对水液的蒸腾汽化作用,肾水的蒸腾汽化向上,心火向下,心肾相交,水火相济,达到阴阳平衡。

(二)脏腑理论在太极养生中的应用

增强和协调各脏腑之间的生理功能,炼养人体精、气、神是开展传统体育养生的落脚点。

1. 增强脏腑的功能

由于人体生命力的盛衰、寿夭是由精、气、神的充盈与衰竭决定的,而精、气、神的旺盛与否,又因脏腑功能的好坏而决定,所以传统体育养生主要是围绕着炼养精、气、神而开展的,它通过摇动肢节、导引行气、调身按跻等养生术,以增强脏腑功能,使人体精盈、气充、神合,达到养生求本的目的。可见,养护脏腑,增强各脏腑的生理功能是传统体育养生的重要法则。

传统体育养生强调养生求本,本在肾、脾。"先天之本在肾",肾主藏精气,肾间动气,生生不息,造化之机枢,生命之源。人体五脏六腑之阴都由肾阴滋助,而五脏六腑之阳都由肾阳温养。"后天之本在脾",脾主运化,气血化生之源。维持人体生命活动的精、气、神是依赖于脾胃运动的水谷精微化生为气、血、津液给予充养的结果。肾、脾二脏的生理功能又相互依赖,相得益彰。

2. 协调脏腑之间的功能

各脏腑组织器官的器质和生理功能以及病理变化因人体内外环境的变化而在不断变化,这些变化表现在阴阳、表里、虚实、寒热、盛衰、气血、经络等诸方面。由于人的机体是一个统一的整体,如果某一脏腑组织器官的器质和生理功能发生变化,往往会破坏机体统一的机能活动,影响人体生命力的盛衰、寿夭。因此,养生保健过程中协调脏腑组织器官之间的生理功能,对增强人体生命力显得至关重要。

《内经·素问·至真要大论》指出:"必先五胜,疏其血气令其调迈,而致和平。""五胜"指五行更胜。掌握天之五气,人之五脏之间的五行更胜,说明协调脏腑组织器官之间的生理功能、病理变化,首先要以五脏为中心,通过疏导血气使其调达和平。通过疏通经络、调和气血和调节精神情志的方式,把人体既有分工又有合作的脏腑组织器官协调沟通为一个有机整体。

依据阴阳学说,脏腑组织器官形态结构和精、血、津液等物质属"阴精",而物质的运动及其所发挥的生理功能为"阳气"。人体脏腑的阴精与阳气,在人体生命活动中是不可分割的两个彼此独立且又相互协调的有机整体,这种整体性一旦遭到破坏,即出现阴精或阳气的偏盛或偏衰。譬如,机体精、血、津液等基本物质不足,则可出现阴精偏衰、阳气偏盛;机体脏腑、经络、气、生理功能减退或失调,则可形成阳气偏衰、阴精偏盛;机体受外邪入侵后,阳邪侵入人体可形成阳气偏盛,阴邪侵入人体可形成阴气偏盛。这些现象都会引起脏腑组织器官的器质变化与功能失调、紊乱,所以养生的目的在于协调脏腑的阴精与阳气的偏盛和偏衰,使之趋向"阴平阳秘"的最佳状态。

依照五行学说,脏腑间相生相成依照肝生心、心生脾、脾生肺、肺生肾、肾生肝的次序昼夜流转,循环不已,前面一行能荣养后面一行，欲养后需先养前。同时，脏腑间相克相制也按照肝克脾、脾克肾、肾克心、心克肺、肺克肝的次序，昼夜流转，循环不已，前面一行对后面一行有抑制、制约的作用，欲养后面一行需先调理前面一行。

疏通经络，调养气血，协调脏腑。气血是构成人体和维持人体生命活动的基本物质，又是协调脏腑等组织器官各种生理功能的基本物质。人体脏腑等组织器官，是受纳水谷使之转化为水谷精气，再化生成气、血、津液以及精、气、神和汗、尿液、粪便的气化场所。经络是运行全身气血、联络脏腑肢节、沟通上下内外、调节体内各部分功能活动的通道。可见，人体脏腑、经络的生理功能，既可化生、贮藏气血，又能统摄、调和、运行气血。人体气血调养运化正常能协调地发挥各脏腑组织器官的各种生理功能。

人的精神、意识、思维活动虽然是大脑的功能，但又与五脏的生理功能关系甚密。《素问·宣明五气篇》所云"心藏神，肺藏魄，肝藏魂，脾藏意，肾藏志"，说明人之神、魄、魂、意、志诸精气藏于五脏。一方面认为，五脏的"识神"性好、安静，即"五脏藏精气满而不泻"，就不会出现神疲、魄散、魂浊、意乱、精耗等有害健康的现象；另一方面又认为肝开窍于目、心开窍于舌、脾开窍于口、肺开窍于鼻、肾开窍于耳，目、耳、鼻、口、舌这些感觉器官一旦受到外界刺激干扰，会使人的精神、意识、思维驰骋于外而不内守，会使五脏骚动不安，影响其生理功能的正常发挥。

三、经络理论

经络是经脉和络脉的简称，是运行全身气血、联络脏腑肢节、沟通上下内外、调节体内各器官功能活动的通道。经络学说是研究人体经络的分布循行及生理功能、病理变化与脏腑、肢节、百骸、诸窍的相互关系的学说。人体通过经络把气血输布于脏腑、四肢百骸和诸窍，经络畅通，则可保证行气血、营阴阳，从而使人体各部分功能活动保持协调和相对的动态平衡。可见，经络对调和人体气血、维系阴阳平衡具有总调控的作用，以及对人体的健康具有"决死生、处百疾、调虚实"的作用。经络主要有十二正经和奇经八脉。十二正经是手、足三阴经和手、足三阳经,如图2-1所示。

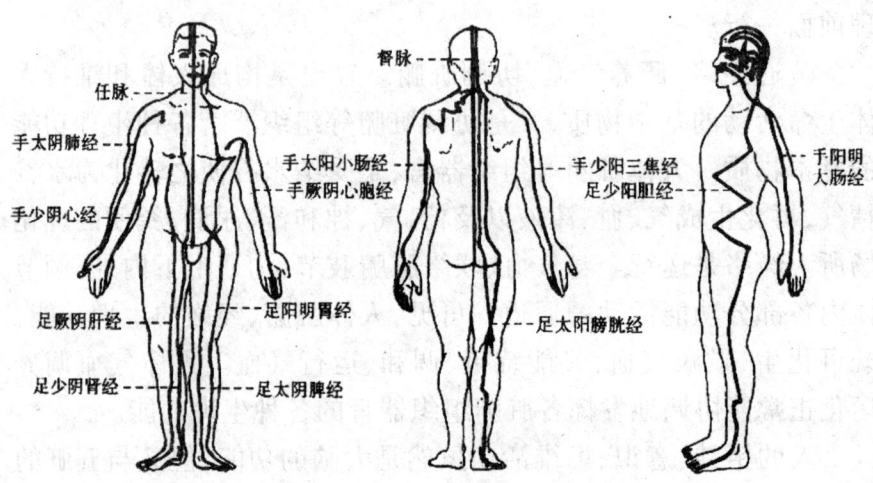

图 2-1　十二正经位置图

(资料来源:邱丕相、蔡仲林,2011)

十二正经中,每个经脉分别隶属于人体一个脏或一个腑,且左右对称地分布于人体两侧。十二正经与奇经八脉及分支络脉在人体内纵横交错,里通脏腑,外达肢节,上通头,下达脚,把人体网络联成一个整体,经络的主要功能是气血在其通道运行。十二经脉中气血的运行是循环贯注、首尾相连、如环无端的。其流注次序如图2-2所示。

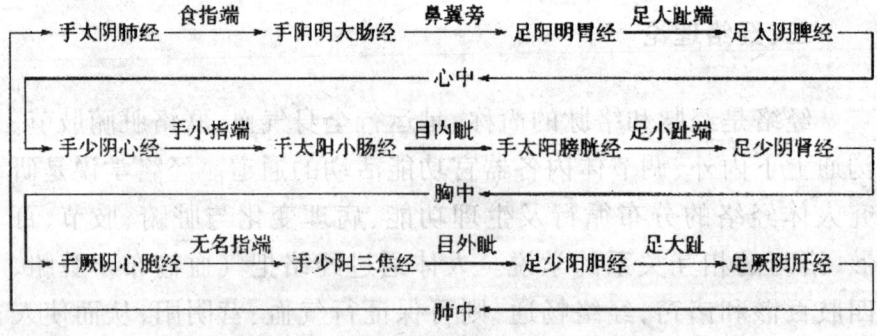

图 2-2　十二经脉气血循环流注图

(资料来源:邱丕相、蔡仲林,2011)

奇经八脉是督脉、任脉、冲脉、带脉、阴跷脉、阳跷脉、阴维脉、阳维脉。奇经八脉虽与脏腑没有直接关系，但与十二经脉纵横交接，对十二经脉具有调节、疏通作用，其中任、督二脉至关重要。中医学和传统体育养生把任、督二脉与十二经脉合称为"十四经"。

任、督二脉皆起于胞中，下出会阴，而后任脉经阴阜循行于腹、胸中线，上经口唇，沿面颊分至目眶下；督脉则络阴器，"贯脊属肾"，循行于脊背正中线，经百会穴、额、鼻部至上唇。任、督二脉循行于人体一前一后，前后相连，贯阳通阴，总督总调人体阴阳诸经，通调人体阴阳气血平衡。任脉起于脐下 4 寸，穴居中极之下，前阴后阴之交，名会阴穴，任脉由会阴而行腹。督脉之源亦起于会阴，由小腹后部中央行背。背后尾闾、夹脊、玉枕曰三关，谓之督脉，本属乎阳；前面上田、中田、下田，谓之任脉，本属乎阴。修丹之士，炼至真气充足，消息到来，下田忽然如火向尾闾冲关透窍，此皆真气自家妙用。二脉交通，真气逆生，自背后督脉中上来，即属于子；自前面任脉中下去，即属于午。子午抽添谓之周天火候。身中水火，一升一降，升则为进火，谓之抽铅；降则为退符，谓之添贡。铅是一点真阳之气，贡是一点真阴之精，二气交感则丸精丸气皆化为真气，为纯阳之体。任、督二脉在传统体育养生中的主要作用有三个。一是真气运行的根源和动力，以及在真气运行中协调人体阴阳。二是涵养人之"三宝"精、气、神。三是任脉网络诸阴脉，总调全身阴气；督脉总督诸阳脉，统摄真气，调整和振奋阳气。

中医学把人体具有传输和输注气血的空隙和聚集点称为"腧穴"，把循行十四经上的腧穴称为"经穴"。腧穴是脏腑、经络气血输注之处。传统体育养生家往往通过意念导引、意守和点、按、拍、打等方法作用于特定的穴位疏通经络和调畅气血。传统体育养生中常用的穴位如表 2-1 所示。传统体育养生法通过循经取动的形体锻炼以及循经导引、行气、按摩、意守等方法的实施，达到疏通经络、协调脏腑、调畅气血、平衡阴阳、健康长寿的目的。

表 2-1 传统体育养生健身常用穴位表

身体部位	穴名	所属经脉	分布位置
头	百会	督脉	头顶正中,两耳尖连线中点
	印堂	经外奇穴	两眉头连线中点,正对鼻尖
	太阳	经外奇穴	眉梢与目外眦之间向后约1寸凹陷处
	人中	督脉	上唇人中沟上1/3处
	承浆	任脉	下唇沟正中凹陷处
颈	玉枕	足太阳膀胱经	枕外粗隆上缘外侧
	风池	足少阳胆经	头颈后两侧发际凹陷处
	天柱	足太阳膀胱经	平哑门旁开1.3寸斜方肌外缘凹陷中
背腰胸	大椎	督脉	第七颈椎棘突下凹陷处
	命门	督脉	第二腰椎棘突下凹陷处
	肾俞	足太阳膀胱经	命门旁开1.5寸
	膻中	任脉	两乳头连线中点
腹	中脘	任脉	脐上4寸
	神阙	任脉	肚脐中
	气海	任脉	肚脐下1.5寸
	关元	任脉	肚脐下3寸处
裆髋	会阴	任脉	前后二阴连线中点
肩	肩井	手阳明大肠经	肩端,平举肩时前上方凹陷处
臂	曲池	手阳明大肠经	肘弯横纹桡侧端凹陷处
	内关	手厥阴心包经	仰掌腕横纹上2寸
	劳宫	手厥阴心包经	握拳,中指尖所点处
手腿	足三里	足阳明胃经	膝下3寸,胫骨前嵴外侧
	承山	足太阳膀胱经	腓肠肌腹下出现尖端凹陷处
	委中	足太阳膀胱经	膝后窝横纹中央
	三阴交	足三阴经上	内踝尖上3寸,胫骨内侧后缘处
足	太溪	足少阴肾经	踝后,跟骨上凹陷中
	太溪	足厥阴肝经	足第一、二跖骨结合部之前
	涌泉	足少阴肾经	足心人字纹头凹陷处

(资料来源:邱丕相、蔡仲林,2011)

第三节　太极运动养生的生理学基础

人体生理学的任务就是研究构成人体各个系统的器官和细胞的正常活动过程,特别是各个器官、细胞的功能表现的内部机制,不同细胞、器官系统之间的相互联系和相互作用,从而使人们认识人体作为一个整体,其各部分的功能活动是如何互相协调、互相制约,在复杂多变的环境中维持正常的生命活动过程的。传统体育养生内容博大精深,种类繁多,各有特色,但是它们又有许多共同特点,如松静自然、调神炼意、呼吸锻炼。本节将从生理学视角揭示太极运动养生的作用机制。

一、太极运动养生的生理特点

(一)松静自然

一个初学者首先要练习桩功,如太极拳的无极桩、形意拳的三体桩、健身气功的三圆桩,其目的是提高练习者的放松能力,为追求松静自然打好"桩功"基础。放松入静的过程是逐步加深的,初学者从开始入静到入静程度较深所需的时间较长,练习一段时间后,此过程就会加快。意念诱导全身各部位逐渐松开,也就是在意识引导下,对身体进行姿势调节,使大肌肉群放松,骨骼、关节处于相互适宜的位置。例如,太极拳中的"节节松开"即是有意识地诱导全身骨骼、关节由上而下和由下而上渐次松开,同时不断改变关节的相对位置,全身形成特有的"弓"形结构。实验证实,入静时脑电波 α 节律增加,各区域趋向同步化和有序化的定向变化。在大脑皮质的控制下,随着放松的逐步进行,全身各系统的机能会出现相应的协调变化,如心率减慢,血压下降,血管扩张,毛细血管通透性增强,呼吸均匀、柔和、缓慢、深长,皮肤电阻降低，运动神经传导速度加快，内分泌和免疫系统出现一系列相应变化，这些变化使全身各部位的机能活动协调统一。身体某一部位的放松程度和信息，不仅要通过传入通路传至大脑皮质运动感觉区，经过分析加工，发出下行冲动对这一部位进行放松的调节，而且这一活动还要通过包括皮质、小脑在内的反馈联系通路不断改进、完善，加深这一局部的放松程度。这种过程是连续的、有序变换位置的连环反馈调节过程，重复的次数越多，其调节通路越通畅，所用的时间也越短。放松练习是对大脑感觉运动区的整合功能的一个很好训练。

（二）调神炼意

调神炼意一方面是指神经系统包括大脑皮质、皮质下中枢以及外周神经各级水平对身体的调控，是人体的思维活动对机体运动模式和内脏功能的整体调控；另一方面是指对心理状态的调节。调神炼意又称为"意守"或"一念代万念"。意守的过程中，大脑的感觉机能水平提高。意守时局部的小血管活动、神经末梢的功能状态、局部代谢产物，以及腺体活动的情况等信息，通过内脏感觉传入通路，传至大脑的相应感觉区。在意守中运用图像、颜色、词语或在某些动作的诱导下，大脑强化和扩大了传入信息，通过正反馈机制发出指令，加强意守局部的活动，如使局部血流加快、温度升高、感觉敏锐、汗腺活动增加等。在意守练习中，平常不随意的内脏活动可以被意守所影响，意守训练是对内脏系统的一种积极、主动的训练。

关于心理因素和疾病的关系，祖国医学文献中有着丰富的记载，《内经》说："心者，五脏六腑之大主也……故悲哀忧愁则心动，心动则五脏六腑皆摇。"这说明精神或心理主宰着五脏六腑，情绪剧变可引起人体内脏功能失调。传统体育养生重视心理的调节，强调"少思寡欲"，追求人与人、人与自然的整体和谐，从而达到心理的平衡状态，对生理产生良好的影响。

（三）呼吸锻炼

传统体育养生非常重视呼吸的锻炼,有意识地控制呼吸的方法有很多,如顺和逆腹式呼吸、鼻吸口呼、闭气呼吸法等。这些方法是通过意念改变自然的呼吸节律,以适应身体内部状态和外部活动的需要。腹式呼吸与胸式呼吸不同,腹部的起伏很大,对腹部的内脏起到按摩作用,同时激发了腹部的内分泌腺的机能,长此以往,对机体内环境的平衡调节很有好处。肺也具有内分泌功能,因此特殊的呼吸练习对肺的刺激也较自然呼吸为佳。深长呼吸能摄取更多的氧气,满足机体的需氧量,提高组织摄取血氧的能力。从动物实验直接观察软脑膜微循环可知,抑制呼吸运动初期,微血管代偿性扩张,流速加快。闭气法的练习,在控制呼吸 30 秒钟时,脑血流图波幅平均增加 10%,如果继续闭气,脑电流图波幅开始减小,闭气时间过长,血氧分压过低,脑循环受到抑制。可见,短暂的停闭呼吸的训练,能够促进脑部的血液循环,调节大脑血流量,提高机体耐力水平。

另外,实验证明,调整呼吸可以影响自主神经机能,呼气时中枢兴奋能广泛扩散到副交感神经系统,吸气时则能扩散到交感神经系统。传统体育养生讲求动作、意念和呼吸的和谐运动,呼吸与动作能够自然地合拍而成为一体,即所谓的意、气、力合一状态。呼吸与力相合,呼则力沉,吸则力轻;呼吸与意念相合,呼则意识随之贯注,吸则意识转为灵活。身体在运动时,既可出现静态的呼吸,即慢、匀、深长,也可在松静状态中突然呼气而发劲。这一阶段的特点是呼吸、意念、动作三者既皆可以为中心灵活转换,也可以互为依托、相互促进,使人体内外成为一个高效率、高质量运动的整体。在有意识地调节呼吸以及与动作配合的过程中,呼吸肌放松与紧张的程度、膈肌上下起伏的幅度,以及支气管的舒缩活动等信息传到各级呼吸中枢;躯体运动情况的信息传到大脑的运动感觉区;心血管功能状态的信息同时传到心血管中枢。大脑对所有的这些信息进行分析,并与意识的目标进行比较,经过信息加工、处理,使呼吸的形式、节奏、深浅与动作的起止、节奏、力量的运用等逐渐协调一致。经过反复练习,呼吸中枢、感觉运动区、心血管中枢之间的机能联系会越来越协调,联系的通路也会越来越顺畅,最终达到统一。

二、太极运动养生的生理作用

从系统科学的角度来看,人体内存在一个以神经系统、内分泌系统、免疫系统、呼吸循环系统等为核心的多形态、多结构、多功能、多层次、多信息和多系统的立体网络调控系统,这个立体网络调控系统是保证人体健康的"内因";人生活的自然环境、社会环境,包括各种治疗康复手段、各种保健措施和各种体育健身养生活动都是"外因"。内因是事物发展的根本原因,外因是事物发展的外在条件,外因通过内因起作用。在此就来分析传统体育养生方法作为外在影响因素如何通过人体各细胞、器官和系统之间的生理学因素产生健身作用。

(一)对内分泌、免疫系统的作用

稳态是生理学中一个十分重要的概念,"内环境的各项物理、化学因素是保持相对稳定的,称为内环境的稳态"。内环境的稳态是细胞、器官维护正常生存和活动的必要条件。人体内外环境时时刻刻在发生着变化,这种机体适应各种变化的过程称为生理功能的调节。内分泌系统和免疫系统是重要的维持、恢复内环境的调节系统。现代科学研究表明,适宜的体育锻炼可以调节内分泌腺的功能,促进人体新陈代谢和正常的生长发育,提高免疫系统,特别是非特异性免疫系统的功能。

传统体育养生是一种自我身心锻炼的方法,通过对身体姿势、呼吸、意识和心理进行整体的调节,达到"形、神、意、气"的统一。实际上"内外兼修、形神兼备"的锻炼追求的是人自身内外、人与自然、人与社会的"和谐状态",这种对"和谐状态"的追求与人体"内稳态"的调节是相统一的。太极拳动作柔和、松静自然、意气相合、动静交替,练习后使人心情畅快,精神振奋,提高了自信心,从而消除了不良情绪对免疫抑制的影响。许多研究表明,科学的传统体育养生锻炼能够增强免疫细胞活性,提高免疫细胞机能。

(二)对血液循环系统的作用

心脏和血管组成机体的血液循环系统。血液循环是高等动物机体生存的最重要条件之一。传统体育养生动作缓慢柔和,讲求全身各部位的运动是一种中小强度的有氧运动。运动生理学认为,经常进行体育锻炼,可促使人体心血管系统的形态、机能和调节能力产生良好的适应,从而提高人体工作能力。在进行传统体育养生锻炼时,各组织器官代谢过程增强,耗氧量增加,因而心血管系统功能也相应加强,心输出量增加,以满足肌肉活动时对氧的需要。心输出量的增加,不仅使全身各组织器官血流量也增多,每分钟总的血流量较安静时大大增加,而且血流量的增加并不是平均分配,而是根据不同器官需要重新分配。心脏本身和参加运动的肌肉的血流量明显增加,不参加运动的肌肉以及内脏器官血流量减少,这些变化和适应都是在神经和体液调节下的结果。另外,传统体育养生运动通过躯体的开合屈伸对心脏起到按摩挤压的作用经常参加运动不仅能使心脏功能增强,同时也能提高心血管活动的调节功能,增强心血管系统对运动负荷的适应能力。

张林(1994)的研究发现,参加太极拳练习的老年人PWC130机能试验负荷功率比普通老年人有明显提高,运动负荷前后的STI和血液动力流变学参数变化明显,运动后恢复速度快,在安静、运动即刻和恢复期各状态的心肌耗氧量低于普通老人,这表明太极拳锻炼能改善老年人的心血管机能,对运动负荷有良好的适应性。另外,通过练习太极拳,练习者的心率、每分钟输出量、心脏指数、左心室有效泵力指数均明显增加,收缩压与血管弹性扩张系数、微循环半更新率增加,微循环半更新时间和微循环平均滞留时间缩短,这些结果说明,习练太极拳的人练拳时心脏工作效率提高,以较小的能量消耗即可满足全身代谢的血液供应,心脏、血管、微循环的机能处于有利适应机能代谢需要的状态,从而提高了心血管机能水平,减轻了心脏的生理负荷。

实验表明,经过系统的、长期的传统体育锻炼,心电图的异常变化减少,心脏功能提高。通过锻炼,中枢神经和植物神经的机能平衡,使精神紧张消除、心脏负担减轻、周围血管的紧张度降低,以及血液循环通畅、心肌供血量增加和心肌舒张间期心脏的应激能力与适应能力增强。

(三)对神经系统的作用

人体是一个极为复杂的有机体,体内各器官、系统的功能各异,但它们在神经系统的直接或间接调节与控制下,又相互制约、相互配合,共同完成统一的整体生理功能;同时神经系统还能对体内外的各种环境变化做出迅速而完善的适应性调节,从而维持体内各器官、系统功能的正常进行。因此,人体内环境的稳态和对外环境的良好适应在很大程度上依赖神经系统的调节。中医学亦认为,"心为君之官……主明则下安,以此养生则寿……主不明则十二官危。"传统体育养生讲求"调神炼意",重视对神经系统和思维意识的锻炼,能够对神经系统产生良好的锻炼效应。

神经系统由中枢神经系统和周围神经系统组成。中枢神经系统包括位于颅腔的脑和位于椎管的脊髓;位于颅腔和椎管以外的神经组织属于周围神经组织,周围神经又可分为躯体神经和自主神经。

现代生理学研究表明,传统体育养生锻炼能够改善大脑和中枢的营养供给,消除因用脑过多引起的大脑疲劳,有效提高神经系统机能;能够使脑细胞的生理活动出现较好的同步和有序的定向变化,促进大脑皮质活动的有序化,使神经过程的兴奋与抑制更加均衡,改善脑功能和神经系统的协调调整能力。人体的各种运动,都是在神经系统的控制下进行的,神经系统对各种姿势和随意运动的调节,都是复杂的反射活动。反射是在神经系统的参与下,机体对内外环境变化所做出的规律性应答。外界事物和机体内环境变化产生各种各样的刺激,这些刺激首先是由感受器或感觉器官感受,然后将各种刺激形式的能量转换为感觉传入神经的动作电位,并通过各自的神经通路传向大脑皮质各自的感觉代表区,感觉代表区神经元间的广泛联系可以发生较快的改变,称为感觉皮质的可塑性,这种可塑性也同样发生在大脑的运动皮质。传统体育养生的各种姿势调节、呼吸与动作配合,以及注重意识对身体运动感觉的"用意不用力"等锻炼方法和特点,使人体运动更加协调、灵敏、平稳和准确地进行,从而有效地提高了神经系统机能。另外,生理学实验还表明,对正常人进行局部血流测定时,可以观察到足部或手指运动时大脑皮质相应的代表区血流增加。因而,传统体育养生运动能够改善大脑和中枢的能量供给,促进大脑疲劳的消除。

  自主神经系统的功能是调节内脏活动,所以又称内脏神经系统。事实上,自主神经系统应包括传入神经和传出神经,但习惯上仅指支配内脏器官的传出神经,且将其分为交感神经和副交感神经两部分。内脏神经系统在维持机体的生理活动中起着重要作用,正常时交感神经和副交感神经维持动态平衡。许多研究表明,传统体育养生锻炼具有调节植物神经,使其由不平衡状态转变为平衡状态的作用,使植物神经系统的功能活动状态呈现由老年化向年轻化转变的趋向,这种调节作用主要是通过交感神经活动相对减弱而副交感神经活动相对增强来实现的。实验证明,传统体育养生中各种功法的呼吸锻炼对植物神经的功能有一定的影响。当呼吸频率变慢时,特别是呼长吸短时(副交感神经兴奋占优势),表现出心率减慢、血压下降和肠蠕动增加增强等现象;当吸长呼短时(交感神经兴奋占优势),就表现为心率加快、血压升高和肠蠕动减少减弱等现象。可见,随着呼吸频率及呼吸活动形式的不同,机体植物神经功能状态亦不相同。

（四）对消化吸收系统的作用

消化和吸收是两个相辅相成、紧密联系的过程，其主要功能是为机体新陈代谢提供物质和能量来源。消化系统主要包括食管、胃、肠、肝、胆、胰等器官。近年来的大量心身医学实验研究证实了社会心理因素是导致消化系统疾病的重要因素之一。传统体育养生中"恬淡虚无、少思寡欲"的"调神炼意"方法，使得人们的心理趋向平衡，能够避免心理失衡给人带来的不良后果。再者，传统体育养生锻炼时注重脊柱的开合、扭转、俯仰，对内脏器官起到按摩挤压作用，使胃肠等消化器官的血液循环得到改善，消化管的蠕动加强，消化腺的分泌机能提高。此外，腹式呼吸使横膈膜运动幅度的增加和腹肌运动的加大，对腹部脏器起到一定的按摩作用，因而对胃部的运动、血液和淋巴的循环等均有良好的作用，有助于消化呼吸系统的改善。因此，传统体育养生能间接或直接对消化吸收系统起到锻炼作用，产生良好的健身效果。

（五）对呼吸系统的作用

机体与外界环境之间的气体交换过程称为呼吸。通过呼吸，机体从大气中摄取新陈代谢所需的氧，排出所产生的二氧化碳。因此，呼吸是维持机体新陈代谢和其他功能活动所必需的基本生理过程之一，一旦呼吸停止，生命也将终结。传统体育养生重视呼吸的锻炼，动作的开合升降与呼吸相配合，多采用"深、细、匀、长"的呼吸方式。一方面，这种深长的用力呼吸不仅使更多的呼气肌参与收缩并且收缩加强，而且使吸气肌也主动参与收缩，使呼吸肌得到有效的锻炼；另一方面，这种匀、细的呼吸，使意识集中在呼吸运动上，呼吸时的各种感觉冲动传到神经中枢，又受到神经中枢的及时反馈，形成闭合的传入、传出环路，从而使得呼吸调节系统得到锻炼。

刘洪广（1993）利用现场遥测发现，练太极拳时呼吸的节律和强度以低频、高深度、持续稳定的形式呈现，并且有吸短呼长、吸轻呼重的特点。特别是随着负荷强度的逐渐增大，呼吸频率反而下降，这一点是太极拳不同于其他锻炼项目的一个显著特征，充分说明太极拳运动提高了呼吸系统的工作效率，在运动负荷增加的同时，是依靠增强呼吸深度、减慢呼吸频率和提高摄氧量来保证机体需氧量的。太极拳细匀柔缓深长的呼吸方式与胸廓的开、合、提、降等动作结合，加大了胸廓活动的幅度，发展了呼吸肌，增强了肺组织的弹性，改善了肺通气和换气的功能，因而提高了气体交换的效率。

第四节 太极运动养生的心理学基础

中华民族是一个有着丰富的养生文化的民族，其养生理论蕴含着非常丰富的心理学思想，朴素但智慧，对今天仍然具有实践意义。传统体育养生的心理学思想交叉了医学心理学、体育运动心理学和社会心理学三大领域，并形成了自己的特色。以下从医学心理学、运动心理学和养生心理学三个方面来分析太极运动养生的心理学基础。

一、医学心理学

世界卫生组织指出："健康不仅是没有疾病，而且是身体上、心理上和社会上的完好状态。"这就是健康的新概念，即健康包括身体健康、心理健康和适应能力良好三个方面。当代的医学模式已由生物医学模式演变为"生理、心理、社会医学模式"，其特征是从治疗扩大到预防，从生理扩大到心理，从个体扩大到整体，从医院扩大到社会。心理卫生具体指的是以积极有效的心理活动、平稳正常的情绪状态，对当前和发展着的社会和自然环境有良好的适应。讲究心理卫生的目的就是为了促进心理健康，所有的养生保健活动都是围绕"健康"二字进行的。传统体育养生学的主要任务是"治未病"，体现了"预防为主"的理论核心，包括"未病先防""已病防变"和"病后防复"等内容。"未病先防"是指疾病发生之前，采取相应的养生锻炼措施，从而达到预防疾病发生的目的；"已病防变"是早期治疗的同时，采取适宜的养生方法，先安未病之脏，调理精气，防止疾病传变；"病后防复"是疾病初愈时，采取适宜的养生措施，预防疾病复发。《管子·内业》是最早论述心理卫生的专篇。内，就是心；业，就是术。内业者，养心之术也。管子认为，心是"精之所舍而知之所生"的物质器官，把养心之术建立在唯物的基础之上。《黄帝内经》中有关心理卫生的论述很多。例如，《素问·上古天真论》指出，养生要"志闲而少欲，心安而不惧，形劳而不倦"，就是说：不要自负太高，人贵有自知之明；不要贪欲过多，人贵能知足常乐；不做昧心欺人之事，人贵待人以诚。孙思邈继承《黄帝内经》"治未病"的思想，重视养生和心理卫生，他认为要真正做到"治未病"、延年益寿，就必须调摄形体，注意不断运动，同时也要调摄精神，讲究心理卫生。东晋的医学家葛洪在《抱朴子》中提出的摄生养气和节制情欲的养生之法，也具有心理卫生意义。他认为首先要起居有常，活动筋骨，注意营养，调节劳逸，使生理与心理机能正常运行。

生理心理学力图阐明各种心理活动的生理机制。《黄帝内经》认为"心"虽然是十二脏器之一，但它支配一切生理活动和心理活动。《黄帝内经·灵枢·本神》中的"任物"就是反映事物。反映事物的是心，心有所指是注意，注意后的保存就是记忆，记忆中取舍变化就是思维，思维的深远就是深思熟虑，以深思熟虑来处理事物就是智能。这一环扣一环的认识过程的总开关就是"心"。当然，心反映事物，还会参与各种感官进行知觉的反映。同时，《黄帝内经》对大脑的生理心理功能也有所发现，"脑、髓、脉、胆、女子胞（子宫），此六者地气之所生也，皆藏于阴而象于地，故藏而不泻，名曰奇恒之腑。"宋元明清时期科学技术有较大的发展，在心理学思想中出现了"脑髓说"，为近代唯物论心理学思想奠定了自然科学的基础。12世纪金朝医学家张洁古曾经明确指出人的视觉、听觉、嗅觉及其他感觉,都是脑的功能活动。医学家李时珍把脑看作精神意志活动的器官,他说:"脑为元神之府。"清代医学家王清任以人体解剖为基础,正式提出并系统论述了"脑髓说"。

病理心理就是在探讨致病的心理原因及其机理的基础上,根据具体的疾病选择有针对性的功法练习。《黄帝内经》是我国古代较早对病理心理进行广泛深入探讨的医学经典著作,它认为人的喜、怒、悲、忧、恐五种情志是相互制约的,情感活动正常则身体健康,如果发生异常的变化,身体就要生病。隋代巢元方的《诸病源候论》中也包含着丰富的病理心理学思想,他认为情志与脏腑相互影响,互为因果,情志活动的失调,可以导致脏腑失调而致病。"愁忧思虑则伤心,恚怒气逆,上而不下则伤肝,肝心二脏伤,故血流散不止,气逆则呕而出血。"至于防治疾病而进行的养生,应根据修炼者的体质类型、身体强弱和疾病的特点来选择适合自身的修炼方法。

二、运动心理学

在传统养生术中,运动技能是通过修炼而获得正确的姿势形态(调身)和良好的心理状态(调心)的能力。运动技能的形成分为三个阶段。

(1)动作的认识阶段。在技能形成的初期,锻炼者的神经泛化阶段,内抑制过程尚未精确建立起来,注意范围比较狭窄,知觉准确性较低,无法完全放松下来,意识参与较多。在传统体育养生术中,这一阶段强调专心致志,为进入下一阶段功法的练习奠定良好的心理基础。

清代李亦畬《太极拳论》五字诀中,首先强调心静:"一曰心静,心不静则不专,一举手前后左右全无定向,故要心静。"武禹襄的《太极拳解》中也强调"身虽动,心贵静;气须敛,神宜舒。心为令,气为旗;神为主帅,身为驱使。刻刻留心,方有所得。先在心,后在身"。这些都说明心要静,即良好的心理状态是练功的基础。

(2)动作的联系阶段。运动技能的形成靠掌握技术规律和方法,只有认识规律,把握正确的动作方式,才能形成良好的运动技能。动作联系阶段,也正是传统体育养生术的练功阶段,调心贯穿于功法练习的始终,是联系各动作的中心轴。

在动作的联系阶段,首先强调的是调身,即调整正确的肢体动作。华佗从医学的角度提出"体常动摇,谷气得消,血脉流通,疾则不生,卿见户枢,虽用易朽之木,朝暮开助摇,遂最晚朽,是以古之仙者赤松、彭祖之为导引,盖取于此也",这是强调动养有肢体运动引导气血运动,而肢体运动(调身)并非"妄动"和"躁动",而是动要有节,符合人的生理特点。

王宗岳在《太极拳论》中谈到调身要"虚领顶劲,气沉丹田,不偏不倚,忽隐忽现。左重则左虚,右重则右杳",在《十三势歌诀》中更是强调"十三总势莫轻视,命意源头在腰隙,变转虚实须留意,气遍身躯不稍滞",此段话说明了太极拳调身的关键部位是腰隙,姿势形态达到标准才能促使腹内松静、真气腾然。

先在调身,而后是调息,身体动作形态达到要求后,气血才能畅通。调身是第一步,继而是调息,但两者又是相辅相成的。调身和调息都是为调心服务的,而这一阶段的调心是为了凝神、存神。此阶段已经排除杂念,意识引导动作的变化,是一种高度的入静,使五脏六腑气血筋骨得到调养。

在动作的联系阶段,调身、调息、调心是相互影响、相互作用、相互联系的,但在此过程中,其操作步骤是不一样的,调心是联系动作的中心环节,调身是动作联系阶段的第一个要求,其次是调息,调身和调息达到娴熟、协调后,又围绕着调心服务,从而促使身心健康发展,达到身心的和谐统一。

(3)动作的完善阶段。在这个阶段,练习者的动作已在大脑中建立起完整的动力定型,神经过程的兴奋与抑制更加集中与精确,掌握的一系列动作已经形成了完整的有机系统,各功能都能以连锁的形式表现出来,自动化程度扩大,意识只对个别动作起调节作用。此时,练习者的注意范围扩大,注意主要用于对环境变化信息的加工上,对动作的本身注意减少。在传统体育养生术的动作完善阶段,目的是达到身心两大系统的完备和统一。道教练养术就非常明确地指出,首先练己筑基,以内练来奠定养生锻炼的基础,而内练须经过炼精化气、炼气化神、炼神还虚三个阶段。炼神还虚是体育养生术的最高阶段,是完善阶段,该阶段的关键是反复练习。运动技能无一不是在实践中反复练习形成的,只有在技术训练中进行多次的重复练习,才能达到炉火纯青的地步。传统体育养生术不仅强调反复练习的作用,而且对练功的时间、地点、次数都有严格的要求,要求和于术数,即人体气血运行和于术数的规律,做到天人合一,才是真正的练养结合。

三、养生心理学

人生命的长短及生命力的盛衰,是与人的身体和心理的发展、充实、协调紧密相连的。在中国古代养生典籍中,常常用形与神来表述人生命力表现的两个方面。形(身体)与神(心理)关系的理论,相当于现代心理学的身心关系和生理精神关系的理论。

在形神观方面,庄子从宇宙演变的观点出发,认为人有了形体之后才有精神,人的精神是依赖于形体的,并且认为心理随着形体的变化而变化,即所谓的"其形化,其心与之然"。尽管庄子追求的终极目标是精神超越形体,进入无限自由的逍遥游状态,但从养生的角度看,形体保神的形神观是合理的,它说明身体和精神是统一而不可分离的。从病理上看,形健则神旺,形衰则神惫,形体受损则神亦必受影响。《灵枢·本神篇》说:"肝气虚则恐,实则怒,心气虚则悲,实则笑不休。"《伤寒论》记载:"太阳病不解,热结膀胱,其人如狂。""其人喜忘者,必有蓄血。"这些都充分说明了一个人的身体有病可直接影响其情感、思维等活动,这是中医常见的因病而郁、情绪低沉症状,结果将导致更严重的病变。

老子哲学中包含了丰富的朴素辩证法思想,其根本的观念是虚无、无为,从而形成了"恬淡寡欲""清静无为"的养生思想。庄子继承并发展了老子的思想,《庄子》说:"抱神以静,形将自正,必静必清,无劳汝形,无摇汝精,乃可以长生。"从养生角度看,抱神以静的静心观,注重人的心理保持恬淡平和之状。所以,神要养,但要静养,要减少不良意识的参与,防止消极心理状态的发生。

中医学将神作为人体精神意识、知觉、运动等一切生命活动的最高主宰,认为脏腑组织功能必受神的控制,受情志的支配与调节,人的心理活动影响着人的生命活动。神对形体活动的作用,主要体现在两个方面:一是神能协调脏腑、气血、阴阳的变化,维持人体内环境的平衡;二是神能维持脏腑等组织的正常功能,使之主动适应自然界的变化,缓冲由外部因素引起的情志刺激,从而维持人体与外环境的平衡。

孔子提出"仁者寿""大德必得其寿"的论断,强调道德修养对养生祛病的重要作用,并进一步明确精神道德方法与养生之间的关系,提出:"君子有三戒:少之时,血气未定,戒之在色;及其壮也,血气方刚,戒之在斗;及其老也,血气既衰,戒之在得。"(《论语·季氏》)他把人生分为少年、中年和老年三个阶段,每个年龄段,身体都有不同的特性及应戒之行为,以全其德。庄子提出"德全者神全""德全而神不朽",认为道德高尚有利于保全形体和精神。《黄帝内经》也论及道德品质对养生的重要意义,认为社会道德风尚与人的寿命长短有很大的关系。《素问·上古天真论》中说:"是以嗜欲不能劳其目,淫邪不能惑其心,愚智贤不肖不惧于物,故合与道。所以,能年皆度百岁,而动作不衰者,以其德全不危也。"

第三章 太极运动养生的内涵解析与锻炼指导

太极运动养生不是千年难解的谜题,而是我们的祖先传下来的养生文化瑰宝。太极运动养生学有独特的理论与方法,虽博大精深,但深入浅出,易懂、易学、易练。太极养生法练习不分男女,不限年龄,更无文化高低之别,也不受时间与空间的限制,是一看即懂、一学就会的养生保健方法,贵在长期坚持。

第一节 太极运动养生的内涵解析

一、"太极"的由来

(一)关于陈抟的传说

要说太极,就不能不提到陈抟,那位以其绝世睡功闻名于世的奇人。

相传,在涡河岸边住着一位姓陈的渔翁。一天他在河边捕鱼时捞到一个球形的水生物,便带回家准备煮熟充饥。正在他烧火添柴时,突然天昏地暗,电闪雷鸣,风雨交加。同时球状物破裂,露出一男婴来。渔翁惊喜万分,以为天赐后嗣,于是养为己子,跟着自己姓陈,因其乃球形物破裂而来,遂起名叫抟。

陈抟(公元871—公元989年),字图南,自称"扶摇子",宋太宗赐号"希夷先生",他是宋元道教祖师,也就是宗教神话中的"陈抟老祖"。关于他的传说有很多。

据记载,他能够不吃不喝不动地酣睡一个多月。相传,宋太宗曾命宠信召他进宫为官,可陈抟执意成仙,练习山间,无意求名。陈抟两次拒召后同意赴京觐见皇帝。进宫时,陈抟身披羽衣,头戴华阳巾,脚穿草鞋,一身典型的道士打扮,并以宾礼见宋太宗于延英殿。后宋太宗下诏赐号"希夷先生",并令华州地方官修缮陈抟所居云台观,又在京城举行盛大的宴会,为陈抟送行。之后陈抟身躯即化形于华山谷中,结束了他传奇迷离的一生。

陈抟对于"太极"的贡献,就在于其将《老子》中的"无极"与《易传》里的"太极"结合在一起,用以解释宇宙的起源。他在《无极图》中,援儒入道,兼及佛学医理、天文地理,并把禅宗的"壁观"和道家的"命功"相结合,讲求培养"三宝"(即精、气、神),提倡"性命双修",这些都为后世内丹家和养生者所长期习用。

(二)太极图

"太极"一词,是中国古代哲学用来说明世界本源的。"太极"一词第一次出现,是在《易传》中。据考证,《易传》是战国时期解说《易经》的一部论文集,其学说本于孔子,具体成于孔子的后学之手。《易传·系辞》中所说的"易有太极,始生两仪。两仪生四象,四象生八卦"就讲了《周易》成卦的过程,即先有太极,再形成阴阳二爻(爻是组成八卦中的长短横线,如"—""--",又称"两仪"),然后二爻相加,则有四种不同的卦象,故称为四象,最后由四象各加一爻,便成八卦。

"太极"从字义上说,太者,大也,是比"大"多了一点,应该是很大;极者,指极点,无穷无尽也。太极者,即无限之意,包括时间的无限和空间的无限。

据传,《太极图》最初由宋朝道士陈抟传出,传给其学生种放,种放后分别将其传给了穆修、李溉等人,后来穆修又将《太极图》传给了周敦颐,周敦颐则写了《太极图说》加以解释。现在我们看到的太极图,就是周敦颐所传的。

说起太极图(如图3-1),人们往往会感到很神秘,至于其中的奥妙,则少有人能说清楚。

太极图也许是世界上最简单却又最深奥的图形,一个小小的圆代表了生生不息的人体小宇宙,暗示了循环不止的自然界,甚至可以说囊括了整个无边无际的宇宙。黑白两个鱼形纹组成的圆形图案,俗称"阴阳鱼"。它反映了黑夜和白天的时光交替,预示了古代和未来的历史变迁,象征了我们探究的已知世界和尚待探索的未知奥秘,同时也形象地表达了相反相成是万物生成变化的根源。

可以说,太极图是图式最简单、内涵最丰富、造型最完美的图案,它不仅概括了宇宙、生命、物质、能量、运动、结构等内涵,还揭示了宇宙、生命、物质的起源。

图 3-1　太极示意图

(资料来源:尹海立,2008)

太极图为什么用一个圆来表示呢？因为圆象征了世界万物的缩影。地球就是个椭圆形的球体,在太阳的照射下,产生了最原始的阴阳——黑夜和白昼。地球在围绕太阳运行的过程中,产生了四季的更替,因此有了春之暖、夏之热、秋之凉、冬之寒。可以说,我们生活在一个圆的世界里,圆可以囊括世界万物,圆是灵活和运动的象征。圆没有尽头,环环相扣,首尾相连。在太极圆中,一个小小的圆囊括了宇宙万物的化生运行和各种变化,使人与天地相对应,人与宇宙相关联。

太极图中的阴阳鱼是一对活泼可爱的鱼儿,一黑一白,同样大小,同样形态,首尾相接,黑鱼白目,白鱼黑目,其中更包含着无限玄机。古代先哲们不仅用阴阳来归纳自然界的万事万物,而且还着重探讨了两者之间的相互关系,并以其相互关系来解释万物发生、发展和变化的内在联系。

1. 黑白分明，对立统一

阴阳是对立统一的观念。在太极图中，一白一黑相对而立的两条阴阳鱼分别代表了既相互关联又相互对立的阴阳双方。

（1）白鱼——代表阳，具有运动、外向、上升、温热、无形、明亮、兴奋、功能、推动、温煦的特征。

（2）黑鱼——代表阴，与阳相对而具有静止、内守、下降、寒冷、有形、晦暗、抑制、物质、凝聚、滋润的特征。

阴阳可以互相转化，但不能相融。阴阳之间的制约就是属性对立的阴阳双方出现的相互约束、相互抑制的关系，其相对性就体现了阴阳的对立，如白色多的位置黑色就少，反之亦然。然而，虽然阴阳可能在某一时刻某一方面是不相等的，但整体上阴鱼和阳鱼的大小是一样的，这又说明了阴阳总体上的动态平衡。

2. 首尾相接，无限循环

阳鱼之首伸出的箭头融入阴鱼之中，反之亦然。这既说明了阴阳间的交互感应，也使太极图形成了动态的变化趋势，从而体现了阴阳二者间的消长平衡。"交互感应"是指阴阳二气在运动中相互作用、感应交合的过程。阴阳二气的运动使阴阳双方在处于一个统一体的过程中，产生了"二气交感，化生万物"的作用；而且，太极中阴阳二气此消彼长的运动变化是循环无端的。

3. 阴阳鱼目，互根互用

互根互用揭示的是阴阳对立双方的统一性。阴阳互根是指相互对立的阴阳两个方面相互依存、互为根本的特性。阴依存于阳，阳依存于阴，任何一方都不能脱离另一方而单独存在，每一方都以相对一方的存在作为自己存在的前提和条件。而阴阳互用是指处于统一体中的阴阳双方可以相互滋生、相互促进，如物质与功能的关系。阴阳鱼目还说明阴阳属性不是绝对的，而是相对的。

4. 阴阳变化，此消彼长

太极图还用了一条"S"形状的曲线，将圆一分为二。

(1)"S"曲线——阴阳隔离。太极图中"S"曲线的作用就是将阴阳隔离,从而体现了阴阳的对立。我们知道,阴阳是属性截然相反的两类物质,正如电缆中两根电线一样,必须用绝缘的橡胶隔离,否则会造成短路,引起难以想象的灾祸。而"S"曲线就是阴性物质和阳性物质的分界线。

(2)"S"运动——万物化生。万物的化生是由于阴阳二气的交互感应所产生的。在这个过程中,或阳亢,或阴盛,或阳虚,或阴虚,此消彼长,此进彼退。而"S"曲线正是阴阳变化过程中这种不平衡性的体现。

(三)人体中的太极

自从"太极说"问世以来,关于太极的内涵就一直为历代医学家所关注,各家之说也是纷然杂陈。有人说,宇宙是一个大太极,人体是一个小太极;也有人说,人人有一太极,物物有一太极等。那么,人体自身的太极到底在何处呢?历代医学家对这一问题众说纷纭,主要学说有以下几种。

1. 心为太极

在中医学中,心被认为是一身的主宰,在五脏中最为重要。《素问·六节脏象论》就有:"心者,生之本,神之变也。"因此,认为心在人体这个小宇宙中的位置和作用类似"太极"。

韩国的"四象医学"也是按照"太极生两仪,两仪生四象"学说,将心视为太极,心与身为两仪,肝、脾、肺、肾为四象。其中,心太极只进入了两仪范畴,而未进入四象范畴。也就是说,心在肝、脾、肺、肾四象之上,是统领四脏的主宰。

2. 脾胃为太极

东汉《周易参同契》以脾为祖,为太极;以肝、肺为父、母,为两仪;以肝、肺、心、肾为父、母、子、女,即四象。

金元四大家之一的李东垣也提出"脾胃为元气之本"的观点。李东垣还以《周易》阳升阴降的原理来说明脾升胃降,认为这是精气运动的枢纽,并在《脾胃论·阴阳升降论》中说:"《周易》曰:两仪生四象,乃天地气交,八卦是也。在人则清浊之气皆从脾胃出。"

清代医家邵同珍在所著《医易一理》中也提出过这样的观点。他认为脾为太极,属土,色黄,居五脏中央,是其他脏腑赖以生存的根本,就像是人体的小太极。中宫脾土内藏真火、化精化髓、生血生气、贯脊注脑、滋养脏腑、化神生智,虽本身无形却能生成形体,成为人体生命的根本,这就是人体的太极。

芬余氏的《医源》中也讲道:"以五行言心肝为木火之一源,肺肾为金水之同宫,中宫脾土为之维持调护。"他认为心肝与肺肾都由中宫脾太极所化生,即为两仪;而后再分为心、肝、肺、肾,即为四象。

清代著名医家黄元御更是明确提出脾胃中的气为人体阴阳、脏腑、气血、精神之化源,是人体的太极之气。因此,脾胃之气不仅是生命的根源,而且还是阳升阴降的枢纽。

3. 命门为太极

张景岳在《真阴论》中提出的"命门居两肾之中,即人体之太极"形象地说明了肾与命门的性质、功能及两者的关系。张景岳认为命门主生殖,肾亦主生殖,命门不离乎肾,命门为肾之主;命门的位置当与胞宫、精室有关。同时,他还强调了命门太极的作用,认为命门是元气之根,水火之宅,十二脏之源。

明代孙一奎也是命门学说的倡导医学家之一。他认为,命门为两肾间动气,为原气之所系,此原气是人体生命活动的根本动力,也是人体太极之本体。孙一奎以太极来比喻原气,以此说明原气乃是人体阴阳之本,是人体生命之本源。

4. 宗气为太极

宗气在《素问》《灵枢》中都有记载,但后代医家却很少谈起它。孙一奎在《医旨绪余·宗气营气卫气说》中认为,宗气自饮食入胃,是蓄积在胸中的精微之气;营气是阴精之气,由宗气所统管,好比从太极中分出阴;卫气是阳精之气,也由宗气所统管,好比从太极中分出阳。

二、太极运动养生的特色

太极养生在几千年的发展历程中,形成了自己独具特色的文化个性,它主要表现在以下三个方面。

(一)天人合一

中医认为,人生于天地之间,一切生命活动都与大自然息息相关。因此,人类的活动应该随时与大自然保持和谐一致,这就是"天人合一"的整体观念。在养生实践中,人们也必须遵循这一基本法则,才能取得良好的养生效果。也就是说,在日常生活中,我们要顺应季节变化、适应地理环境、遵从社会规范,最终才能顺应自然,达到修身养性、强身健体的目的。

(二)形神合一

"形"是指人的整个形态结构,即肌肉、血脉、筋骨、脏腑、经络、四肢百骸等组织器官和气、血、津液等基本营养物质,它们是人体的物质基础。

"神"是指情志、意识、思维等精神活动,是人体功能的反映。

在养生实践中,既要注意形体的保养,也要注意精神的调养,两者相辅相成、相得益彰,只有共同协作,才能达到身体和精神的均衡发展。

(三)以静为主

太极养生中尽管有着丰富的运动养生思想和动静结合的养生思想,但总体说来,静养思想仍占主体地位。这里的"静"有两重含义:一是身体不要过于劳累;二是精神不要轻易为外物所动。《老子》第十六章有:"致虚极,守静笃……归根曰静,是谓复命。"《老老恒言·燕居》也有:"养静为摄生之首务。"这都说明了"静"在养生中的重要作用。

第二节　太极运动养生锻炼的基本准则

一、消除形体紧张

我们的身体产生疾患,很多时候是由于形出现问题引起的,如坐姿不正、走路弯腰驼背易出现腰背痛等。除了外在的影响,内伤也是经常有的病态,紧张点的产生是出现概率最多、最常见的病态。人体内产生紧张点的原因非常多,有因为不良的生活、作息习惯所造成的,也有因为外界的机械压力所造成的,还有相当一部分紧张点是由于焦虑、心理紧张造成形体的紧张而产生的。太极运动养生就是通过肢体动作、呼吸意念、思维诱导、冥想等种种方式的综合训练,进行有规律、有节奏且科学性的运动,极大地缓解身体和心理的紧张点。紧张点的解除就是疾病隐患的消除。

中医说:阴阳不调百病生,阴阳一调百病消;阴阳和则万物生,"阴阳者,天地之道也,万物之纲纪,变化之父母,生杀之本始"。因此,调节不仅是要消除现有的紧张的状态,还要逐渐地培育出一个完整的、健全的心理机制,让身心随时处于放松状态,建立起一种宁静、祥和的心态。建立随时可以排解释放紧张的全新的生理机制,就要严格依照太极运动养生的要领来做,让要领成为自然成为习惯。

太极运动养生可以让人体按照科学的运动规律以最科学、最健康的状态进行运动。人体的各种运动,是由运动神经所支配,从大脑中央前回的运动中枢发出冲动,通过锥体系和椎体外系以及周围神经纤维直达全身各个部分,平时我们每一个站立或动作,都由运动神经指挥着有关部分的每一股肌肉,或张或弛的协同动作,以确保动作的协调性和充分维持人体的平衡;但是局部的活动还具有一定的局限性。太极运动是一种注重整体性的运动,运动范围遍及指趾、手足、胸腰、头颈、耳目、口鼻,这种全身性的肌肉舒展的活动,是以腰椎为枢,带动全身肌肉骨骼的运动,这样也就能带动神经、心血管以及相关脏腑系统也处于兴奋与抑制、舒张与收缩协调有序的活动中,使人生机旺盛,精力充沛,各项器官组织机能旺盛。因此,太极运动的意义不仅在于可以调整形体,还对人体的健康、激素、神经系统的调节具有巨大作用。

二、意念动作合一

太极运动通过心理、意识的调节,使意念和动作合二为一。中医学认为,身心是一体的,二者的健康状态是相互影响、相辅相成、互为作用的。

在现代社会中,压力比比皆是,这种压力来源十分广泛,如来自于自我、家庭、社会等等。这些压力成为健康的一大障碍,特别是脑力劳动者,大脑长时间处于高度运转的状态。大脑皮质长时间处于兴奋,形成惯性,脑神经的抑制过程减弱,容易导致失眠、疲劳等,一旦疲劳就会出现一定程度的混乱、易激动、烦闷、情绪不稳定,久而久之,就会导致神经衰弱。太极运动养生对心理的调节,其实质是对大脑皮质的调整,打破原先的状态,建立新的状态,抑制转化过程,把原先消极的、不利于健康的、具有干扰破坏性的元素消除,使受损心智得以修复。

意念与动作合二为一的关键在于三个字:静、平、松。即情绪安稳、心态平和、心情愉悦。在动作之前,要调整心绪,为自我塑造一个安静平稳的状态,创造一个安逸虚空的世界。运动时要把全部精神和注意力放在动作上,这也是入静,即排除干扰信号,一心一意。静中生慧,就是说在静的状态下,对很多事物的看法会更清晰,对健康的体察也更仔细、更透彻,太极运动有平静心智的作用。

静还有颐养的作用,可聚神、养神。因此,大部分习练者在训练之后都会出现心情愉悦、精神兴奋饱满的状态。这都是太极运动的内外双修所达到的对精神调养的效果。心态平就是平衡、平稳,不急剧波动,练拳时集中注意力,平时也能保持这种状态。打太极是一种修身的过程,提高人的修养境界是结合自己的身体来修身,不是空洞的,太极运动外形柔和缓慢的动,心态也同样地与之匹配互动,使人的心智水平得到提高。

三、吐纳有机结合

中国最早的传统养生术是导引,通过科学的方法,在呼吸的配合下,自发的引动自身的肢体进行屈伸俯仰等运动,以达到健身的功效。从健身的角度来说,太极运动就是一种导引术。因为太极运动的各项运动,都是按照导引术的指导思想进行,并且能很明显地体现导引术的内涵。导引的最大特色就是调息和运动的配合,即吐纳的有机结合。

太极运动的调息就是呼吸和动作的综合调理,呼吸作为运动中的主导去着重强调,让呼吸、动作和其他功能进行有机融合。

太极运动有两种风格迥异的呼吸方式,一种是普通呼吸(即自然呼吸),另一种是深呼吸(即腹式呼吸)。自然呼吸即不刻意地关注呼吸,以自然舒适的原则使呼吸与动作相配合,形成腹部横膈肌的升降运动,这样就会使肺部的体积容量收缩和舒张。解剖生理学说明,人的呼吸靠胸肋的开阖和横膈肌的升降活动来完成,而横膈肌的升降所促进的呼吸量,远大于胸肋开阖所得到的呼吸量,所以腹式呼吸能取得更多的新鲜空气。

空气是人的生命活动的重要物质,新陈代谢是生命活动的特征,营养物质转化为能量是依靠氧化进行的。所以,人体吸入氧气充足与否,直接影响到人的健康水平,特别是大脑,如果严重缺氧几分钟就可以发生不可逆转的变形和坏死,对健康造成严重损害。太极运动的自然呼吸和腹式呼吸都要求做到细匀深长,都是有节奏地、有规律地呼吸大量的空气,并且通过舒展柔和的运动,让气体在体内充分交换,激发生命活性。

腹式呼吸的另一个功效,就是通过横膈肌大范围的运动,可以对胸腹腔的脏器起到按摩的功效,使这些脏腑功能旺盛,加速循环,加速代谢。横隔的运动,还加强了血液及淋巴循环,可以使心脏冠状动脉反射性的扩张氧化与还原作用加强,增强了心肌的影响,为有效地预防各种心脏疾病及动脉硬化创造了良好的条件。

第三节 太极运动与饮食养生

太极中医学认为,养生就是采用药物或食物的性味阴阳之偏胜,来纠正人体阴阳失调的状况,并使之恢复到正常的动态平衡,故饮食养生本质上是食疗学。

一、饮食养生的作用

气血是维持人体生命和生理活动的基本物质,人体就是依赖元气、宗气、营气、卫气等共同发挥作用以维持人体的生命和生理活动的,而元气、宗气、营气、卫气又是以水谷精气为其主要生成来源,因此饮食养生就成为生命赖以生存的基础。

(一)预防作用

饮食营养可以调整人体的阴阳平衡,就如《素问·阴阳应象大论》所说:"形不足者,温之以气,精不足者,补之以味。"根据食物的气味特点及人体阴阳盛衰的情况,予以适宜的饮食,或以养精,或以补形,不但可以保证身体健康,也是防止疾病发生的重要措施。例如,食用动物肝脏,既可养肝,又能预防夜盲症;食用海带,既可补充碘及维生素,又可预防甲状腺肿;食用水果和新鲜蔬菜,既可补充营养,又可预防坏血病等。

此外,发挥某些食物的特异作用,还可直接用于某些疾病的预防。例如,用大蒜预防感冒和腹泻,用绿豆汤预防中暑,用葱白、生姜预防伤风感冒等,都是利用饮食来达到预防疾病的目的。

(二)滋养作用

"精"藏于五脏,是后天的水谷精微和先天精气相合而成,是脏腑功能活动和思维意识活动,即"神"的基础。

"精、气、神"为人体之三宝,生命之所系,是维护正常生命活动并抗御邪气的物质基础,而它们的生成和维持都离不开饮食的滋养。

(1)平补滋养法:本法就是应用既能补气又能补阴或既能补阳又能补阴的食物进行补养。

(2)清补滋养法:本法就是应用不滋腻的食物进行补养。

(3)温补滋养法:本法就是应用温热性质的食物进行补养。

(4)峻补滋养法:本法就是应用补益作用强、显效快的食物进行急补。

(三)抗衰老作用

中医认为,精生于先天而养于后天,藏于肾而养于五脏,精气足则肾气盛,肾气充则体健神旺,是益寿、抗衰老的关键。因此,要想延缓衰老,就要保存精气,而精气的充盛则有赖于饮食营养的补给。

(四)治疗作用

(1)调理阴阳的作用。
(2)补益脏腑的作用。
(3)泻实、祛邪、补虚的作用。

二、不同体质人的饮食养生

每个人的体质都是不同的,不同的体质将带给我们不同的生命体验。呵护生命、关注健康、保健养生,就要先从"形""神"两个方面来了解自己的体质。

"形"主要是形态结构,如肌肉、骨骼、五脏、五官、皮肤、毛发、血脉等,也就是人体看得见、摸得着的有形态结构的物质部分。"神"主要是功能活动,如心跳、呼吸、吸收、消化、排泄、性格特点、精神活动、情绪反应、睡眠等。而形神和谐就是健康,若形神不和就会产生疾病,形神相离就会死亡。

所谓体质,就是指人在生命过程中,在先天禀赋和后天获得的基础上,逐渐形成的在形态结构、生理功能等方面所表现出来的相对稳定的特征。体质的形成是父母赋予的、环境塑造的、个人修为的,体质是动态的、可变的、可调的,它由四个方面组成,即形态结构、生理功能、物质代谢、性格心理。

中医对体质的论述始于《黄帝内经》,但长期以来,有关中医体质的内容,仅散见于一些医著和文献,并未形成专门的学科体系。20世纪70年代,北京中医药大学王琦教授开始从事中医体质学说的研究,并逐步确立了中医体质理论体系,提出了许多独创性的理论。

王琦教授带领课题组,在全国范围进行了大样本调查,此后采用中医体质学、遗传学、流行病学、心理测量学、数理统计学等多学科交叉的方法,经中医体质专家、临床专家、流行病学专家多次讨论论证后,2009年4月中华中医药学会发布了《中医体质分类与判定》,将中国人的体质划分为九种基本类型,分别是平和质、气虚质、阳虚质、阴虚质、痰湿质、湿热质、血瘀质、气郁质与特禀质,下面主要介绍其中八种体质的饮食养生。

（一）平和体质饮食养生

拥有平和体质的人脏腑、气血和谐，七情适度。一方面可以说是上天的厚爱；另一方面也说明个人后天的修为好。其养生原则就是不伤不扰，顺其自然。

（二）阳虚体质饮食养生

"天之大宝，只此一丸红日，人之大宝，只此一息真阳。"阳虚体质就是红日不那么灿烂，真阳不那么温暖，一句话概括就是阳气不足。其养生原则是不伤、不损阳气，注意温化水湿，畅通气血。饮食则忌食生冷，多食温热。

饮食原则：

（1）少吃或不吃生冷、冰冻之品，如蔬菜尽量不要凉拌生吃。

（2）减少食盐的摄入。阳虚体质多盐饮食很容易引起肥胖、肿胀、小便不利及高血压。

（3）阳虚体质多食温热属性的食物。

食物种类：

（1）水果类有荔枝、榴莲、樱桃、龙眼肉等。

（2）坚果类有板栗、核桃、腰果、松子等。

（3）蔬菜类有生姜、韭菜、辣椒、南瓜、胡萝卜、山药、黄豆芽等。

（4）肉类有羊肉、牛肉、狗肉、鹿肉、鸡肉等。

（5）海鲜类有虾、黄鳝、海参、鲍鱼、淡菜等。

（三）气虚体质饮食养生

气虚体质的人常表现出疲劳乏力、语声低怯、肺脾两脏相对不足的症状，抵抗力和消化功能都比较弱。其养生原则是补脾、健脾。

饮食原则：

气虚体质的人饮食养生应注意细水长流、忌冷抑热，平素宜吃性平偏温且具有补益作用的食物。而且气虚体质的补益要缓缓补之,不能峻补、蛮补。一味进补,只会阻碍脾胃功能,降低食欲。

食物种类:

(1) 果品类有大枣、葡萄干、苹果、龙眼肉、橙子等。

(2) 蔬菜类有白扁豆、红薯、淮山药、莲子、白果、芡实、南瓜、包心菜、胡萝卜、土豆、山药、莲藕、香菇等。

(3) 肉食类有鸡肉、猪肚、牛肉、羊肉、鹌鹑等。

(4) 海鲜类有淡水鱼、泥鳅、黄鳝等。

(5) 谷物类有糯米、小米、黄豆制品等。

(6) 调味类有麦芽糖、蜂蜜等。

(四) 痰湿体质饮食养生

痰湿体质的人容易发胖,产生"三高"病症或代谢综合征。如果不能好好调理,会给身体带来无尽的麻烦。痰湿体质的人养生就要健脾去湿,少吃多运动。

饮食原则:

(1) 不要偏食,饭吃七八成饱,吃饭速度不要太快。

(2) 要吃早餐,不吃夜宵。因为越不吃早餐湿气越重,吃早餐是改善痰湿体质的第一步。

(3) 宜吃偏温燥的食物。

(4) 宜吃健脾祛湿的食物,如淮山药、薏米、白扁豆、赤小豆、鲫鱼和生姜等。其中生姜的散湿作用特别好,还能够温暖脾胃,促进发汗。

(5) 痰湿体质的人应该少吃性酸、寒凉、湿滞和生涩的食物,因此,痰湿体质的人饮食养生宜口味清淡,适当吃姜。

(五) 湿热体质饮食养生

湿热体质的人是内环境不清洁、又湿又热、排泄不畅的体质。因其内外皆"浊",养生就既要注意"干燥",也要注意疏肝利胆、清热祛湿。

饮食原则：

湿热体质的人应少吃甜食及辛辣刺激的食物，而且要少喝酒。因为所有食物中，湿热之性最大的就是酒。其原则就是少甜少酒，少辣少油。

食物种类：

（1）适宜食用的食物有苦瓜、冬瓜、丝瓜、菜瓜、芹菜、荠菜、芥蓝、竹笋、紫菜、海带、绿豆、四季豆、赤小豆、慧该仁、西瓜、梨、绿茶、花茶、兔肉、鸭肉、田螺等。

（2）不宜食用的食物有麦冬、熟地、银耳、燕窝、雪蛤、阿胶、蜂蜜、麦芽糖等滋补类，最忌食用经过油炸、煎炒、烧烤等高温加工烹制的食物。

（六）阴虚体质饮食养生

阴虚体质的人，其养生在于镇静安神。

饮食原则：

（1）多吃水果、蔬菜，尤其是新鲜莲藕，对阴虚内热者非常适合。

（2）少吃温燥、辛辣之品以防伤阴，尤其在天气炎热干燥、工作紧张、睡眠不好、尿黄便秘时更不宜食用。

（3）宜吃肉质精细的优质动物蛋白，制作时宜红烧、焖、蒸、炖、煮，但尽量少放调料，保持原汁原味。

食物种类：

不宜食用花椒、茴香、桂皮、五香粉、味精、辣椒、葱、姜、蒜、韭菜、虾仁、荔枝、桂圆、核桃、樱桃、杏、羊肉、狗肉等。

（七）瘀血体质饮食养生

瘀血体质就是指全身性的血脉运行不畅，缓慢淤滞。此类人养生时要注意保护肝脏，用药时可加入少量活血化瘀、疏肝理气的药物。其养生原则就是疏肝活血。

饮食原则：

瘀血体质的人应该少喝酒，虽然酒有活血作用，但却伤肝。因此，在饮食选择上应该忌食寒凉，加强活血化瘀食物的摄取。

食物种类：

（1）果品类有山楂、金橘等。

（2）蔬菜类性温活血的有韭菜、洋葱、大蒜、桂皮、生姜等，适合瘀血体质冬季或阳虚间夹瘀血体质者食用。但若吃后出现眼屎增多、视物模糊，则说明食用过量或不合时宜，应减量。

（3）菇类食物因可以养肝护肝、防癌抗癌，因此也适合瘀血体质的人。

（4）玫瑰花、茉莉花泡茶，也有疏肝理气、活血化瘀的作用。

（5）不宜吃收涩、寒凉的食物。

（八）气郁体质饮食养生

气郁的人经常情绪郁闷、不高兴、好生气，而抑郁症患者中也常见这种体质的人。其养生原则主要在于疏肝理气，补益肝血。

饮食原则：

此类人在饮食方面应该补益肝血，少量饮酒。

食物种类：

（1）水果类有橙子、橘子、柚子等。

（2）蔬菜类有洋葱、丝瓜、包心菜、香菜、萝卜等。

（3）槟榔、玫瑰花、茉莉花等可泡水饮用。

（4）龙眼、葡萄干、蛋黄等食物则可以补益肝血。

第四节　太极运动与四时养生

人和万事万物一样，是不能脱离自然界而独立存在的，顺应四时变化来调节自己的饮食起居，使之与自然界协调一致，是实现身心健康的一个重要方面。

一、四时变化对人体的影响

（一）情志

《素问·四气调神大论》指出："春三月……以使志生；夏三月……使志无怒；秋三月……使志安宁……无外其志；冬三月……使志若伏若匿，若有私意，若已有得。"因此，在养生时应主动适应四时节气的变化，增强内在脏气的适应能力，取得内外环境的统一。正如《黄帝内经素问直解》所云："四气调神者，随春夏秋冬四时之气，调肝心脾肺肾五脏之神志也。"

（二）气血

春夏阳气升发，气血易趋向于体表，故皮肤腠理舒张，开泄多汗等；秋冬阳气收藏，气血易趋向于体内，表现为皮肤腠理致密，少汗多尿等。

（三）脏腑经络

《黄帝内经》有"肝旺于春，心旺于夏，脾旺于长夏，肺旺于秋，肾旺于冬"之论。就如春季养生要早起散步，活动筋骨，舒畅情志，以适应自然界的盎然生机，并顺肝的生发之气，而不宜懒卧抑情以逆肝之特性。因此，在养生时就要求根据四时变化、五行生克制化的规律，来保养五脏，以达到保健的目的。

（四）发病

自然界的气候对人体具有两面性，正常时能使人类生长、发育，繁衍不绝；异常时，如气候与节气不相适应，则会导致人体阴阳失调，发生疾病。不仅不同的季节有不同的疾病，即使是同一疾病，也会随着四时气候的变化而有轻重之别。一些慢性宿疾，往往也会在季节变化和节气交换时发作或加剧，如冠心病、气管炎、肺气肿等就常在秋末冬初和气候突变时发作,精神分裂症易在春秋季发作,青光眼则好发于冬季等。

(五)脉象

春季阳气生长,脉象与之相合,表现为圆活滑动;夏季阳气盛长,脉象则方正盛大;秋季阴气始生,气主敛降,脉象则轻虚似浮;冬季阴气大盛,脉象则深沉内伏。

二、四时养生

人在自然中,阴阳四时是人类赖以生存的必要条件。所以,养生必须首先与四时相顺应。四时有其自己的规律,那么人们在养生时,也要效法四时阴阳之气变化的规律。这种顺应四时的养生方法有一定的要求,即每个季节的养生各有侧重,掌握其要领,便可加强养生效果,更好地预防疾病。《素问·四气调神大论》就论述了根据四时气候变化调摄精神、起居的方法。

(一)春季重在养肝

"春三月,此谓发陈,天地俱生,万物以荣,夜卧早起,广步于庭,被发缓形,以使志生,生而勿杀,予而勿夺,赏而勿罚,此春气之应,养生之道也。逆之则伤肝,夏为寒变,奉长者少。"

春天阳气上升,气候变暖,人体的阳气也开始趋向于体表,皮肤腠理逐渐舒展,肌表气血供应增多而肢体反觉困倦。因此,为了适应这种自然变化应该早睡早起。起床后,可舒展形体,在庭院门前散步,但不应做剧烈运动,同时还要克服情感上倦懒思睡的状态,以助阳气升发。春天人们可根据个人的实际情况选择锻炼的具体时间,但在运动时应避免风寒侵袭,不宜顿去棉衣,特别是年老体弱者,冬装尤不可骤减。

春季包括从立春到立夏的三个月,为四时之首。此时春归大地,冰雪消融,天地俱生,阳气日盛,自然界一派生机,万物欣欣向荣。我国传统养生观认为,肝对春天的气候变化最敏感,而肝气宜解不宜结。因此,春季养生重在养肝,即要注意疏肝理气,调养七情、五志,回避六淫邪气以顺应气候变化的规律。

1. 春季食补注意

春季以平补为原则,食物宜性温、味甘,首选谷类,如糯米、黑米、高粱、黍米、燕麦等。此外,蔬果类、肉类、鱼类等也应适量食用。这些食物中的营养,可使养肝与健脾相得益彰。

同时,为顺应春升之气,宜多吃温补阳气的食物,如韭菜、大蒜、洋葱、魔芋、大头菜、芥菜、香菜、生姜等。这类蔬菜性温味辛,既可疏散风寒,又能杀菌除湿。

2. 常见病预防

注意预防流行性乙型脑炎、痢疾、流行性结膜炎及传染性肝炎。

3. 健康提示

(1)历代养生家一致认为,要适应春生之气,就要调适心情,避免恼怒。只有心情舒畅、肝气条达,才能生机勃勃。

(2)春天是健康投资的最佳季节。春季经常锻炼,不仅能增强身体免疫力和抵抗力,还可明显减少一年中呼吸系统疾病的发生率。

(二)夏季重在养心

"夏三月,此谓蕃秀,天地气交,万物华实,夜卧早起,无厌于日,使志无怒,使华英成秀,使气得泄,若所爱在外,此夏气之应,养长之道也。逆之则伤心,秋为痎疟,奉收者少,冬至重病。"

夏天气候炎热,昼长夜短,可以晚睡早起,多做户外活动,但不要在阴凉地方休息过久,以免毛孔闭塞,郁热中暑,而应使人体阳气与外界阳气息息相通,避免火郁伤心。阳气宣泄有利于身体的新陈代谢,但也应消暑避热,尤其是老年阴虚阳盛之人,更不应让汗液外泄太过。此外,午后应安排休息,一则避炎热之势,二可保存精力。同时,因暑季汗多,湿热交蒸,应注意保持清洁卫生,穿衣以宽大色浅为佳。夏天的运动锻炼,最好在清晨或傍晚较凉爽时进行,锻炼项目以散步、慢跑、太极拳、气功等为佳,不宜做过分剧烈的运动,以防大汗淋漓,损伤阳气。

夏季起于立夏,止于立秋。太极中医学认为"暑易伤气""暑易伤心"。因此,在夏季,尤其要注意精神调养,主要包括以下内容。

(1)心境平和,不要生气、动怒,以免气血逆乱。

(2)笑口常开,以消除神经紧张,放松肌肉。

(3)调整心情,保持乐观的心态,防止情绪波动。

1. 夏季起居保健

(1)定时起卧,以迟睡早起为佳。外出时最好戴上太阳镜,避免日晒过多,以防止紫外线的伤害。

(2)夏夜要避风,天气再热,纳凉也须有节有度,俗话说:"夏夜避风如避箭。"否则,易出现热伤风、面瘫、关节痛、坐骨神经痛、肩周炎、腹痛、腹泻等疾病。

(3)要谨防"空调病"。长期在空调下生活,易导致暑湿内困,影响正常的生理功能,出现神疲乏力、食欲不振等症状。太极中医学认为,夏季出汗是排泄体内代谢产物的一个途径。如果一点不出汗,体内代谢废物易形成痰湿,留滞经络,对老年人非常不利。

(4)可进行适当的运动,如散步、慢跑、体操、太极拳等。

2. 常见病预防

夏季应该注意防中暑、防腹泻、防疰夏、防痱毒、防乙脑、防感染。

3. 健康提示

太极中医学认为,"心"主要指心脏,它起着主宰生命活动的作用。夏季养心,就要做到"心静自然凉"。古代著名的养生家嵇康在《养生论》中曾说道:"夏季炎热,更宜调息静心,常如冰雪在心,炎热亦于吾心少减,不可以热为热,更生热矣。"

(三)秋季重在养肺

"秋三月,此谓容平,天气以急,地气以明,早卧早起,与鸡俱兴,使志安宁,以缓秋刑,收敛神气,使秋气平,无外其志,使肺气清,此秋气之应,养收之道也;逆之则伤肺,冬为飧泄,奉藏者少。"

秋天宜早卧以敛阴,早起以升阳。因为秋燥,室内空气应保持一定的湿度,并适当补充体液,避免汗液外泄。初秋时,暑热未尽,凉风时至,天气变化无常,因此不宜着衣太多,否则易削弱身体对气候转冷的适应能力。但深秋时节,风大转凉,则应及时增加衣服,尤其是体弱的老人和儿童。对于运动锻炼,可根据个人具体情况选择不同的锻炼项目,尤应以静功为主,还可用吞津、吐纳、叩齿等活动增强肺活量并保存津液,动功配合仍以太极拳、八段锦为主,也可适当增加一些耐寒锻炼,以逐渐适应冬季的寒冷气候。

秋季起于立秋,止于立冬。秋风劲急,万物色变,肃杀之气容易使人悲愁伤感。因此,秋季养生首先就要培养乐观的情绪,保持神志安宁,以减弱秋季肃杀之气对人体的影响。太极中医学认为,秋季的精神调养最为重要。

由于秋季天气转凉、气候干燥,主管呼吸功能的肺稍有不慎,便会引发病变。因此,太极中医学认为,秋季养生重点在肺。调养时可按如下方法进行练习。

(1)经常按摩鼻部,防治伤风感冒。首先将两手拇指外侧沿鼻梁、鼻翼两侧上下按摩30次左右。然后再按迎香穴15~20次。此方法每日早晚做1~2次。

(2)常练"噬"字功。"噬"字功在防治呼吸气促、咳嗽痰盛和预防感冒等方面都有很好的效果。练习时可采用腹式呼吸,即念"噬"字时要收腹提肛、两眼微闭、深匀呼吸。吸气时,则腹部自然隆起,慢慢松肛,同时闭嘴;呼气时,两唇微张,嘴角后咧,舌尖轻抵上下齿间的缝隙,默读"噬"字,使气从舌两边排出,这样一呼一吸,连续做36次。

(3)按摩喉部。按摩时将拇指与其余四指分开,虎口对准咽喉部,适当用力向下按搓。

1. 秋季起居保健

秋季要适应自然界的阴阳变化,必须注意保养内守之阴气,凡起居、饮食、精神、运动等方面的调摄都不能离开"养收"这一原则,注重精神养生,保持神志安宁。

（1）秋装应酌情增减。

（2）秋季膳食摄取应贯彻"少辛增酸"的原则,即尽可能少食葱、姜等辛辣之品,多食酸甘质润的果蔬。

（3）起居调摄应与气候相适应。

（4）锻炼时,可选择打太极拳,或做太极养生操,都有较好的效果。

2. 常见病预防

（1）秋季气候多变,温差较大,故要注意预防胃肠病的发生。

（2）秋季人体免疫力降低,故应预防呼吸道疾病。

（3）哮喘、风湿、溃疡病患者应特别注意保护身体免受风寒,防止旧病复发。

（4）防过敏、防干燥,多饮开水以保持汗腺和二便通畅,清肺降火。

（四）冬季重在养肾

"冬三月,此谓闭藏,水冰地坼,无扰乎阳,早卧晚起,必待日光,使志若伏若匿,若有私意,若已有得,去寒就温,无泄皮肤,使气亟夺,此冬气之应,养藏之道也。逆之则伤肾,春为痿厥,奉生者少。"

冬季身心保健应以静为主,避寒就温,固阳护阴。日常起居宜早卧晚起,以保证充足的睡眠时间,有利于阳气潜藏、阴精积蓄。至于防寒保暖,也必须根据"无扰乎阳"的养藏原则。着衣不宜过薄,室温不宜过高,否则既耗阳气,又易感冒。反之,也不宜着衣过厚、室温过高,这会使腠理开泄,阳气不得潜藏。而且冬天宜节制性生活,闭守精气,以适应冬天气候变化的需要。而对于运动锻炼,中老年人一般宜做室内导引或气功;青壮年可根据自己的体质情况来选择锻炼方法,如打拳、滑雪、溜冰、长跑等。锻炼的原则就是避免寒邪侵袭、汗液外泄以损伤阳气。

冬季起于立冬,止于立春。因其天寒地冻、朔风凛冽、草木凋零,是一年之中最寒冷的季节。太极中医学认为,寒为阴邪,易伤阳气,尤其易伤肾阳。因此,严冬养生重在养肾。

"肾在液为唾",冬日保养时可舌抵上腭,待唾液满口后,徐徐咽下,能够滋养肾精。又因"肾主骨",故冬天经常叩齿,有益肾、坚肾的功效。同时,肾之经脉起于足部,足底涌泉穴为其主穴,因此冬夜睡前用热水泡脚,并按揉脚心,有助于养肾。

1. 冬季起居保健

(1)冬季要注意保暖。老人、儿童及体弱者还要特别注意背部保暖,避免阳气受到伤害。

(2)早睡晚起。

(3)膳食摄取应以补为主,选用高热量、高蛋白的羊肉、狗肉、鱼、蛋等食物。重病患者还可针对性地服用一些滋补品,如人参、大枣、桂圆等,以增强身体的抵抗力。

2. 冬季运动法则

(1)在室外进行锻炼时要注意保暖,做好充分的热身活动,锻炼完应尽快回到室内,擦干汗水,换上干净衣服,以免受寒。

(2)冬季健身要提高锻炼的强度和力度,增加动作次数,多做有氧锻炼以消耗体内脂肪。

(3)运动时,要避免张嘴呼吸,这易使冷空气直接刺激咽喉,引起上呼吸道感染或咳嗽。

3. 常见病预防

冬季预防疾病要注意保暖,常喝姜枣汤、热开水。早晚坚持用冷水洗脸,以增强人体耐寒、抗病的能力,起到预防感冒的目的。而且寒冬也是中老年人心、脑、肺等疾病的多发季节。因此,日常起居应注意识别这些疾病的前期信号,以做到及时就诊。

（1）急性心肌梗死：若患者心绞痛发作频繁，或疼痛时间延长，疼痛经休息或含硝酸甘油仍不能缓解时，就要将其视为急性心肌梗死的先兆。

（2）高血压：若患者有原发性高血压病史，现在血压逐渐或突然升高，并出现头晕、恶心、呕吐、视物模糊、全身或局部肌肉抽搐，以及头痛越来越重、走路不稳似踩棉花等症状时应及时就诊。

（3）心力衰竭：若患者做轻体力活动即感心慌、气短、心跳加快，休息后呼吸和脉搏恢复正常所需的时间比平时长。同时，尿量减少、体重增加、下肢出现轻度水肿、睡眠中也常因气短而憋醒，这时应积极就诊。

（4）脑血管意外：若患者出现以下情况时应及时就诊。

①运动障碍，即患者逐渐或突然感到手脚软弱无力，活动笨拙或不灵便。

②语言障碍，即患者出现谈吐不清或听不懂别人的话。

③视力障碍，即患者出现短暂性视力模糊，如偏盲或一过性失明。

④感觉障碍，即患者出现手脚麻木，感觉迟钝或消失。

⑤精神状态改变，即患者出现一过性意识丧失。

⑥共济失调，即患者突发头晕、耳鸣，走路摇摆不稳。

对于四时养生，《素问·四气调神大论》指出："夫四时阴阳者，万物之根本也。所以圣人春夏养阳，秋冬养阴，以从其根，故与万物沉浮于生长之门。逆其根，则伐其本，坏其真矣。"这也就是四时调摄的宗旨，具体包括以下三个方面。

（1）顺应自然规律——春生夏长、秋收冬藏，是生物变化的规律，养生就必须遵循这个规律。

（2）调节阴阳虚实——按春、夏、秋、冬四时的阴阳虚实进行养生。

（3）体现阴阳互根——张景岳在《类经》中说："阴根于阳，阳根于阴，阴以阳生，阳以阴长。"因此，四季养生时，要遵循春夏养阳、秋冬养阴的原则。

第四章 太极拳运动养生理论与科学方法研究

太极拳是传统体育的重要内容之一,有着十分显著的养生保健功效。通过太极拳的锻炼,能够增强身体各个系统的功能,促进新陈代谢,提高运动能力,从而保持良好的健康状态。本章首先对太极拳运动的基本知识进行简要论述,然后具体分析太极拳运动养生技术原则和基本养生功法,最后详细论述太极拳运动养生套路指导。

第一节 太极拳运动概述

中华武术是与中华文明同步产生和发展起来的,历史悠久,门派繁多,讲究形体规范,追求精神传意,注重内外兼修。中华武术归纳起来,无外乎"外功拳"和"内功拳"两大类。外功拳以少林拳为代表,内功拳则以太极拳为代表。本节就对太极拳运动的基本知识进行简要论述。

一、太极拳的起源与发展

(一)太极拳的起源

"太极"一词源于《周易系词》中的"易有太极,是生两仪",含有至高、至极、绝对、为宜的意思。早期的太极拳又称"长拳""十三势"。关于太极拳的起源,目前还没有形成一个统一的说法,其中一些说法赋予了太极拳起源较为浓厚的神秘色彩。太极拳的起源学说,主要涉及唐、宋、元、明、清几个朝代,其中传播较为普遍的有以下几种说法。

1. 唐代许宝平或明初陈卜起源说

这种说法受到很多人的认可与支持,具体来说,这一学说的主要观点是:太极拳传于唐代许宝平或明初陈卜。宋氏手抄拳谱与陈氏家谱中对此有一定的记载,除此之外,就没有其他史料或证据了,因此这一说法的真实性是无法确定的。

2. 宋代张三丰起源说

这一说法认为,太极拳是由宋代武当山道士张三丰创立的。太极拳创编的情境为:张三丰在皇帝召见途中受强盗拦阻,夜梦武当山神授以拳法,杀退百余贼人。这种说法存在着一定的神秘色彩,缺乏真实性的证据和依据。

3. 元末明初张三丰起源说

这一说法认为太极拳由元末明初的张三丰创立。张三丰为元末明初人,其在武当山修道炼丹过程中,通过观察蛇雀之争,探索龟鹤长寿之秘,将太极拳创编了出来。武当山是中国道教名山,据了解,张三丰为辽东人,在武当山修道善剑,甘肃、云南等地也有他的足迹和美传。但是,从现有的史料中并没有明确查出他与太极拳有关系,因此尽管这一说法流传得较为广泛,但在史料的支持方面,还是较为欠缺的。

4. 陈王廷和蒋发起源说

根据现代史实,太极拳在明末清初的河南农村就已经流传开展了,并且名师辈出,其中最具有代表性的是温县陈家沟和赵堡镇,陈王廷和蒋发是其代表人物。但是,不能确定太极拳真正的起源到底是谁。对陈氏家谱、宋氏拳谱以及陈王廷遗诗进行考证,武术史家唐豪先生判断陈王廷就是太极拳的创编者。但是,从赵堡镇太极拳资料记载中则发现,蒋发22岁赴山西省学习太极拳,7年后回乡授徒传艺,从此使太极拳在河南发扬光大,据此太极拳的创始人应该是蒋发。但这两种判断都有一定的片面性,缺乏更加确凿的证据。

从上述几种说法中可以看出,太极拳的起源还有待进一步研究考定,但是,从现有资料中对以下几个方面是可以肯定的。

(1)目前已知的最早流传太极拳的地方是河南温县陈家沟和赵堡镇,陈王廷和蒋发是最早的太极拳名师。

(2)太极拳的形成并不是一蹴而就的,而是在不断吸收、创编中逐渐完成的。因此,不管其创始人是谁,太极拳都是在前人的基础上,融更多的人的智慧,并且积极吸取诸多民间拳法,经历较长一段时间才逐步发展并形成的。

(3)太极拳的创编过程中,将古典阴阳哲理、中医经络理论以及道家养生理论等相关的理论知识融合进去,因此进一步增加了太极拳的内涵深度和广度。太极拳在古代导引、吐纳之术的基础上,吸取各家拳法之长,又集合了阴阳学和中医经络学,因此其养生功效十分显著。

(二)太极拳的发展

太极拳的产生发展受很多因素的影响,这使得太极拳的开展长期处于局限于河南农村的局面。19世纪初,河北永年人杨露禅拜陈家沟陈长兴为师,学习了太极拳,并将其带回原籍,不久之后,又将其推广到了北京,由此开始,太极拳才逐渐被推向全国,并且开创了广泛开展的新局面,可以说,这是太极拳发展的初始阶段。

历经长期的发展,太极拳不但在技术方面得到了较大程度的演变,内容也不断得到丰富,并且逐渐形成了很多流派。目前,发展得较好的流派主要有陈氏、孙氏、杨氏、吴氏、武氏五大流派。

新中国成立以后,武术得到了较为广泛的发展,而作为武术的重点项目,太极拳也得到了更为广泛的普及和开展。为了进一步促进太极拳的普及与开展,党和政府还采取了一定的措施,如在全国城乡建立了便于太极拳爱好者的辅导站,并且出版了种类繁多的书籍、挂图、音像制品等,进一步促进对太极拳科研及理论的探讨,这一系列的措施都对太极拳的普及和发展起到了积极的推动作用。太极拳已经被正式列入国家正式体育竞赛项目,并且每年都会举行一些全国和地区的太极拳竞赛活动,这也对太极拳的进一步传播与普及起到了推动作用。另外,太极拳已经广泛流传至五大洲,并且受到外国朋友的广泛欢迎和喜爱。

当前,社会的快速发展对太极拳发展的要求越来越高,为了适应这一发展形式,国家体育运动委员会对太极拳做了系统整理研究,同时还编写了一系列规范、统一教材,这不仅进一步丰富了太极拳的内容,同时还使太极拳在发扬传统、百花齐放的基础上,规范化、系统化的程度得到进一步的提高,这都为太极拳的普及和竞赛活动的开展奠定了坚实的基础。

二、太极拳的主要流派

在长期不断的演变过程中,太极拳逐渐形成了许多流派,其中,发展较好且流传较为广泛的主要有五大流派,即陈式、杨式、孙式、吴式、武式。尽管各个流派的太极拳都基本相同,但是它们都有其各自的显著特点。

(一)陈式

陈氏太极拳是太极拳的主要流派之一。具体来说,陈式太极拳开始时只编创了五套,随着世代的传习和演化,又增加了两套。陈式太极拳的特点主要表现在以下三个方面:第一,呼吸讲究"丹田内转";第二,显刚隐柔,刚柔相济,动作螺旋、缠绕,手法多变,忽隐忽现,快慢相间;第三,架式宽大低沉,并有发劲、跳跃和震脚动作。

(二)杨式

杨式太极拳是由杨露禅首创的,经三代至杨澄甫定型。目前,杨式太极拳是流行最广的。舒展简洁,动作和顺,速度均匀,绵绵不断,整个架式结构严谨,中正圆满,轻灵沉着,浑厚庄重,能自然地表现出气派大、形象美的独特风格,是杨式太极拳的主要特点所在。

（三）孙式

孙式太极拳是民国初年由形意、八卦拳名师孙禄堂在武式太极拳的基础上创编的。孙式太极拳具有动作小巧、步法灵活、进退相随的特点,因此又被称为"活步太极拳"。具体来说,孙式太极拳的运动特点主要表现在两个方面：一方面,进退相随,动作舒展圆活；另一方面,转变方向时多以开合相接,也被称为"开合活步太极拳"。

（四）吴式

吴式太极拳是由杨式传人吴鉴泉创编的。以柔化著称,动作轻松自然,连绵不断,拳式小巧灵活,不显拘谨,是这一太极拳的主要特点所在。

（五）武式

武式太极拳是由武禹襄在赵堡太极拳的基础上发展创编的。姿势紧凑,动作舒展,步法严格,虚实分明,胸部、腹部在进退旋转中始终保持中心,出手不过足尖,左右手各管半个身体,是武式太极拳的主要特点所在。

第二节　太极拳运动养生技术原理分析

太极拳运动养生技术是指充分、合理、有效地完成太极拳动作的方法。根据太极拳运动状态和动作组成要素可分为相对静止的静态（阴性）身型技术与动态（阳性）的运动技术。

一、身型技术

身型技术是指在拳术运动中身体各部位在静止或相对运动中所处状态的做法。按人体造型解剖学划分依据,可将人体划分为头、上肢、躯干、下肢四个部分,这里就身体主要部位进行论述,忽略个别部位,因为人是一个统一体,对相邻两个部位的要求,实际上已决定了对中间部位的要求。

(一)头部

头部包括口、牙、舌、面、鼻、项、顶、耳、目等部位。

1. 技术要求

基本技术要求为:头顶虚领,项部竖直。

2. 实际操作

所谓头顶虚领,即头顶的百会穴(从两耳尖直上头顶与两耳垂连线交会处),要虚虚上领,额前天庭处向前顶劲,这是一种自然用劲状态。所谓项部竖直,即颈部肌肉不是强直用力梗脖,保持颈肌有弹性。其他部位要求口轻闭,齿轻扣,舌上顶,耳静听,面自然,目专注等。

3. 健身机理

中医经络学说认为头为"百脉之宗"。十二条经络中,六条阳经上行于头,六条阴经也通过"别道奇行汇合于头"。头部相对于躯干要求配合,形成上下一条线,有利于任督二脉的自然接通,促进周天气血的循环,调节人体气血平衡,消除病变,延寿健康。

根据生理学解剖学,头颅内有脑,脑是神经系统中枢,有"司令部"之称。太极拳要求头部自然正直,虚领顶劲,这样可以使头部在神经(意识)的指挥下,在上领虚顶中,相应肌肉轻微拉缩,从而减轻十多斤头颅对颈椎的重压,使身体有轻灵感,对颈椎长期处于弯曲状态的伏案工作者来说,无疑有益。而且,头部的运动是在意识调控下进行,使大脑相应中枢得到良性刺激,促进脑血循环,有利于健脑,保持中枢神经系统稳定,加强神经系统功能。

4. 技击机理

(1)对头部和背部要求使人体整个后背从头到颈到脊到尾椎的肌肉自然伸长,生理曲线减小,做到"身弓"延长从而增加发力效果,这是技击中不可少的要求。后项中的两大筋间的"哑门穴"(两侧为天柱穴),下与"长强穴"(位于尾骨附近)相呼应。"哑门"即颈椎的第一个回旋椎,通过回旋椎的活动,头颅成为平衡的杠杆,"虚领顶劲"是头对脊柱的平衡。太极拳把脊柱的弹性运动称作"身弓"。武式以腰为弓把,大椎和尾闾为弓梢;陈式则把弓梢的大椎往上延伸到颈椎第一节的"哑门穴",以增加其调节度和爆发力,与推手时的引化、蓄发做到运用自如极有关系。"虚领顶劲"对脊柱起平衡作用,颈椎则起着调节的作用。

(2)对头部的要求,能使人提起精神,使思想高度注意,加强神经冲动的灵活性,灵活准确地判断时机,作出应答,战胜对手。

(3)颈项要端正竖起,而且要松竖,不能强硬,这样左右转动时方能自然、灵活,在推手实战中才能不失顶劲,全身动作轻灵、圆活、沉着、稳健、化发自如。如果用力做成强硬的姿势,或者只注意放松而变成软塌,走到强硬的对立面,都会影响到左右转动的灵活性和"虚领顶劲、面容正常"的自然姿势。运动生理学说明,身体转动除了决定于大脑的支配外,颈肌反射也有一定作用。例如,人仰面,头部的重量可使腹肌紧张;低头可使背肌紧张;侧转可使同侧肌紧张等。这样影响周身技术要求,破坏了整体劲,很容易被对方牵动重心,失去平衡。

(二)上肢

上肢主要有肩、膀(上臂)、前臂、肘、腕、手五个部位。

1. 技术要求

上肢技术要求:肩松肘垂,腕坐掌撑。

2. 实际操作

肩松,即将肩顶骨(肩峰)落下,肩井穴处放松,同时两肩微扣,向下沉劲,这些也是用意识调控非拙力所为,在松肩的前提下肩关节向下微位移。肘垂即肘始终要微屈并具有下坠劲,即使手臂上举也一样,肘尖总是保持对地面之意向。

坐腕是要求手腕部沉着塌落,外形上通常保持一定曲度,但是一般手背与小臂不成90°形成死弯,而是要使腕部关节有韧性地活动,既不可强硬也不能软弱,有沉着下塌之意,增大腕部支撑力,这叫"坐腕",也叫"塌腕"。

手指一般要求要自然舒撑,手指间微分开约有十指交叉距离或者轻并拢,手背呈浅弧形或螺旋形,有内劲达于手指尖,这就是太极拳讲的"形于手指"。

3. 健身机理

从经络学说上讲,肩部有手之三阳(手阳明大肠经、手太阳小肠经、手少阳三焦经)等经络均穿肩而过。腕关节的旋转和坐腕的结合,从经络学来看,腕部一段桡动脉管,称作"气口",是"脉会太渊"的百脉之气汇聚之"渊",与全身经脉相通,手指是上肢末端,众多经络在此转换。中医的切诊,首先是切脉,切这一段脉管,从手往上去,分为寸、关、尺三"部",这里能够分别反映体腔上部心、肺,中部肝、胆、脾、胃以及下部肾、膀胱的功能。从脉搏的部位、速度(次数)、强度(虚实)、节律(是否均匀)以及形态(洪细、紧弦)等等不同的脉象,来辨证论治。由此可见,练太极拳时不断地旋腕和坐腕,对这个"气口"和内脏器官功能的加强是有好处的,也起着防病治病的作用。

4. 技击机理

对肩部及肘的要求可以使全身力量通过肩关节传递到手作用于对方。太极拳在松肩的前提下要求"沉肩"。"沉肩垂肘"也能帮助自然形成"含胸拔背",如果耸肩抬肘,就会破坏"含胸拔背"的姿势,不利于"气沉丹田"。只有"含胸拔背",才能"气沉丹田",从而稳定重心立于不败。

初练时先从全身"放松"上着想,对肩关节也从"放松"上着想。练拳日久后,懂得了虚实的变换,就要从"沉着"上着想。对关节也要从"沉肩"着想,使内劲由松柔趋于沉着,手臂极为轻灵圆活,但又极为柔软沉重。这样,手臂就会逐渐加强肌肉富于弹性和韧性。

"沉肩垂肘"时要注意腋下留有余地,约可容一拳之位,不要把肘部贴紧在肋部,要"肘不贴肋",使手臂有回旋的余地。每动定势,肩与胯要成一垂直线,两肩松沉并微向前合,两肩骨节似有一线贯通,互相呼应。

肘是保护肋部的。肘与肋的关系,太极拳术语有"肘不贴肋""肘不离肋"两句话来形容。"肘不贴肋",是使肘部有回旋的余地;"肘不离肋",便于保护两肋、两腰,具有防守对方击打肋部的作用。

动作过程中不论前进后退、左旋右转,肩与胯也须保持上下对准的垂直线,符合"上下一条线"的要求。两肩要齐平,防止在转动时出现一高一低,破坏身法端正的要求,失去平衡。

"沉肩垂肘"也可使手臂在伸缩、升降、缠绕中加大力量。只有在"沉肩垂时"的前提下,才能加强"坐腕"的作用。

在坐腕的基础上配合掌撑的结果使劲力贯注手指,或掌或拳或勾以多种手法用于技击。

(三)躯干

躯干包括胸、肋、背、腹、腰、臀等部位。

1.技术要求

躯干技术要求:胸含背拔,腰松臀敛。

2.实际操作

胸为颈下腹上部位,与背相对应,拔背必含胸,含胸是胸背部和肋间肌肉在意识指挥下自然放松,使撑起来的胸廓微内收,绝非凹胸或用力形成驼背之势。背指的是脊柱两侧上至肩下至腰的部分,脊就是脊柱(分颈、胸、腰、骶、尾五节),要求脊柱在适度拉伸中,保持正直而且骨关节(间椎盘)虚虚对准,练拳要使背部的肌肉放松分别向纵横方向伸张,形成拔背、扩背之势,有气贴背的感觉。此动作须与头顶项竖协调完成。

在腰部松沉中,使臀部不突出而向里收敛称作"敛臀""收臀"。通过提肛就是使肛门括约肌收缩,有忍便状,与收臀动作配合完成。

3. 健身机理

中医上讲,督脉下起骶骨尾部末端长强穴,沿督脉上行至颈部背面的大椎穴,而腧穴也都在背部,腧穴是人体气血的总汇,脏腑经气都由腧穴贯通,胸背部内藏主要脏腑,心、肝、脾、肺集中于此,任、督二脉由此通过,因此太极拳对胸背的要求具有相当重要的健身作用。

腰部主要有肾,中医认为"肾为先天之本",前腰即腹为"气海"所在,亦相当重要。这样胸背的要求,可以起到调和气血、开通闭塞的作用,对机体消化机能、吸收机能和新陈代谢有良好作用

腰臀的要求,能使肾壮则精足,气充,神清,目明,周身气血畅通。

4. 技击作用

胸背要求可以有效化解对方击打,使对方来力随胸含而得到缓冲,这在内家拳推手接手中尤其重要,太极拳中称"化劲"。同时,拔背的作用是放劲,在发力上重点是通过拔背改变脊椎生理曲线,使背部肌肉有一定张力,皮肤有绷紧的感觉,肩与背的肌肉配合发力,增大发力效果,即拳谱中讲的"力由脊发"。

松腰能使下肢力量上传,加大劲力传递;臀部内敛使整个脊柱下端的尾闾内收和沉着,这样固定了脊柱的下端,成为整个上肢的支座,使身体保持中正,重心下降下盘稳固,脊柱的灵活性和

背肌的弹性增强,有利于发放对手,此外臀部还是一个有效的攻击部位,可以挑、撞、坐对方。

(四)下肢

下肢有胯、裆、膝、足等部位。

1. 技术要求

下肢技术要求:胯缩裆合,膝屈足抓。

2. 实际操作

髋关节指股骨头与宽臼连结处及周围肌肉组织部位,两胯构成的拱形内弧称裆部,即要求松开髋关节,放松附着其上的肌群,在此基础上有胯根(股骨头)向内抽缩的变化,形成裆的状态,即为开裆合住劲,此并非一定要外形的大开展,实为内意内劲之要求,即主动与被动肌肉配合完成的"松胯圆裆"。

膝关节也微屈,两膝互相呼应,配合胯根撑开撑圆裆,拳谱称合裆劲。膝关节基本上属于滑车单轴关节,是负载上身重量的主要关节,作为姿势要求讲,是要求在膝关节保持弯曲的状态下,微微向里扣不要外撒,这称为"裹",始终要求膝尖与脚尖相对。足由足踝、足掌、足踵组成,其中"脚心往上",讲的就是练拳中脚心要含空,脚趾抓地。

3. 健身机理

中医上讲,人体的足阳明胃经、足太阴脾经、足少阴肾经等均经胯裆处下行过膝到足,裆部的"会阴穴"是任督二脉交会处。

这样的下肢要求,是一种自然接通任督二脉的锻炼方法,有利于气血沿经络下行,滋润下肢末梢组织,打通"小周天"以及"大周天",从而调和气血,健身祛病。

4. 技击机理

胯的抽缩、裆的撑圆及膝足要求,可以增大下肢支撑面积,使裆劲下行到足底,膝关节更有力,足底踏实,桩步稳固,下裆劲与气沉丹田配合,小腹充实,重心更加稳定。

屈膝圆裆的要求,能很好地利用地面反作用力,节节贯串,劲起于脚,使力上传至手,从而增大技击威力。

二、运动技术

运动技术指完成动作过程中心理、呼吸、肢体的活动方法以及它们之间的配合做法。技术运动是对太极拳中运动整体的要求,重在动态过程。

(一)运动心理

运动心理指练拳过程中的心理活动。

1. 技术要求

运动心理技术要求:心静用意。

2. 实际操作

心静指心理活动趋于单一,思想集中,情绪稳定;用意指注意力高度集中于练拳,在大脑思维的控制下运动。这里按照掌握技术的难易程度分为以下几种。

(1)外型状态。刚开始练拳应从上到下意想是否做到了身型要求,重点是身体各个部位的位置及本体感,突出外形规格要求。

(2)内意活动。在前一基础上,意想肢体之间的配合、内劲的传递,呼吸与动作结合,具体手段是通过想关节、穴位和假借来实现。

(3)技法变化。在以上基础上,意想劲力在传递过程中的变化、每个动作的技击含义。

(4)似想非想。有了以上基础,可以逐渐达到"自动化"程度,只要一动意念或只想一点如"丹田"或似想非想,而使全身高度和谐运动。

3. 健身机理

心静和用意使人的思想集中在动作上,排除了大脑其他思绪的干扰,提高神经系统自我控制力,大脑皮层兴奋集中在运动中枢,而皮质其他还处于抑制状态,使大脑得以充分休息,消除疲劳,改善神经系统功能,起到健脑效果。

4. 技击机理

心静和用意是技击中良好的心理状态,如此才能待机而动,因敌变化,作出应答。心静和用意可以促进神经系统功能改进,增加神经系统对肌肉的支配力,调动更多肌肉参与运动,产生更强"劲力",这也是技击中重要保证。

5. 练习方法

这一运动心理的练习方法是:站桩(意功)体验法,通过静桩练习,逐渐体会心静和用意。

(二)动作力量

动作力量指完成动作时全身各部位关节、韧带、肌肉充分舒张,以最低限度来克服阻力做功。

1. 技术要求

动作力量的技术要求:体松轻柔。

2. 实际操作

做动作时先从思想上放松,然后检查各大关节。拳谱规定有意适度撑开骨缝,从胸、背、大腿等大肌肉群着手令肌肉松软;用意识引导肢体用最小的力完成动作。

3. 健身机理

身体放松有利于气血周流,促进血液循环,起到恢复和增进健康的作用。

4. 技击机理

身体放松是产生"刚力"的基础,所谓"极柔软而极坚刚",身体各关节肌肉放松轻灵也是解脱对方擒拿所需要的条件。

5. 练习方法

动作力量的练习方法是:增加伸展运动练习和柔功练习。

(三)动作速度

动作速度指完成动作时,身体各部分肢体及全身的移动快慢。

1. 技术要求

动作速度的技术要求:缓慢均匀。

2. 实际操作

太极拳动作较一般武术动作慢,而这种慢是相对的,各式太极拳也不尽相同,如陈式太极拳就有快慢相间的要求。但是就太极拳的整体而言练习中要求慢,这是练意、运气、长劲的需要,慢是有条件和相对的,同时又要求匀速,即身体各部分类似于"等速运动",练拳时用意识支配自己想每个动作,不管是局部还是整体,其运动过程由等距的点组成,像一条虚线,按点进行以保证缓慢均匀,劲力贯通。

3. 健身机理

太极拳动作缓慢,是一种中正的缓慢,肌肉和骨节不是处在某一特定角度,而是用许多不同角度完成一系列伸缩和旋转,因此能发展骨骼的支撑力和肌肉的弹力和韧性,增加力量和耐力,提高平衡能力。

慢练能使得内脏器官功能提高,因为调节内脏运动的植物性神经传导速度较身体运动的躯体神经慢,所以慢练能通过肌群有序和协作改善神经调节。

慢练过程也是养性的过程,锻炼沉稳、安静的心理情绪,达到陶冶性情的目的。

4. 技击机理

慢匀使中腿部支持时间长,能很好地增强腿力及平衡力,推手或散手中保持良好的稳定性从而立于不败。太极拳慢也不是一味慢,而是通过慢匀练内力,最终达到能快能慢,"动急急应,动缓缓随",以达重快而后发制人。

5. 练习方法

动作速度的练习方法是:限时或口令练习。

(四)动作轨迹

动作轨迹指完成动作时肢体各部分及整体在意识指挥下运行的空间路线。

1. 技术要求

动作轨迹的技术要求:弧形旋转。

2. 实际操作

练拳时以四肢各大关节及身体的中轴线为圆心,通过腰带动四肢做弧线运动,同时又以每个局部的中轴为转动轴自身旋转,即形成源动于腰、旋腕转膀、旋踝转腿一系列空间螺旋运动"一动无有不动"的效果。

3. 健身机理

太极拳旋转弧形运动使全身各部分肌群都参与运动,拉长肌纤维,促进对骨骼的牵拉,加强骨的血液供给、代谢作用,使骨的形态性能发生良好变化,防止骨的变形、损伤,抗衰老。

4. 技击机理

太极拳"以柔克刚""以小胜大"的弧形旋转非常关键,弧线以迂破直,旋转以小化大,同时也是打前的最好蓄劲过程,即"引进落空,合即出",化打合一。

5. 练习方法

动作轨迹的练习方法是：各个关节的绕环运动或标志练习。

（五）动作呼吸

动作呼吸指完成动作过程中劲力、肢体的蓄放、开合与呼吸的配合。

1. 技术要求

动作呼吸的技术要求：开呼合吸。

2. 实际操作

做动作凡是开、实、伸、进、落、俯、往、放、打、击为呼，吸则为对应的合、虚、蓄、屈、退、起、仰、来、入、收、化、外、柔，太极拳中的呼吸为腹式深呼吸，要深、长、细、匀。

3. 健身机理

有节律的呼吸利用横膈膜上升、下降带动内脏按摩，增加吸收深度，增大肺通气量，扩大肺活量，提高肺脏通气、换气功能，增强呼吸机能，促进氧的运输及血液循环。

4. 技击机理

呼吸配合动作，利用人体的生理反射功能，能化解对方来力，增大发力效果。

5. 练习方法

桩功（气功）或单势动作配合练习太极拳在动态中的技术是在意识统率下，动作力量、轨迹、速度、呼吸完整和谐的统一，并且交互作用，成为整体运动。

第三节　太极拳运动基本养生价值分析

通过上述内容可以了解，太极拳有着较为显著的养生保健功能，这与其精神的专注、心静、用意以及均匀的深呼吸与横膈运动的配合有着较为密切的关系。本节就对太极拳运动的基本养生价值进行系统分析。

一、增进运动系统的运动能力和灵活性

就运动的动作而言，太极拳的动作基本上都呈现出螺旋式的弧形，这样的动作能使全身各部分肌肉群都能参与活动。经过反复地缠绕运转，能够有效拉长肌肉。长期进行太极拳的锻炼，通过肌肉的一张一弛，能够使肌肉匀称丰满、柔韧而富有弹性，并且达到使肌肉收缩的能力得到有效提高的目的。肌肉的收缩，能够有效牵拉骨骼，进一步加强新陈代谢能力，有效改善骨的血液供给，从而使骨形态结构和性能都能发生良好的变化，使骨的抗折、抗弯、抗压缩和抗扭转方面的性能得到有效增强。

二、增强神经系统的功能

人类是通过神经系统的活动来适应外界环境，并对外界环境进行改造的。与此同时，身体内各个系统与器官的机能活动按照需要统一起来也与神经系统的活动有着非常密切的关系。

太极拳运动从始至终都要求做到体舒心静，排除杂念，注意力集中，用意不用力，这些都能够很好地训练大脑活动。此外，在动作上，在进行太极拳的练习时，还要求做到如行云流水，连绵不断，此外还要求由眼而至手部、腰部、足部，上下照顾毫不散乱，前后连贯。同时，由于动作的某些部分比较复杂，因此对平衡能力也有较高的要求，所有的这些都需要通过大脑来完成，这也在一

定程度上间接训练了中枢神经系统和身体的感官功能,使中枢神经系统的紧张度有所提高,其他系统与器官的机能活动的活跃程度也进一步提升,大脑的调节作用也得到了有效加强。

太极拳是一项将意识和运动有机结合起来的锻炼方法,能够使自我意念的控制能力得到有效增强,同时对大脑皮层神经细胞的兴奋与抑制进行不断的调节,这样能够促进身体各部位组织的新陈代谢,使练习者气血旺盛、精神爽朗、反应敏捷。

三、增强心血管系统及呼吸系统的功能

太极拳的动作十分丰富,不仅包括各组肌肉、关节的活动,也包括有节律的均匀的呼吸运动,因此通过太极拳练习,能够使心脏血液及淋巴循环得到有效的加强,使体内的瘀血现象得到减少。

太极拳对呼吸有着较高的要求,主要表现为:采用深长均匀的自然呼吸,且要气沉丹田。呼吸的效果增加,能够使血液与淋巴循环的速度进一步加快,使心肌的营养得到加强,心脏的营养过程也得到改善,除此之外,还能够为预防心脏各种疾病及动脉硬化建立良好的条件。同时,太极拳要求"气沉丹田",使呼吸逐渐做到"深、长、细、缓、匀、柔",保持"腹实胸宽"的状态,这样不仅能够使肺脏的通气和换气功能得到提高,还能够使肺活量得到有效的提升。由此可见,太极拳练习在心血管和呼吸系统方面有着非常重要的影响和作用。

四、提高新陈代谢能力

太极拳能使人体新陈代谢得到增强。新陈代谢对健康有着非常重要的影响。通常情况下,老年人的很多疾病与新陈代谢的降低有着非常密切的关系。坚持打太极拳,能够使血液胆固醇含量有效降低,同时对动脉硬化有着积极的预防作用。从对老年人的调查资料中可以看出,经常进行太极拳练习的老人,基本上没有肾虚症状,而没有参加太极拳练习的老人,出现不同肾虚症状

的占到半数以上。由此可见,太极拳运动锻炼能够使老年人的内分泌系统功能得到改善。

总体而言,太极拳在运动系统、神经系统、心血管系统、呼吸系统等方面都有着较为显著的影响和作用,可以说这是一项老少皆宜的养生保健运动项目,值得人们参与其中。

第四节　太极拳运动养生套路指导

太极拳养生的套路有很多,其中较具有代表性的是二十四式太极拳。本节就对这二十四式太极拳进行具体说明。

一、动作名称

第一组:
1. 起势;2. 左右野马分鬃;3. 白鹤亮翅。
第二组:
4. 左右搂膝拗步;5. 手挥琵琶;6. 左右倒卷肱。
第三组:
7. 左揽雀尾;8. 右揽雀尾。
第四组:
9. 单鞭;10. 云手;11. 单鞭。
第五组:
12. 高探马;13. 右蹬脚;14. 双峰贯耳;15. 转身左蹬脚。
第六组:
16. 左下势独立;17. 右下势独立。
第七组:
18. 左右穿梭;19. 海底针;20. 闪通臂。
第八组:
21. 转身搬拦锤;22. 如封似闭;23. 十字手;24. 收势。

二、动作套路指导

(一)第一组

1. 起势

练习方法(图 4-1):

(1)两脚并拢,身体自然直立,头颈正直;两臂自然下垂,两手指尖轻贴大腿侧;眼向前平视。

(2)左脚向左慢慢开步,与肩同宽,脚尖向前。

(3)两臂慢慢向前平举,两手高与肩平,与肩同宽,手心向下。

(4)上体保持正直,两腿屈膝下蹲;同时两掌轻轻下按至腹前,两肘下垂与膝相对;眼平视前方。

练习要点:

头颈正直,下颌微向后收,不要故意挺胸或收腹,精神集中。两肩下沉,两肘松垂,手指自然微屈,重心落于两腿中间。屈膝松腰,臀部不可凸出。两臂下落要和身体下蹲的动作协调一致。

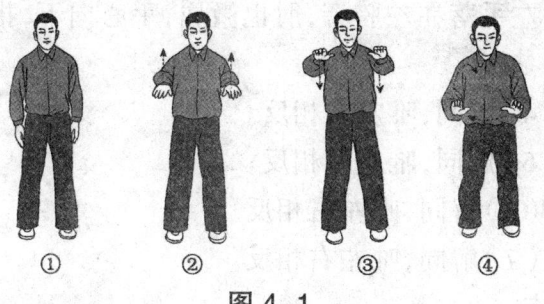

图 4-1

2. 左右野马分鬃

练习方法(图 4-2):

(1)上体微向右转,身体重心移至右腿上;同时右臂收在胸前平屈,手心向下,左手经体前向右下划弧放在右手下,手心向上,两手心相对成抱球状;左脚随即收到右脚内侧,脚尖点地;眼视右手。

（2）上体微向左转，左脚向左前方迈出，同时左右手随转体慢慢分别向左上、右下错开；眼视左手。

（3）上体继续左转，右脚跟后蹬，右腿自然伸直成左弓步；左右手随转体继续向左上、右下分开，左手高与眼平，手心斜向上，肘微屈；右手落在右胯旁，肘也微屈，手心向下，指尖向前；眼视左手。

（4）上体慢慢后坐，身体重心移至右腿，左脚尖翘起，微向外撇（45°～60°），同时两手准备抱球。

（5）左脚掌慢慢踏实，左腿慢慢前弓，身体左转，身体重心再移至左腿；同时左手翻转向下，左臂收在胸前平屈，右手向左上划弧放在左手下，两手心相对成抱球状；右脚随即收到左脚内侧，脚尖点地；眼视左手。

（6）上体微右转，右腿向右前方迈出，同时左右手随转体慢慢分别向左下、右上错开；眼视右手。

（7）左腿自然伸直成右弓步；同时上体继续右转，左右手继续随转体分别慢慢向左下、右上分开，右手高与眼平，手心斜向上，肘微屈；左手落在左胯旁，肘也微屈，手心向下，指尖向前；眼视右手。

（8）与（4）解同，唯左右相反。

（9）与（5）解同，唯左右相反。

（10）与（6）解同，唯左右相反。

（11）与（7）解同，唯左右相反。

练习要点：

（1）上体勿前俯后仰，两手分开要保持弧形，身体转动要以腰为轴，做弓步与分手的速度要一致。

（2）做弓步时，迈出脚的脚跟先着地，然后慢慢踏实，膝盖不要超过脚尖；后腿稍后蹬，使该腿与地面保持约45°角，前后脚的脚跟在直线两侧，两脚横向距离约为10～30厘米。

图 4-2

3. 白鹤亮翅

练习方法（图 4-3）：

（1）上体微向左转，左手翻掌向下，左臂平屈胸前，右手向左上划弧，手心转向上，与左手相对成抱球状；眼视左手。

（2）右脚跟进半步，上体后坐，身体重心移至右腿；上体先向右转，面向右前方，眼视右手；然后左脚稍向前移，脚尖点地，成左虚步；同时上体再微向左转，面向前方，两手随转体慢慢向左下、右上分开，右手上提停于右额前，手心向左后方，左手落于左胯前，手心向下，指尖向前；眼平视前方。

练习要点：

（1）胸部不要挺出，两臂上下都要保持半圆形。

（2）左膝要微屈，重心后移与右手上提要协调一致。

图 4-3

（二）第二组

4. 左右搂膝拗步

练习方法（图4-4）：

（1）右手从体前下落，由下向后上方划弧举至右肩外侧，肘微屈，手与耳同高，手心斜向上；左手由左下向上、向右下方划弧至右胸前，手心斜向下；同时上体先微向左再向右转；左脚收至右脚内侧，脚尖点地；眼视右手。

（2）上体左转，左脚向前（偏左）迈出成左弓步；同时右手屈回由耳侧向前推出，高与鼻尖平，左手向下由左膝前搂过落于左胯旁，指尖向前；眼视右手。

（3）右腿慢慢屈膝，上体后坐，重心移至右腿，左脚尖跷起微向外撇，随后脚慢慢踏实，左腿前弓，身体左转，重心移至左腿，右脚收到左脚内侧，脚尖点地；同时左手向外翻掌由左后向上划弧至左肩外侧，肘微屈，手与耳同高，手心斜向上；右手随转体向上、向左下划弧落于左胸前，手心斜向下；眼视左手。

（4）与（2）解同，唯左右相反。

（5）与（3）解同，唯左右相反。

（6）与（2）解同。

练习要点：

（1）手推出后，身体不可前俯后仰，要松腰松胯，推掌时须沉肩垂肘、坐腕舒掌，同时必须与松腰、弓腿协调一致。

（2）做弓步时，两脚跟的横向距离保持约30厘米。

5. 手挥琵琶

练习方法（图4-5）：

（1）右脚跟进半步，上体后坐，重心移至右腿上，上体半面向右转。

（2）左脚略提起稍向前移，变成左虚步，脚跟着地，脚尖跷起，膝部微屈；同时左手由左下向上挑举，高与鼻尖平，掌心向右，臂微屈；右手收回放在左臂肘部里侧，掌心向左；两手成侧立掌合于体前；眼视左手食指。

练习要点：

（1）身体要平稳自然，沉肩垂肘，胸部放松。

（2）左手上起时，不要直向上挑，要由左向上、向前，微带弧形。

（3）右脚跟进时，前脚掌先着地，再全脚落实。

（4）身体重心后移和左手上举、右手回收要协调一致。

图 4-4

图 4-5

6. 左右倒卷肱

练习方法（图 4-6）：

（1）上体右转，右手翻掌（手心向上）经腹前由下向后上方划弧平举，臂微屈，左手随即翻掌向上；眼的视线随着向右转体先右视，再转向前方视左手。

（2）右臂屈肘折向前，右手由耳侧向前推出，手心向前，左臂屈肘后撤，手心向上，撤至左肋外侧；同时左腿轻轻提起向后（偏左）退一步，脚掌先着地，然后全脚慢慢踏实，身体重心移到左腿上，成右虚步，右脚随转体以脚掌为轴扭正；眼视右手。

（3）上体微向左转。同时左手随转体向后上方划弧平举，手心向上，右手随即翻掌，掌心向上；眼随转体先左视，再转向前方视右手。

（4）与（2）解同，唯左右相反。

（5）与（3）解同，唯左右相反。

（6）与（2）解同。

（7）与（3）解同。

（8）与（2）解同，唯左右相反。

练习要点：

（1）前推的手不要伸直，后撤手也不可直向回抽，仍走弧形。前推时，要转腰松胯，与两手的速度要一致，避免僵硬。

（2）退步时，脚掌先着地，再慢慢踏实，同时把前脚扭正，退左脚略向左后斜，退右脚略向右后斜，避免使两脚落在一条直线上。后退时，眼神随转体动作向左右看（约转 90°），然后转视前手。

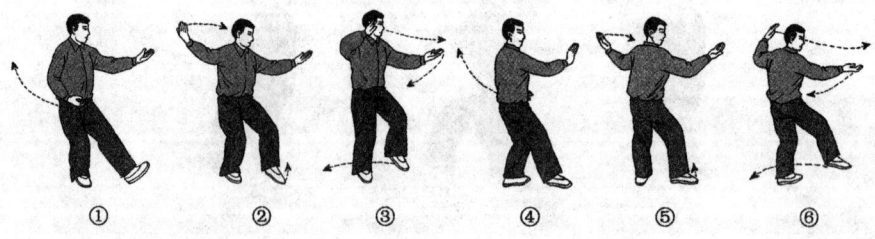

① ② ③ ④ ⑤ ⑥

图 4-6

(三)第三组

7. 左揽雀尾

练习方法(图 4-7):

(1)上体微向左转,同时右手随转体向后上方划弧平举,手心向上,左手放松,手心向下;眼视左手。

(2)身体继续向右转,左手自然下落,逐渐翻掌经腹前划弧至右肋前,手心向上;右臂屈肘,手心转向下,收至右胸前,两手相对成抱球状;同时身体重心落在右腿上,左脚收至右脚内侧,脚尖点地;眼视右手。

(3)上体微向左转,左脚向左前方迈出,上体继续向左转,右腿自然蹬直,左腿屈膝成左弓步,同时左臂向左前方掤出(即左臂平屈成弓形,用前臂外侧和手背向前方推出),高与肩平,手心向后;右手向右下落,放于右胯旁,手心向下,指尖向前;眼视左前臂。

(4)身体微向左转,左手随即前伸翻掌向下,右手翻掌向上,经腹前向上、向前伸至左前臂下方;然后两手下捋,即上体向右转,两手经腹前向右后上方划弧,直至右手心向上,高与肩平,左臂平屈胸前,手心向后;同时身体重心移至右腿;眼视右手。

（5）上体微向左转,右臂屈肘折回,右手附于左手腕里侧(相距约5厘米),上体继续向左转,双手同时向前慢慢挤出,左手心向后,右手心向前,左前臂要保持半圆;同时身体重心逐渐前移变成左弓步;眼视左手腕部。

（6）左手翻掌,手心向下,右手经左腕上方向前、向右伸出,高与左手齐,手心向下,两手左右分开,宽与肩同;然后右腿屈膝,上体慢慢后坐,身体重心移至右腿上,左脚尖跷起;同时两手屈肘回收至腹前,手心均向前下方;眼向前平视。

（7）上式不停,身体重心慢慢前移,同时两手向前、向上按出,掌心向前;左腿前弓成左弓步;眼平视前方。

练习要点：

（1）出手时,两臂前后均保持弧形,分手与松腰、弓腿必须协调一致。

（2）下捋时,上体不可前倾,臀部不要凸出。两臂上捋须随腰旋转,仍走弧线。

（3）前挤时,上体要正直,动作要与松腰、弓腿一致。

图 4-7

8. 右揽雀尾

练习方法(图 4-8)：

（1）上体后坐并向右转,身体重心移至右腿,左脚尖里扣;右手向右平行划弧至右侧然后由右下经腹前向左上划弧至左肋前，手心向上；左臂平屈胸前，左手掌向下与右手成抱球状；同时身体重心再移到左腿上，右脚收到左脚内侧，脚尖点地；眼视左手。

（2）同"左揽雀尾"（3）解，唯左右相反。

（3）同"左揽雀尾"（4）解，唯左右相反。

（4）同"左揽雀尾"（5）解，唯左右相反。

（5）同"左揽雀尾"（6）解，唯左右相反。

（6）同"左揽雀尾"（7）解，唯左右相反。

练习要点：均与左揽雀尾相同，唯左右相反。

图 4-8

（四）第四组

9. 单鞭

练习方法（图 4-9）：

（1）上体后坐，重心逐渐移至左腿，右脚尖里扣；同时上体左转，两手（左高右低）向左弧形运转，直至右臂平举，伸于身体左侧，手心向左，右手经腹前运至肋前，手心向后上方；眼视左手。

（2）重心再渐渐移至右腿上，上体右转，左脚向右脚靠拢，脚尖点地；同时右手向右上方划弧（手心由里转向外），至右侧方时变勾手，臂与肩平；左手向下经腹前向右上划弧停于右肩前，手心向里；眼视左手。

（3）上体微向左转，左脚向左前侧方迈出，右脚跟后蹬，成左弓步；在身体重心移向左腿的同时，左掌随上体的左转慢慢翻转向前推出，手心向前，手指与眼齐平，臂微屈；眼视右手。

练习要点：

（1）上体正直，松腰。右臂肘部稍下垂，左肘与左膝上下相对，两肩下沉。

（2）左手向外推时，要随转体边翻边推，不要翻掌太快。

（3）全部过渡动作上下应协调一致。

图 4-9

10. 云手

练习方法（图4-10）：

（1）重心移至右腿上，身体渐向右转，左脚尖里扣；左手经腹前向右上划弧至右肩前，手心斜向后，同时右手松勾变掌，手心向右前；眼视左手。

（2）上体慢慢左转，重心随之逐渐左移；左手由脸前向左侧运转，手心渐渐转向左方；右手由右下经腹前向左上划弧，至左肩前，手心斜向后；同时右脚靠近左脚，成小开立步（两脚距离10～20厘米）；眼视右手。

（3）上体再向右转，同时左手经腹前向右上划弧至右肩前，手心斜向后；右手向右侧运转，手心翻转向右；随之左腿向左横跨一步；眼视左手。

（4）同（2）解。

（5）同（3）解。

（6）同（2）解。

练习要点：

（1）身体转动要以腰脊为轴，松腰、松胯，避免忽高忽低。

（2）两臂随腰运转，要自然、圆活，速度要缓慢均匀。

（3）下肢移动时，重心要稳定，目光随左右手而移动。

图 4-10

11. 单鞭

练习方法（图 4-11）：

（1）上体向右转，右手随之向右运转，至右侧方时变成勾手；左手经腹前向右划弧至右肩前，手心向内；重心落在右腿上，左脚尖点地；眼视右手。

（2）上体微向左转，左脚向左前侧方迈出，右脚跟后蹬，成左弓步；在身体重心移向左腿的同时，上体继续左转，左掌慢慢翻转向前推出，成"单鞭"式。

练习要点：

与前"单鞭"式相同。

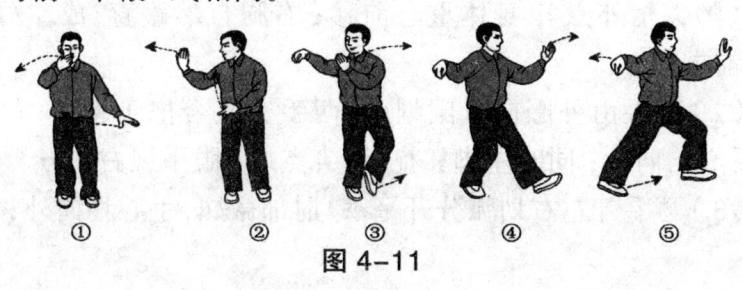

图 4-11

(五)第五组

12. 高探马

练习方法(图4-12):

(1)右脚跟进半步,身体重心逐渐后移至右腿上;右勾手变成掌,两手心翻转向上,两肘微屈;同时身体微向右转,左脚跟渐渐离地;眼视左前方。

(2)上体微向左转,面向左前方,右掌经右身旁向前推出,手心向前,手指与眼同高;左手收至左侧腰前,手心向上;同时左脚微向前移,脚尖点地,成左虚步;眼视右手。

练习要点:

(1)上体自然正直。

(2)练习过程中保持双肩下沉,右肘微下垂。

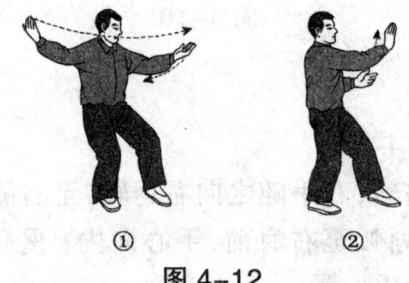

图4-12

13. 右蹬脚

练习方法(图4-13):

(1)左手手心向上,前伸至右手腕背面,两手相互交叉,随即向两侧分开并向下划弧,手心斜向下,同时左脚提起向左前侧方进步(脚尖稍外撇);身体重心前移;右腿自然蹬直,成左弓步;眼视前方。

(2)两手由外圈向里圈划弧,两手交叉合抱于胸前,右手在外,手心均向后;同时左脚靠拢,脚尖点地;眼平视右前方。

(3)两手臂左右划弧分开平举,肘部微屈,手心均向外;同时右腿屈膝提起,右脚向右前方慢慢蹬出;眼视右手。

练习要点:

(1)身体保持平稳,两手分开时,腕部与肩齐平。

(2)左腿微屈,蹬脚时脚尖回勾,劲使在脚跟,分手和蹬脚须协调一致,右臂和右腿上下相对运动。

图 4-13

14. 双峰贯耳

练习方法(图 4-14):

(1)右腿收回,屈膝平举;左手由后向上、向前下落至体前,两手心均翻转向上,两手同时向下划弧,分落于右膝盖两侧;眼视前方。

(2)右脚向右前方落下,重心渐渐前移,成右弓步,面向右前方;同时两手下落,慢慢变拳,分别从两侧向上、向前划弧至面部前方,成钳形;两拳相对,高与耳齐,拳眼都斜向内下(两拳中间距离为 10~20 厘米);眼视右拳。

练习要点:

(1)头颈正直,松腰。

(2)沉肩垂肘,两臂保持弧形,两拳松握。

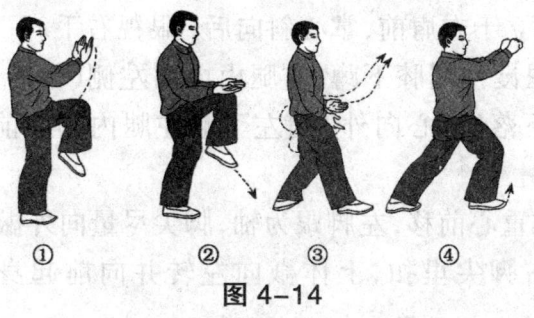

图 4-14

15. 转身左蹬脚

练习方法(图 4-15):

(1)左腿屈膝后坐,身体重心移至左腿,上体左转,右脚尖里扣;同时两拳变掌,由上向左右划弧分开平举,手心向前;眼视左手。

(2)身体重心再移至右腿,左脚收到右脚内侧,脚尖点地;同时两手由外圈向里圈划弧合抱于胸前,左手在外,手心均向后;眼平视左方。

(3)两手臂左右划弧分开平举,肘部微屈,手心均向外;同时左腿屈膝提起,左脚向左前方慢慢蹬出;眼视右手。

练习要点:与右蹬脚式相同,唯左右相反。

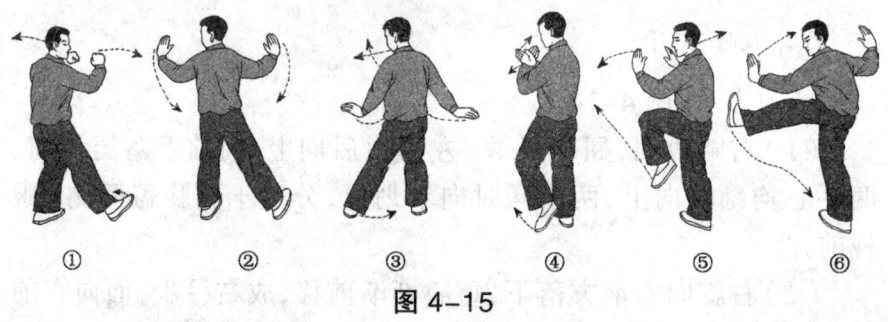

图 4-15

(六)第六组

16. 左下势独立

练习方法(图 4-16):

(1)左腿收回平屈,上体右转;右掌变成勾手,左掌向上、向右划弧下落,立于右肩前,掌心斜向后;眼视右手。

(2)右腿慢慢屈膝下蹲,左腿由内向左侧(偏后)伸出,成左仆步;左手下落(掌心向外)向左下顺左腿内侧向前穿出;眼视左手。

(3)身体重心前移,左脚跟为轴,脚尖尽量向外撇,左腿前弓,右腿后蹬,右脚尖里扣,上体微向左转并向前起身;同时左臂继续向前伸出(立掌),掌心向右,右勾手下落,勾尖向后;眼视左手。

(4)右腿慢慢提起、平屈,成左独立式;同时右勾手变掌,并由后下方顺右腿外侧向前弧形上挑,屈臂立于右腿上方,肘与膝相对,手心向左;左手落于左胯旁,手心向下,指尖向前;眼视右手。

练习要点:

(1)右腿全蹲时脚尖微向外撇,左腿伸直时脚尖向里扣,脚掌全部着地。左脚尖与右脚跟在一条直线上,上体不可过于前倾。

(2)上体正直,独立的腿微屈,右腿提起时脚尖自然下垂。

图 4-16

17. 右下势独立

练习方法(图4-17):

(1)右脚下落于左脚前,脚尖着地,然后以左脚前掌为轴,脚跟转动,身体随之左转,同时左手向后平举变成勾手,右掌随着转体向左侧划弧,立于左肩前,掌心斜向后;眼视左手。

(2)同"左下势独立"(2)解,唯左右相反。

(3)同"左下势独立"(3)解,唯左右相反。

(4)同"左下势独立"(4)解,唯左右相反。

练习要点：

（1）右脚尖触地后必须稍微提起，然后再向下仆腿。

（2）其他均与"左下势独立"相同，唯左右相反。

图 4-17

（七）第七组

18. 左右穿梭

练习方法（图 4-18）：

（1）身体微向左转，左腿向前落地，脚尖外撇，右脚跟离地，两腿屈膝成半坐盘式；同时两手在左胸前成抱球状（左上右下）；然后右脚收到左脚内侧，脚尖点地；眼视左前臂。

（2）身体右转，右脚向右前方迈出，屈膝弓腿成右弓步；右手由脸前向上举并翻掌停架在右额前，手心斜向下；左手向左下，再经体前向前推出，高与鼻尖平，手心向前；眼视左手。

（3）身体重心略向后移，右脚尖稍向外撇，随即身体重心再移到右腿，左脚跟进，停于右脚内侧，脚尖点地；同时两手在胸前成抱球状（右上左下）；眼视右前臂。

（4）同（2）解,唯左右相反。

练习要点：

（1）推出后上体不可前俯,手向上举时,防止引肩上耸。前推时,上举的手和前推的手的速度,要与马步、松腰上下协调一致。

（2）弓步时,两脚跟的横向距离以保持在30厘米为宜。

图 4-18

19. 海底针

练习方法（图 4-19）：

（1）右脚向前跟进,身体重心移至右腿,右脚稍向前移举步；右手下落经体前向后、向上提抽至肩上耳旁,左手下落至体前侧。

（2）左脚尖点地成左虚点,同时身体稍向右转；右手再随身体左转,由右耳旁斜向前下方插出,掌心向左,指尖斜向下；与此同时,左手向前、向下划弧落于左胯旁,手心向下,指尖向前；眼视前下方。

练习要点：

（1）身体要先向右转,再向左转。

（2）上体不可太前倾,避免低头和臀部外凸；左腿微屈。

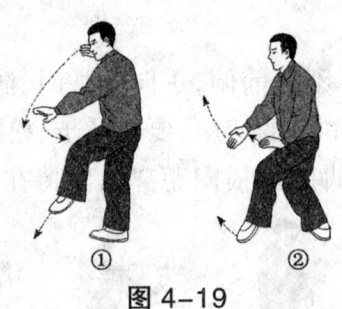

图 4-19

20. 闪通臂

练习方法（图 4-20）：

（1）上体稍向右转，左脚微回收举步，同时两手上提；眼视前方。

（2）左脚向前迈出，脚跟着地；左右两手分别向左前、右后分开；左手心向前，右手心向外；眼视前方。

（3）重心前移，左腿屈膝弓成左弓步；同时右手屈臂上举，停于右额前上方，掌心翻转斜向上，拇指朝下；左手由胸前随重心前移慢慢向前推出，高与鼻尖平，手心向前；眼视左手。

练习要点：

（1）上体自然正直，松腰、松胯；左臂不要伸直，背部肌肉要伸展开。

（2）推掌与弓腿动作要协调一致。

图 4-20

（八）第八组

21. 转身搬拦锤

练习方法（图4-21）：

（1）上体后坐，身体重心移至右腿上，左脚尖里扣；身体向右后转，然后身体重心再移至左腿上；与此同时，右手随着转体向右、向下（变拳）经腹前划弧至左肋旁，拳心向下；左掌上举于头前，掌心斜向上；眼视前方。

（2）向右转体，右拳经胸前向前翻转撇出，拳心向上；左手落于左胯旁，掌心向下，指尖向前；同时右脚收回后（不要停顿或脚尖点地）即向前迈出，脚尖外撇；眼视右拳。

（3）身体重心移至右腿上，左腿向前迈出一步；左手上提经左侧向前上划弧拦出，掌心向前上方；同时右拳向右划弧收到右腰旁，拳心向上；眼视左手。

（4）左腿前弓成左弓步，同时右拳向前打出，拳眼向上，高与胸平，左手附于右前臂里侧；眼视右拳。

练习要点：

（1）右拳松握，前臂先慢慢内旋后收，再外旋停于右腰旁，拳心向上。

（2）向前打出时，右臂随拳略向前引，沉肩垂肘，右臂微屈。

图4-21

22. 如封似闭

练习方法（图4-22）：

（1）左手由右腕下向前伸出，右拳变掌，两手手心逐渐翻转向上并慢慢分开回收;同时身体后坐,左脚尖跷起,身体重心移至右腿;眼视前方。

（2）两手在胸前翻掌,向下经腹前再向上、向前推出;腕部与肩平,手心向前;同时左腿前弓成左弓步;眼视前方。

练习要点:

（1）身体后坐时,避免后仰,臀部不可凸出。

（2）两臂随身体回收时,肩、肘部略向外松开,不要直着抽回,两手宽度不要超过两肩。

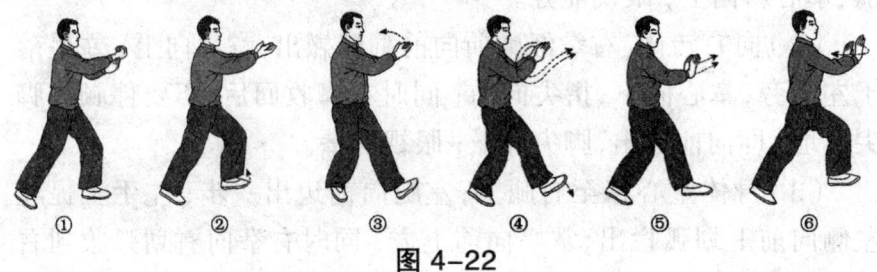

图 4-22

23. 十字手

练习方法（图 4-23）:

（1）屈膝后坐,身体重心移向右腿,左脚尖里扣,向右转体;右手随着转体动作向右平摆划弧,与左手成两臂侧平举,掌心向前,肘部微屈;同时右脚尖随着转体稍向外撇,成右侧弓步;眼视右手。

（2）身体重心慢慢移至左腿,右脚尖里扣,随即向左收回,两脚距离与肩同宽,两腿逐渐蹬直,成开立步;同时两手向下经腹前向上划弧交叉合抱于胸前,两臂撑圆,腕高与肩平,右手在外,成十字手,手心均向后;眼视前方。

练习要点:

（1）两手分开和合抱时,上体勿前俯。站起后,身体自然正直,头微上顶,下颌稍向后收。

（2）两臂环抱时须圆满舒适,沉肩垂肘。

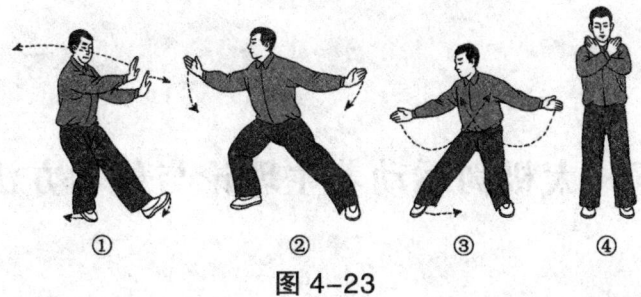

图 4-23

24. 收势

练习方法(图 4-24)：

（1）两手向外翻掌，手心向下，两臂慢慢下落，停于腹前；眼视前方。

（2）两腿缓缓蹬直，同时两掌慢慢下落至大腿侧，然后收左脚成并步直立；眼视前方。

练习要点：

（1）两手左右分开下落时，全身注意放松，同时气徐徐向下沉(呼气略加长)。

（2）呼吸平稳后，把左脚收到右脚旁，再走动休息。

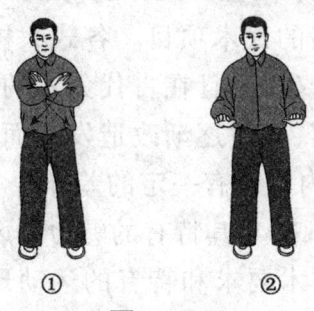

图 4-24

第五章　太极剑运动养生理论与科学方法研究

太极剑具有非常强的运动养生价值,对锻炼者的身体健康和心理素质的增强有积极的促进作用。目前,太极剑以其独特的运动特点和现实意义受到广大人民群众的欢迎与喜爱。本章将对太极剑运动养生理论与科学方法展开研究。

第一节　太极剑运动概述

一、太极剑概述

太极剑是在太极拳的基础上,配合剑术的特点发展而来的一项体现拳剑双重风格的武术项目。各式太极剑大多在近百年太极拳形成流派以后产生,并且在古代剑术的基础上,分别吸收了其他拳派的剑术内容,经过逐渐改造发展而成,因此目前流行的太极剑样式非常多,内容也有一定的差异性。太极剑受到广大太极爱好者的欢迎与青睐,与其特有的魅力和风采是非不开的。

太极剑独特的技术要求和特有的运动形式决定了其具有较强的健身作用。太极剑对"内"与"外"的整体修炼非常重视。这是因为太极剑不仅要遵循太极拳运动中"心静体松,身法中正,连贯圆活,刚柔相济,呼吸自然"的要求,还要以剑术自身的规律为主要依据进行演练。如果能够长期按照科学的方法进行练习,一定能够达到以气运身、以意运剑、意先身后、身随剑起、身与剑合、剑与意合的境界。因此,太极拳的健身作用主要体现为:第一,对外能利关节,强筋骨,壮体魄;第二,对内能理脏腑,通经脉,调精神,使身心得到全面的锻炼。

二、剑的构造

现代剑的规格通常表现为以下两个方面:第一,剑的长度为反手垂臂持剑,剑尖高不过头、低不过耳;第二,剑的重量为0.5~1千克(武术竞赛规则规定:成年男子剑不得轻于0.6千克,成年女子剑不得轻于0.5千克)。

具体来说,剑的结构及各部名称如图5-1所示。

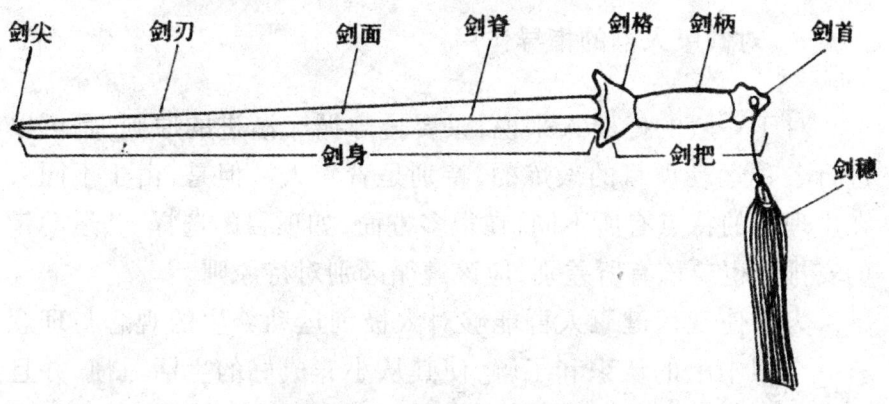

图5-1 剑的结构与名称

(资料来源:邱丕相,2011)

(1)剑刃——剑身两侧锋利的薄刃。

(2)剑尖——剑身锋锐的尖端。

(3)剑脊——剑身长轴隆起的部分。

(4)剑柄(剑茎)——剑把上贴手的部分。

(5)护手(剑格)——剑柄与剑身相隔的突出处,多成V形或八形。

(6)剑首(剑墩、剑镡)——剑把后端的突出部,多成凸形。

(7)剑穗(剑袍)——附在剑首的丝织的穗子。

第二节 太极剑运动养生价值分析

太极剑是太极文化的重要组成部分,同时也是我国传统体育文化的一部分,有着较为广泛的群众基础。下面对太极剑运动养生价值进行分析。太极剑养生的现实意义主要体现在三个方面,即对健康人群的指导作用、对亚健康人群的治疗作用以及对慢性病人的康复作用,具体如下。

一、对健康人群的指导作用

对于一般的健康人来说,只要遵守循序渐进的原则,是可以进行各种运动项目的锻炼的,特别是青年人。但是,由于不同人在生理上的特点有所不同,在很多方面,如项目的选择上、运动量的安排上也应该有所差别,应该遵循区别对待原则。

为了使现代健康人群能够对太极剑运动养生的观念与理念有一个根本上的认识和了解,使其从小养成好的生活习惯,并且树立崇尚自然、顺应自然、不求富贵、苟利国家、常修善事、保持乐观、诚勤身心、真诚做人、淡泊名利、修德养性、调和七情等正确观念,从而形成和保持一个好的、健康的心态。另外,需要强调的是,真正的健康是包括身体和心理两大方面的,心理健康是真正健康的必要条件。真正的健康是太极剑运动养生的最高标准和目的。

以太极剑运动养生的观念与理念为主要依据,来做好自我保健工作,并且严格遵循太极剑运动养生观念中的保健观、自然观、整体观、和谐观等原则,将运动养生工作做好,并且从小就养成好的、科学的生活习惯等,是现代健康人所追求的理想状态。

二、对亚健康人群的治疗作用

（一）亚健康的定义

亚健康是一种介于健康与疾病之间的生理功能低下的状态，国外通常将其称为"第三状态"或"灰色状态"。具体来说，所谓的亚健康，就是指由机体各系统的生理功能和代谢功能低下所导致的，机体虽无明确的疾病，却呈现生活力降低、适应呈不同程度减退的一种生理状态。就目前状况而言，亚健康状态的范围是非常广的，其中躯体上、心理上的不适应感觉也属于亚健康的范畴。

（二）亚健康的形成原因和临床表现

1. 亚健康形成的原因

形成亚健康状态的原因有很多，其中最为主要的有生活不规律、生活制度破坏、暴饮暴食、酗酒、睡眠不足、缺乏锻炼，以及心理过度紧张、烦恼得不到及时的解决和释放等，归纳起来，就是不良的生活习惯和严重的心理压力。

2. 亚健康的临床表现

亚健康在临床上的表现是多种多样的，其中最常见的征象主要有：头痛、头晕、失眠、健忘、常感疲乏且不易恢复充沛精力、反应能力减退、活力减退、适应能力减退、精力不足、烦躁、抵抗力下降、月经不调、食欲不振、气短、免疫力下降、易感冒等。

（三）治疗亚健康的方法和途径

治疗亚健康的方法和途径有很多，由于药物治疗与自然规律相违背，往往会适得其反，因此这种方法是不适合治疗亚健康的。根据医学研究成果可以得知，要想消除细胞疲劳，就必须对细胞的生理过程进行改善。鉴于此，人们便往往会通过兴奋大脑的方法来强迫大脑继续工作,但是,这样往往会导致心理疲劳加重,细胞损伤加重,从而损害机体。而那些自我暗示和调节的方法,如太极剑运动养生的方法和观念则往往能够取得理想的治疗效果,因此受到人们的广泛欢迎。

亚健康人群参加运动健身能够使身心得到最积极、最活跃的调节,并且能够将全身心的技能和活力充分调动起来。这一目标实现的重要前提是遵循区别对待、因人而异的原则,具体来说,就是要选择适合自己身心具体情况的运动项目,而且要随着身体内部和外界环境的变化,对健身的运动量和运动方法进行及时、适当的调整。根据这一原则,要做到以个人锻炼为主,以参加集体活动为辅,对自己的运动负荷随时进行适当的调节,尽量选择太极拳这种徐缓、低强度的、小运动量的养生运动项目。

通过及时采取与自己身心情况相适应的科学健身法和传统体育养生之道,能够使第三状态得到有效的预防控制和治疗,由此可以看出,亚健康是可逆的,治疗和预防第三状态的有效方法和途径为:对自己的身体的内环境和外环境进行及时调适,从而达到人体与自然环境的和谐统一。同时,这也在一定程度上印证了传统体育养生观中的形神兼养、顺应自然的观念。

三、对慢性病人的康复作用

太极剑运动养生在慢性病的治愈方面,具有非常独特的作用,这是其他药物和仪器治疗所不可能达到的效果。

(一)对冠心病的康复作用

冠状动脉性心脏病,是一种由冠状动脉固定性或动力性狭窄或阻塞引起的心肌缺血、缺氧和坏死的疾病,常常被简称为"冠心病"。从传统医学方面来说,认为冠心病症属本虚标实,心气虚则血行无力,脉道不通,不通则痛。而要治疗冠心病,既可以采用运动式的传统康复锻炼方法,也可以采用安静的康复方法。通过传统体育运动养生来治疗冠心病的方法有很多,如通过呼吸运动和肢体运动相结合的导引术,可以达到行气血、通经络、调节腑脏的目的。另外,气功对冠心病的治疗也具有非常有效的作用和效果。一般情况下,每日 2~4 次内养功,一周后就可以达到使心绞痛的发作次数减少甚至停止的效果。

(二)对高血压的康复作用

中老年人是高血压的高发人群。高血压的临床特点主要表现为:体循环动脉压升高,长期高血压会对重要脏器,尤其是脑、心、肾的功能产生不利的影响,严重者还会导致脏器功能衰竭。传统养生术在高血压的治疗方面也具有重要的作用和意义。例如,松静功、站桩等对排除杂念、松静自然、呼吸均匀、意守丹田或涌泉非常重视,因此需要每次锻炼 30 分钟左右,每天 2~4 次。另外,太极拳动作与呼吸有机结合,通过动作柔和、舒展、有节律的锻炼方法,使肌肉放松,并且反射性地引起血管放松,从而达到血压下降的目的。通常情况下,通过太极拳运动养生来治疗高血压,可以将心率大致保持在 100~110 次/分钟,练拳后 3 分钟即恢复平静,运动量以每日两次为宜,每次 30~40 分钟,要注意每天都进行相应的锻炼,才可能达到理想的康复效果。

(三)对慢性阻塞性肺疾类疾病的康复作用

慢性阻塞性肺疾类疾病主要包括慢性支气管炎和肺气肿两种。导致这一类疾病发生的原因主要是:呼吸气道过早闭塞,导致血氧饱和度下降,劳力性气短,从而使活动能力和生活质量有所下降。对于这类疾病,有效的传统体育养生法有很多,太极拳就是其中之一。除此之外,太极拳运动养生在慢性胃病、消化不良、慢性盆腔炎、静脉曲张、骨质疏松等慢性病的治疗方面也具有重要的康复作用。由此可以看出,太极剑类的传统运动养生与一般体育运动是有一定的差别的。通过太极剑运动养生与饮食的有机结合来治疗慢性病,能够达到一般药物与仪器治疗达不到的神奇康复效果。

第三节　太极剑的基本养生技法

一、太极剑的技法特点

(一)意领剑行,剑身合一

与太极拳相比,相同点在于,太极剑也具有心静体松、神态自然、以意运身、重意不重力的特点;不同之处在于,太极剑用意的对象更多的是集中在剑体上。具体来说,就是通过用意导剑,在身体的配合下完成各种剑法。在进行太极剑练习时,切忌剑与身离、剑与意离。

(二)先大后小,弧圈相连

这是太极剑练法特点的主要表现。在练习太极剑时,要做到以下要求:开始时剑走的路线以大为好,表现为剑圈先大后小,随着技法的提高适当缩小剑圈。这主要是为了满足太极剑技击的需要,但是所谓的大圈与小圈是相对的,大剑圈运行路线长而显速度慢,其转动半径大而惯量大,力度强;小剑圈则正好相反,因此一定要注意两者之间的统一。

由于太极剑的剑法、动作之间多以弧形与圆圈相连,没有直角的进击,因此在练习太极剑时,要做到以下要求:练习过程中要体会通过弧线、圈形来衔接动作,一势即完通过手腕的翻旋以腰身带动,使剑走圆势,自然合顺相接,从而给人以圆活自然之感,达到圆妙境界。

（三）圈化圈发，避实击虚

这是太极剑运动技击特点的主要体现。太极剑这个技术特点的决定性因素为剑体双刃轻薄形制。太极剑不仅将其他剑术避实击虚、轻敏灵巧的特点做了保留，而且还将太极拳的思想揉入其中，讲求圈化圈发，不能死打硬拼。剑法多表现出剑圈，上半圈粘化对方、下半圈用于化而发之的特点，这与太极拳"引进落空合即出"的拳理是非常相符的。和其他剑术相比，太极剑对粘连、化发技法的注重程度更高。

（四）手空剑活，剑法灵巧

这是太极剑握法特点的主要表现，同时也是太极剑持剑运剑的要求。剑论《心空歌》中就有这样的描述："手心空，使剑活。"由此可以看出，太极剑对剑是手臂的延长、剑与身相合是非常重视的。持剑的方法是关键，不管是什么样的剑法，都必须通过手的灵活运用使其得到充分的体现。太极剑对握法的要求较高，具体来说主要体现在以下两个方面：一方面要求做到手心空，手的力度适中，不能太松，因为太松就会使剑与臂分离，劲力传不到剑上，如果技击易被对方击掉手中剑；也不能太紧，因为太紧则死握变化不活，僵直死板，从而会导致劲不能传到剑身更不能贯于剑尖，而应该细心体会手的用力度，以确保手与剑似胶如漆相合最佳，进而使剑法变得更加灵活多变。除此之外，在练习太极剑时，还要在手心空的基础上，对多种握法的变化熟练掌握。

（五）以腰带剑，劲透剑身

这是太极剑劲力特点的主要表现。在太极拳术中，对劲力的要求主要体现为："劲起于脚跟""由脚而腿，由腿而腰，由腰而手，由手而形于手指""总需完整一气"等。相对于此，太极剑由于持剑后手臂"加长"，因此在练习时，要做到的劲力要求则主要体现为：在使劲形于手指的同时，还要使劲贯剑尖及全部剑体，从传统意义上来说,即应该做到"透三关",具体来说就是指腰、臂和剑一贯。腰是全身的枢纽,腰为主宰,太极拳理在这方面提出的要求主要表现为"丹田内转""两肾抽提",实质上就是对腰的运动的强调。因此,在进行太极剑的练习时,应该做到"发于腰脊,透过臂腕,达于剑尖",具体来说就是要抓住全身主要部位,由下而上,由内而外,由手而剑,一动俱动,用腰带剑运行,发剑时,从脚上起劲,透过腰,将内劲节节传到剑身,作用于对方。

二、太极剑的动作名称

预备姿势

第一段:1.弓步直刺;2.回身后劈;3.弓步平抹;4.弓步左撩;5.提膝平斩;6.回身下刺;7.挂剑直刺;8.虚步架剑。

第二段:1.虚步平劈;2.弓步下劈;3.带剑前点;4.提膝下截;5.提膝直刺;6.回身平崩;7.歇步下劈;8.提膝下点。

第三段:1.并步直刺;2.弓步上挑;3.歇步下劈;4.右截腕;5.左截腕;6.跃步上挑;7.仆步下压;8.提膝直刺。

第四段:1.弓步平劈;2.回身后撩;3.歇步上崩;4.弓步斜削;5.进步左撩;6.进步右撩;7.坐盘反撩;8.转身云剑;9.收势。

三、太极剑的动作练习

(一)预备姿势

身体正直,并步站立。左手持剑,以拇指为一侧,中指、无名指和小指为另一侧,分握护手盘与剑柄的分界处,掌心贴在护手盘下部,手背朝前,食指贴于剑柄,剑身贴于前臂后侧。右手握成剑指,食指和中指伸直并拢,无名指和小指屈向手心,拇指压在无名指的指甲上,手腕反屈,手背朝上,食、中指内扣指向左下侧。两臂在体侧下垂,两肘微上提,目向左平视。(图5-2)

注意持剑时,前臂与剑身要紧贴并垂直于地面;两肩松沉,上身微挺胸、收腹,两膝挺直。

图 5-2　太极剑预备姿势

(二)第一段

1. 弓步直刺

右手接剑,左手握成剑指。左脚向前上半步、屈膝;右脚前脚掌碾地,脚跟外展;膝部挺直,成左弓步。同时,上身左转,右手持剑向身前平伸直刺,拇指一侧在上;左手剑指随之伸向身后平举,拇指一侧在上。目视剑尖。(图 5-3)

图 5-3　弓步直刺

注意剑尖稍高于肩;做弓步时,前腿屈膝蹲平,两脚的全脚掌全部着地;上身稍向前倾,腰要向左拧转、下塌,臀部不要凸起;两肩松沉,右肩前顺,左肩后引。

2. 回身后劈

左脚不动,右脚向前上一步,膝略屈,上身右转。同时,右手持剑经上向后劈,剑高与肩平,拇指一侧在上;左手剑指随之由

下向前上弧形绕环,在头顶上方屈肘侧举,拇指一侧在下。目视剑尖。(图5-4)

注意剑身和持剑臂必须成直线;上步、转身、平劈和剑指向上侧举必须协调一致;转身后,腰要向右拧转,左脚不要移动。

图5-4　回身后劈

3.弓步平抹

左脚向左前方上一步、屈膝;右腿在后,膝部挺直,脚尖里扣,成左弓步。同时,左手剑指由胸前下降,经左下向上弧形绕环,在头顶上方屈肘侧举,拇指一侧在下;右手持剑(手心转向上)随之向前平抹,剑尖稍向右斜。目视前方。(图5-5)

注意抹剑时,手腕用力须柔和。

图5-5　弓步平抹

4.弓步左撩

右腿屈膝在身前提起,脚尖下垂,脚背绷直。同时,右手持剑臂外旋使剑由前向上、向后划弧,至后方时,屈肘使手腕、前臂贴靠腹部,手心朝里;左手剑指随之由头顶上方下落,附于右手腕部(手心朝下)。目视剑身(图 5-6);右腿继续向右前方落步、屈膝;左腿在后蹬直,脚尖里扣,成右弓步。

图 5-6　目视剑身

同时,右手持剑由后向下、向前反手撩起,小指一侧在上;左手剑指随右手运动,仍附于右手腕处。目视剑尖。(图 5-7)

图 5-7　弓步左撩

注意剑由前向后和由后向前弧形撩起时,必须与提膝和向前落步的动作协调一致,握剑不可太紧;形成弓步后,上身略向前倾,直背、收臀;剑尖稍低于剑指。

5.提膝平斩

左脚向前上一步,右手手腕向左上翻转、屈肘,使剑向左平绕至头部前上方,右脚随之由后向身前屈膝提起。右手继续翻转手腕,使剑向右平绕至右方后(手心朝上),再用力向前平斩;左手剑指由下向左、向上弧形绕环,屈肘横举于头部左上方。目视前方。(图 5-8)

图 5-8　提膝平斩

注意剑从左向后平绕时,上身必须后仰,使剑从脸部上方平绕而过,不可从头顶绕行;提膝时,左腿必须挺膝伸直站稳,右腿屈膝尽量上提,右脚贴护裆前,上身稍向前倾。

6. 回身下刺

右脚向前落步,脚尖外撇,膝略屈,上身右转。同时,右手持剑手腕反屈,使剑尖下垂,随之向后下方直刺,剑尖低于膝,拇指一侧在上;左手剑指先向身前的右手靠拢,然后在刺剑的同时,向前上方伸直,拇指一侧在上。目视剑尖。(图 5-9)

图 5-9　回身下刺

注意右手持剑要先屈肘收于身前,在右脚向前落步和上身右转的同时,使剑用力刺出;左腿伸直,右腿稍屈,腰向右拧转,剑指、两臂和剑身须成一直线。

7. 挂剑直刺

左脚向前上一步,屈膝略蹲,右臂内旋先使拇指一侧朝下成反手,然后翘腕、摆臂,使剑尖向左、向上抄挂,当持剑手抄至左肩时,再屈肘使剑平落于胸前,手心朝里;此时左腿伸直站立,右腿随之在身前屈膝提起,左手剑指屈肘附于右手腕处。接着,以左脚前脚掌碾地,上身右转,右手持剑使剑向下插,左手剑指仍附于右手腕处。目视剑尖;上动不停,仍以左脚前脚掌为轴碾地,右脚向身后跨一大步、屈膝,上身从右向后转;左腿在后蹬直,脚尖里扣,成右弓步。同时,右手持剑向前直刺,剑尖与肩同高,拇指一侧在上;左手剑指随之向后平伸,拇指一侧在上。目视剑尖。(图5-10)

注意挂剑、下插、直刺三个分解动作必须连贯,它们与跨步、提膝、转身、弓步的动作要协调一致;弓步直刺后,两脚全脚掌均着地,上身稍向前倾,挺胸、塌腰。

图 5-10 挂剑直刺

8. 虚步架剑

右手持剑先将剑尖由左向右搅一小圈,臂内旋使持剑手的拇指一侧朝下。同时,以右脚跟和左脚前脚掌为轴碾地,右脚尖外撇,上身从右向后转,左脚向前收拢半步,两膝均略屈成交叉步。在转身的同时,右手持剑反手向后上方屈肘上架;左手剑指屈肘经左肩前附于右手腕处。目向左平视;右腿屈膝不动,左脚向前进一步,膝盖稍屈,前脚掌虚着地面,重心落于右腿,成左虚步。在右手持剑略向后牵引的同时,左手剑指向前平伸指出,手心朝下。目视剑指。(图5-11)

注意虚步必须虚实分明,右肘略屈使剑身成立剑架于额前上方,左臂伸直,剑指稍高过肩。

图 5-11　虚步架剑

（三）第二段

1. 虚步平劈

左脚脚跟外展，上身右转，重心移于左腿，右脚跟随之离地，成为前脚掌虚着地面的右虚步。在转身的同时，右手持剑向下平劈，拇指一侧在上；左手剑指即向上屈肘，手心向左上方，目视剑尖。（图 5-12）

注意虚步必须分明，劈剑时手腕要挺直。

图 5-12　虚步平劈

2. 弓步下劈

右脚踏实，身体重心前移，左手剑指伸向右腋下，右手持剑臂内旋使手心朝下。左脚随即向左前方上步、屈膝；右腿在后蹬直，脚尖里扣，成左弓步。在左脚上步的同时，右手持剑屈腕向左平绕，划一小圈后向前下方劈剑，剑尖高与膝平；左手剑指随之由右腋下面向左、向上绕环，在头顶上方屈肘侧举，上身略前俯。目视剑尖。（图 5-13）

注意劈剑时,右肩前顺,左肩后引,剑尖与手、肩成一直线。

图 5-13　弓步下劈

3. 带剑前点

右脚向左脚靠拢,以前脚掌虚着地面,两腿均屈膝略蹲。右手持剑向上屈腕,使剑向右耳际带回,肘微屈;左手剑指随之由前下落,附于右手腕处。目向右前方平视;上动不停,右脚向右前方跃一步,落地后即屈膝半蹲,全脚着地;左脚随之跟进,向右脚并步屈膝,以脚尖点地,成丁步。同时,右手持剑向前点击,拇指一侧在上;左手剑指即屈肘向头顶上方侧举,手心朝上。目视剑尖。(图 5-14)

注意向前点击时,右臂前伸、屈腕,力点在剑尖,手腕稍高于肩,剑尖略比手低;成丁步后,右腿大腿尽量蹲平,左脚脚背绷直,脚尖点在右脚脚弓处,两腿必须并拢;上身稍前倾,挺胸、直背、塌腰。

图 5-14　带剑前点

4. 提膝下截

右腿伸直,左腿退步后屈膝,上身后仰。右臂外旋手心朝上,使剑向右、向后上方弧形绕环;左手剑指不动;上动不停,右臂内旋使手心朝下,继续使剑向左、向前下方划弧下截,同时上身向前探倾,左腿屈膝提起。目视剑尖。(图5-15)

注意剑从右向左的圆形划弧下截必须连贯;左膝尽量高提,脚背绷直;右腿膝部挺直,站立要稳;右臂和剑身成一直线,剑身斜平。

图5-15 提膝下截

5.提膝直刺

右腿略屈膝,左脚向前落步,脚尖外撇。右臂外旋使手心朝上,并在左脚落步的同时向上屈肘,将剑柄收抱于胸前,手心朝里。剑尖高与肩平;左手剑指随之下落,屈肘按于剑柄上。此时两腿成为交叉步,目视剑尖;右腿向身前屈膝提起,左腿伸直站立。右手持剑向前平直刺出,拇指一侧在上;同时左手剑指向后平伸指出,手心朝下。目视剑尖。(图5-16)

注意抱剑与落步、直刺与提膝,必须协调一致(图5-16)。

图5-16 提膝直刺

6. 回身平崩

右脚向前落步,脚尖外撇;左脚前脚掌碾地使脚跟外转,屈膝略蹲,同时上身向右后转,成交叉步。右手持剑臂外旋使手心朝上,屈肘向胸前收回,剑身与右前臂成水平直线;左手剑指随之直臂上举,经左耳侧屈肘前落,附于右手心上面。目视剑尖;上身稍向右转,左腿挺膝伸直,右腿略屈膝。同时,右手持剑使剑的前端用力向右平崩,手心仍朝上;左手剑指屈肘向额部左上方侧举。目视剑尖。(图5-17)

注意收剑和平崩两个动作必须连贯;平崩时,用力点在剑的前端;平崩后,上身向右拧转,但左脚不得移动。

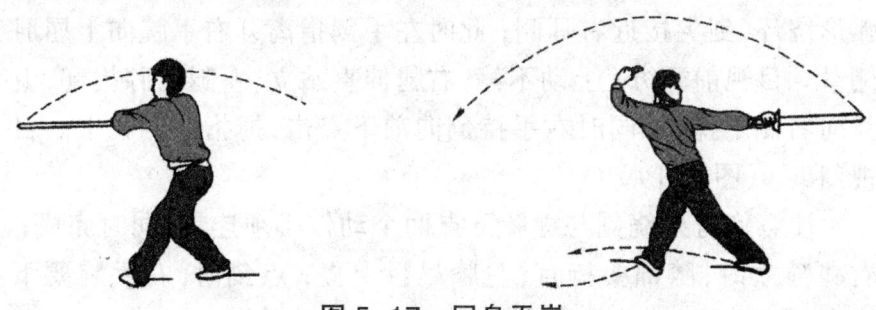

图5-17 回身平崩

7. 歇步下劈

右脚蹬地起跳,左脚向左跃步横跨一步,落地后,右腿即向左腿后侧插步,继而两腿屈膝全蹲,成歇步。在跃步的同时,右手持剑向上举起,并在形成歇步时向左下劈,拇指一侧在上,剑尖与踝关节同高;左手剑指随着下劈动作,下按于右手腕上面。目视剑身。(图5-18)

注意成歇步时,左大腿盖压在右大腿上面,左脚全掌着地,右脚脚跟离地,臀部坐在右小腿上;劈剑时,右臂尽量向前下方伸直,剑身与地面平行;劈剑与跃步成歇步动作须同时完成。

图 5-18 歇步下劈

8. 提膝下点

右手持剑先使手心朝下成平剑,然后以两脚的前脚掌碾地,上身经右向后转动,两腿边转边站立起来,右手持剑平绕一周。当剑绕至上身右侧时,上身稍向左后仰,同时剑身继续向外、向上弧形绕环,剑尖接近右耳侧;此时左手剑指离开右手腕向上屈肘侧举。目视前下方;上动不停,右腿伸直站立,左腿屈膝提起,上身向右侧下探俯,同时右手持剑向前下点击,拇指一侧在上。目视剑尖。(图 5-19)

注意仰身外绕剑与提膝下点两个动作必须连贯,同时完成;右腿独立时,膝部要挺直,左膝尽量上提;点剑时,右手腕要下屈,剑身、右臂、左臂和剑指要在同一个垂直面内。

图 5-19 提膝下点

(四)第三段

1. 并步直刺

以右脚前脚掌为轴碾地,使上身向左后转。在转身的同时,右臂内旋并向拇指一侧屈腕,使剑尖指向转身后的身前;左手剑指随之由上经右肩前、腹前绕环,向正前方指出,手心朝下。目视剑指;左脚向前落步,右脚随之跟进并步,两腿均屈膝半蹲。同时,右手持剑向前平伸直刺,拇指一侧在上;左手剑指顺势附于右手腕处。目视剑尖。(图5-20)

注意两腿半蹲时大腿要蹲平,两膝、两脚均须紧靠并拢;上身前倾,直背、落臀;两臂伸直,剑尖与肩相平。

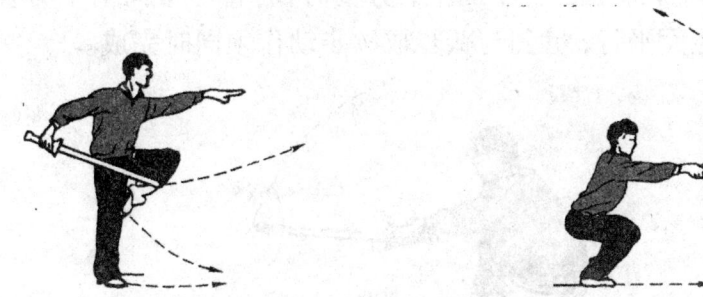

图5-20 并步直刺

2. 弓步上挑

右脚上步屈膝,同时左脚脚跟稍内转,左腿挺膝伸直,成右弓步。右手持剑直臂向上挑举,剑尖向上,手心朝左;左手剑指仍向前平伸指出,手心朝下。上身稍微前倾,目视剑指。(图5-21)

图5-21 弓步上挑

注意左臂伸直,左肩前顺,剑指略高过肩;右臂直上举,剑刃朝前后;上身挺胸、直背、塌腰。

3. 歇步下劈

右腿伸直,左脚向前上步,脚尖外撇,随之两腿交叉屈膝全蹲,成歇步。同时,右手持剑向前下劈,拇指一侧在上,剑尖与踝关节同高;左手剑指屈肘附于右手腕里侧。上身稍前俯,目视剑身。(图 5-22)

注意成歇步时,左大腿盖压在右大腿上面,左脚全掌着地,右脚脚跟离地,臀部坐在右小腿上;劈剑时,右臂尽量向前下方伸直,剑身与地面平行;劈剑与跃步成歇步动作须同时完成。

图 5-22 歇步下劈

4. 右截腕

两脚以前脚掌碾地,并且两腿稍伸直立起,使上身右转,右腿屈膝半蹲,左腿稍屈膝,左脚前脚掌虚着地面,成左虚步。右臂内旋使拇指一侧朝下,用剑的前端下刃向前上方划弧翻转,随着上身起立成虚步,右手持剑再向右后上方托起,左手剑指仍附于右手腕,两肘均微屈。目视剑的前端。(图 5-23)

图 5-23 右截腕

注意两腿虚实必须分明,上身稍向前倾,剑身平横于右额前上方,剑尖稍高于剑柄。

5. 左截腕

左脚向前上半步,并以前脚掌碾地使上身向左后转,右脚随之向前上一步,前脚掌着地,两腿均屈膝,成左实右虚之右虚步。在右脚进步的同时,右臂外旋,使剑身的前端向左前上方划弧翻转,手心朝上,剑身与地面平行;左手剑指随之离开右手腕,屈肘向上侧举。目视剑的前端。(图5-24)

注意事项同右截腕。

图5-24 左截腕

6. 跃步上挑

左脚经身前向前上一步,右脚随之在身后离地,小腿后弯。同时,右手心朝里,使剑由右向上、向左屈肘划弧,剑至上身左侧时,右手靠近左胯旁,拇指一侧在上并向上屈腕;左手剑指在右手向左下落时附于右手腕上。目视剑尖;左脚蹬地,右脚向右侧跃步,落地后屈膝略蹲,左脚随之离地屈膝从身后伸向右侧方,形成望月式平衡。上身向左侧倾俯。在右脚跃步的同时,右手持剑由左胯旁向下、向右划弧,当剑到达右侧方时,臂外旋并向拇指一侧屈腕,使剑向上挑击;左手剑指即向左上方屈肘横举,拇指一侧在下。目视右侧方。(图5-25)

注意跃步和上挑动作必须协调一致,迅速进行。挑剑时,腕部要猛然用力上屈,形成平衡动作后,右腿略屈膝站稳,左小腿尽量向上抬起;上身向右拧转,剑身斜举于右侧上方,持剑略松。

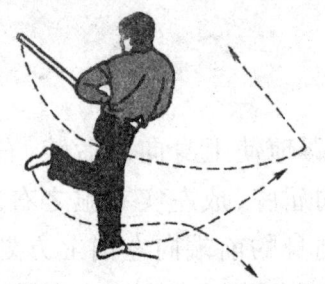

图 5-25　跃步上挑

7. 仆步下压

右手持剑使剑尖从头上经过，继而向身后、向右弧形平绕，当剑绕到右侧时，即屈肘将剑柄收抱于胸部前下方，手心朝上。同时，右膝伸直，上身立起，左腿屈膝提于身前，左手剑指仍横举于左额前上方；上动不停，左手剑指经身前下落，按在右手腕上。左脚随之向左侧落步，屈膝全蹲；右腿在右侧平铺伸直，脚尖里扣，成右仆步。同时，右手持剑用剑身平面向下带压，剑尖斜向右上方。上身前探，目向右平视。（图5-26）

注意做仆步时，左腿要全蹲，臀部紧靠脚跟，不要凸起，两脚全脚掌均着地，上身前探时要挺胸，两肘略屈环抱于身前。

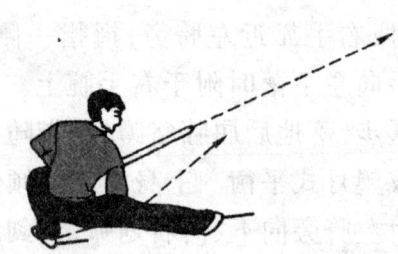

图 5-26　仆步下压

8. 提膝直刺

两腿直立站起，左腿屈膝提于身前，右腿挺直站立。同时，右手持剑向身前平伸直刺，拇指一侧在上；左手剑指屈肘在左侧上举，拇指一侧在下，目视剑尖。（图5-27）

注意右腿独立须挺膝站稳，左膝尽量上提，脚背绷直，脚尖下垂。上身稍右倾，右肩、右臂和剑身要成一直线，左臂屈成圆形。

图 5-27　提膝直刺

（五）第四段

1. 弓步平劈

右臂外旋，先使手心朝向背后、剑的下刃转翻向上，继而上身左转，同时左脚向左后侧落一大步、屈膝；右脚以前脚掌为轴碾地，脚跟稍外转，右腿挺膝伸直，成左弓步。左手剑指随着持剑臂的运行而向右、向下、向左、向上圆形绕环，仍屈肘举于头部左侧上方；同时，右手持剑向身前平劈，拇指一侧在上，臂要伸直，剑尖略高于肩。目视剑尖。（图 5-28）

图 5-28　弓步平劈

注意向前劈剑和剑指绕环这两个动作必须协调，同时完成，两肩要放松。

2. 回身后撩

右脚向前上一步，膝微屈；左脚随之离地，小腿向上弯曲；上身前俯,腰向右拧转。右手持剑随右脚上步而向后反撩,剑尖斜向下方,拇指一侧在下;左手剑指前伸成侧上举,拇指一侧在下。目视剑尖。(图5-29)

注意右脚站立要稳,左脚脚背绷直,上身挺胸,两肩放松。

图5-29 回身后撩

3.歇步上崩

右脚蹬地,左脚向前跃步,上身随之向右后转;左脚落地,脚尖稍外撇,右腿摆向身后。在上身转动的同时,右臂外旋,使拇指一侧朝上;左手剑指在身后平伸,手心朝下。目视剑尖;上动不停,右脚在身后落步,两腿均屈膝全蹲,左大腿盖压在右大腿上,臀部坐在右小腿上,成歇步。同时,右手持剑直臂下压,手腕向拇指一侧上屈,使剑尖上崩;左手剑指随之屈肘在头部左上方侧举,拇指一侧在下。目视剑身。(图5-30)

注意向前跃步、歇步和剑尖上崩三个动作要连贯协调。跃步要远,落地要轻(前脚掌先着地);上崩时腕部要猛然用力上屈,剑尖高与眉平;歇步时上身前俯,胸须内含。

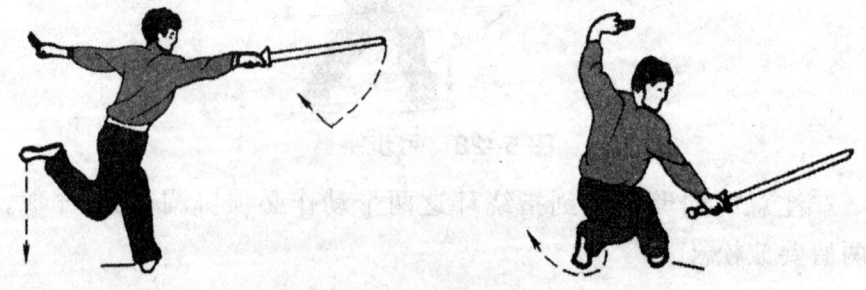

图5-30 歇步上崩

4. 弓步斜削

左脚脚尖里扣,上身右转,右脚随之向前上步、屈膝,左腿在身后挺膝伸直,成右弓步。右手持剑臂外旋使手心朝上,在转身的同时,屈肘向左肋前收回;左手剑指随之从身前下落,按在剑柄上。上身向右前倾,目视前方;上动不停,右手持剑由后向前上方斜面弧形上削,手心斜向上方,手腕稍向掌心一侧弯曲;同时,左手剑指伸向后方,拇指一侧在上。目视剑尖。(图5-31)

注意斜削时,右臂稍低于肩,剑尖斜向脸前右上方,略高于头,左臂在身后侧平举,剑指指尖略高于肩部。

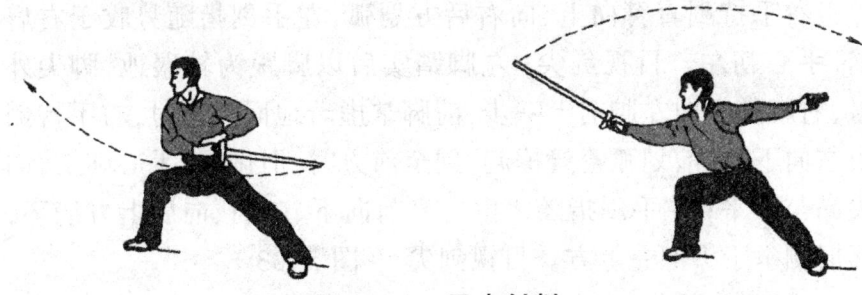

图5-31　弓步斜削

5. 进步左撩

右腿伸直,上身向左转,左腿稍屈膝。同时,右手持剑使手心朝里经脸前边转身边向左划弧,剑至体前时,左手剑指附于右手腕里侧。目视剑尖;以右脚跟为轴碾地,脚尖外撇,上身向右后转;左脚随之向前上步,以前脚掌虚着地面。同时,右手持剑反手向下、向前、向上继续划弧撩起,剑至前上方时,肘部略屈,拇指一侧在下,剑尖高与肩平;左手剑指随右手动作,仍附于右手腕上。目视剑尖。(图5-32)

注意上述两个剑身的划弧动作,必须连贯成一个完整的绕环动作。撩剑后,右腿微屈,左腿伸直,身体重心落于右腿,剑尖稍微朝下。

图 5-32 进步左撩

6. 进步右撩

右手持剑直臂向上、向右后方划弧,左手剑指随势收于右肩前,手心朝左。目视剑尖;左脚踏实后以脚跟为轴碾地,脚尖外撇,右脚随之向左脚前上一步,前脚掌虚着地面。同时,右手持剑由右向下、向前划弧抡臂撩起,剑至前方时,肘微屈,手心朝上,剑尖高与头平;左手剑指随之由右肩前向下、向前、向后上方绕环,屈肘侧举于头部左上方。目视剑尖。(图 5-33)

注意事项同上述进步左撩,唯左右相反。

图 5-33 进步右撩

7. 坐盘反撩

右脚踏实后向前上一小步,随即左脚从右腿后向右侧插一步,两腿屈膝下坐,成坐盘式。在左脚插步的同时,右手持剑向上、向左、向下、再向右上方反手绕环斜上撩,剑尖高过头顶;左手剑指随之经体前向下。向后上方划弧,屈肘横举于左耳侧,拇指一侧在下。上身向左前倾俯,目视剑尖。(图 5-34)

注意坐盘必须与反撩剑动作协调进行。坐盘时,左腿盘坐地面,左脚背外侧着地;右腿盘落于左腿上,全脚掌着地,脚尖朝身前。上身倾俯时胸要内含,剑尖与右臂、左肘、左肩成一直线。

图 5-34　坐盘反撩

8. 转身云剑

右脚蹬地,两腿伸直站起,并以两脚的前脚掌碾地,使上身向左后转;转身之后,右腿屈膝略蹲,右脚踏实,左膝微屈,前脚掌虚着地面,身体重心落于右腿。同时,右手持剑随身体转动一周后屈肘使剑平举,拇指一侧在下;此时左手剑指附于右手腕处。目视剑尖;上动不停,上身后仰,右手持剑向左、向后、向右、向前圆形云绕一周,剑至身前时,右手手心朝上、松柄,使剑尖下垂;左手剑指放开,拇指一侧朝上,准备接握右手之剑。此时重心前移,左脚踏实,右腿伸直,上身前倾。目视左手。(图5-35)

注意转身和云剑动作必须连贯,云剑要平、要快,腕关节放松使之灵活。

图 5-35　转身云剑

（六）结束动作

右手将剑柄交于左手后即握成剑指,左手接剑后反握住剑柄向身体左侧下垂。此时右脚向右前方上步,脚尖里扣,屈膝略蹲,上身随之左转;左脚随之向前移步,以前脚掌虚着地面,膝微屈。在上身左转的同时,右手剑指随之由身后向上屈肘侧举于头部右上方,手心朝上。目向左平视;右腿伸直,右脚向左脚靠拢,并步站立。右手剑指下落于身体右侧,手心朝下,恢复成预备式。目向正前方平视。（图5-36）

注意重心落于右腿,上身前倾,挺胸、塌腰,两肩松沉,左肘略上提,剑身紧贴前臂后侧,并与地面垂直;持剑时,前臂与剑身要紧贴并垂直于地面;两肩松沉,上身微挺胸、收腹,两膝挺直。

图 5-36　结束动作

第四节　初级太极剑养生方法指导

一、初级太极剑养生要领

太极剑养生的锻炼注重姿势、呼吸和意念,三者分别对应调身、调息、调心,是练太极剑养生功法的三大基本要素,三者相互依存、相辅相成、相互制约。

（一）动作规范、松静自然

练习中首先要求掌握练功的基本姿势及动作的方向和线路，建立动作的基本概念，做到基本姿势和动作导引的规范。调整身体姿态，使身体各部分置于合乎生理特点的自然、松弛、平衡状态，并根据各种功法要求适当调整。

正确的动作有利于放松精神，调整呼吸，调畅气血，柔筋健骨，疏通经络，调动内气运行。通过肢体的运动，使五脏安和、内外协调，整体功能得到加强。例如，太极拳中的双峰贯耳，扩胸展肩要充分，通过动作导引，促进大自然的清新空气与人体之气交汇融合，达到改善呼吸功能、促进全身气血运行的目的。而如果展肩扩胸不充分，就达不到这样的目的，这就要求我们在平时的姿势中要形正，形正则气顺，可以避免因姿势不当而引起的没有练功效果或发生偏差等情况。其次，做到注意力相对集中、心平气和。太极剑养生功法，都以松静自然为主。松静自然，也就是使身体保持自然松弛的状态，心情平静，神不外弛，以能安定，集中注意力，以一念代万念。自然是指顺乎自然，无论意念、呼吸、姿势均要以自然为法，以舒适为度，才能消除心理上的紧张，达到身心上的充分放松；切忌执着意守，生硬用力。人体的生理潜能只有在放松入静和专心致志、全神贯注的情况下，才能发挥和显现出来；其发挥和显现程度，同放松入静的程度成正比。

（二）调整呼吸、细匀深长

调整呼吸即呼吸锻炼，在古代时称为吐纳，它是练功中的重要环节之一。调整呼吸，其基本要求是使呼吸均匀、细缓、柔和、深长、顺畅，这样既有利于放松身体以调神，又有助于调整全身气血，使之达到平衡、协调，更是为了按照功法的要求在意念的支配下导引气血。

古人说，"一呼一吸为一息，不呼不吸亦为息。"就是说，人们在平时只是没有有意识地去注意呼吸而已。而在锻炼养生功法中,就要有意识地注意调整自己的呼吸,不断体会、掌握与自身相适应的呼吸方法。前人把呼吸锻炼称为练气、调气、养气和调息等。深长均匀的呼吸对横膈肌的力量有增强的效果,吸入清气,呼出浊气,使呼吸和谐不乱,达到益气强身之效。

调整呼吸的目的是达到意气合一、呼吸自如。意指意念,气是构成人体和维持人体生命活动的基本物质。功法锻炼离不开动作意识,呼吸运动受到动作意识的影响。练功要意气相随,逐步控制呼吸运动随意念活动缓缓进行,到了呼吸与形体运动协调一致、配合自如的程度,才可以意气相随,循经运行,使意、气合一。

细匀深长,分别指的是呼吸的气流、呼吸的速度、呼吸时间的长短和呼吸的深度。呼吸的气流要求做到气流量少、匀细柔长,寓意于气、形松神静,这样才能使呼吸渐缓、脉搏频率降低,使气机的升降开合调整到最佳状态。初学者应注意,呼吸时一定要注意微微用意,做到吐唯细细、纳唯绵绵,有意无意、绵绵若存。在意念的主导下,呼吸与动作相结合导引气血的运行,促进动作和缓轻慢,连绵不断,帮助练功者入静,强固意念活动。呼吸速度要求在自然呼吸的基础上,逐步达到缓慢、柔和、均匀的状态。这种呼吸状态,是在意念的支配下,使肋间肌、膈肌、腹肌处于放松的状态而逐渐训练形成的。"深长呼吸"是指细、静、匀、长的程度。呼吸深度是指选择某种呼吸必须配合一定深度。

(三)神气内敛、恬淡虚无

神气内敛是指锻炼者自觉地调控心理活动,通过意守和意念,以达到排除杂念、入静敛神的目的。调身、调息都是为了调心,各种养生功法都从不同渠道直接或间接导引使意念集中入静。

意念运用在养生功法练习中占主导地位。运用意念的目的是为了协调全身、导引气血,使气血集中达到某些特定器官或经络,从而达到调养、强壮和祛病的目的。

《素问·古天真论》中言:"恬淡虚无,真气从之,精神内守,病安从来。"恬淡是安静、宁静、淡泊之意;虚无是心无杂念。唐代王冰注称:"恬淡虚无,静也。"由于静,心无杂念,真气就产生。

《黄帝内经》在讲述养生之法时,反复强调"无思想之患,以恬愉为务"。恬淡以养神、虚无以养志,这样私心杂念不生,是求静而自静。但是心猿意马最难收,为了避免外界的干扰,还需要神气内敛,即"精神内守"。如太极剑的起势或第一势动作,就要求神气内敛,排除杂念,调和呼吸,宁心安神,以使练功达到最好的效果。

(四)动静结合、练养相兼

根据阴阳学说,动为阳,静为阴。"动"是指形体的动和体内气机(内气)的动。"静"是指形体的静与精神的静。阴阳互相联系、互相制约,两者不能偏胜。因此,练功要注意时刻从自身的实际出发,不论身或心,都是宜动则动,宜静则静,阴阳互补,动静结合。

就练养生功法的实质说,乃是在于促进和调整人体的生理功能,使其更好地"动"起来,从而起到平衡阴阳、调和气血、疏通经络、祛除病邪的作用。祖国医学认为人体的经络气血流动不畅就要发生疾病,而要保持经络气血通畅,就必须使其更好地"动"起来。因此,动功是基本的。但这种动的作用又必须在静的状态配合下才能更好地实现。所以,静(内静)又是练功的前提。不能更好地"静",就不能更好地起到这种"动"的作用。具体来说,肢体运动时形显示于外,但意识、神韵贯注于动作中、排除杂念,思想达到相对的"入静"状态。如太极剑中的左右开步和展肩扩胸为"动",而在开步与推掌之间有稍许停顿,做到动作过程中沉稳、缓慢,以及神态的宁静、平和等即为"静"。动与静的有机结合,起到练养相兼的作用,可进一步提高练功效果。

练与养是练功过程中两种不同的状态。"练"是指功法锻炼。经过锻炼后,会出现身体轻松舒适、呼吸柔和、思想平静的状态,即养生功法中的"入静"状态。"养"是把这种"入静"状态有意识地保持下去,并使之不断地深入发展。

二、初级太极剑养生练习

（一）调身

1. 调身的意义

太极剑养生不是短时间内身体的激烈运动，而是以特定的动作，循序渐进地调整人体的生理功能。通过习练太极剑养生功法，带动四肢乃至全身关节骨骼，进而牵动内脏各器官运动，逐渐提高全身肢体关节、韧带、骨骼的灵活性和协调性，从而起到柔筋健骨、疏通经络、调畅气血的作用。调身是通过形体活动与神、意、气活动的适当配合使之彼此促进，正确引动形体可以起到入静养神的作用。古人云："形不正则气不顺，气不顺则意不宁，意不宁则神散乱。"中医学认为，人体的气血运行不畅就要发生疾病，而要保持气血通畅就必须使其更好地运动。此外，调身有利于心主血脉和肺主气的功能的增强，使全身气血和畅、周运全身。调身还能增强肝主疏泄的功能，舒展的练功姿势再配合调心，可使肝气达舒展、气机通畅。脾主四肢肌肉，在调身中的四肢、肌肉运动能提高脾胃的运化功能，使水谷精微源源不断地输送和营养全身。另外，调身也促进肝主筋、肾主骨的功能，所谓内练精、气、神，外练筋、骨、皮就是这个意思。

2. 调身的方法

（1）坐式

人的姿态虽然各不相同，但在整体上主要有四个基本姿势，即行、立、坐、卧，古人称为"四威仪"，即"立如松，坐如钟，卧如弓，行如风"，其中调身的具体方法有身体的屈伸俯仰、升降开合、转摇跑跳等。

练功者在练功时所采取的体位及其形态，称为调身，一般常采用四类姿势，即坐、卧、站、行四类。其中坐式又分为平坐式、靠坐式、盘坐式；卧式又分为仰卧式、侧卧式、三接式、半卧式等；站式又分为自然式、三圆式、下按式等；太极步是最常采用的形式。

坐式要求是"坐如钟"，坐要稳而正。

平坐式：选择适当高度的物体，如凳、椅或床，用三分之一臀部平坐，要求保持平稳；头略前倾，口眼轻闭，上体保持正直，虚领顶颈，含胸拔背，沉肩坠肘，腰腹放松，两脚踏地，并与肩同宽，膝关节成90°。十指松展，掌心向下，放置于大腿上。平坐为坐式中最常用的一种坐姿，是太极剑中静功练习时常选用的姿势。对于体质较弱的人来说不宜采用此方法，适用于一般慢性病人和身体健康者。

盘坐式：盘坐式要求下肢交叉盘紧，有利于放松上体和头部，同时对于整体放松也有一定的好处。盘坐式主要分为以下几种。

第一，自然盘坐。上体与平坐式相似，身体略向前倾，臀部略垫高，两小腿自然交叉相盘成八字形；两手轻握，轻放于同侧大腿上。

第二，单盘坐式。右足置于左腿上，或左足置于右腿上。其余均同自然盘坐。

第三，双盘坐式。左足置于右腿上，同时右足置于左腿上。要求同自然盘坐。这种盘坐方式容易入静，而不致昏沉，但是难度较大，要根据自身能力而做。

（2）卧式

卧式的主要侧重点是侧卧，要求"卧如弓"，即充分放松身体，身体的弯曲成自然形态。

仰卧式：自然平躺在床上，口眼轻闭，头置于枕头上，枕头高低以头颈部舒适为度。四肢自然伸直，两脚与肩同宽，脚尖自然稍向外分开；两手分置于体侧或相叠于腹部。这种方法主要适用于体弱及临睡前练功的人，但容易入睡或昏沉而影响练功质量。

侧卧式：可以左右侧卧于床上（最佳方式是右侧卧），枕高适中，以颈部舒适放松为度。头略向胸收，使颈部放松，躯干微屈；上侧手臂自然伸直，五指松开，掌心向下，置于同侧髋部；下侧手臂自然屈肘,掌心向上,放手枕上,距头约10厘米;大腿略前屈,小腿自然伸直,上侧腿轻叠放于上,屈膝约成120°。这种方法适用于体弱或不习惯仰卧的人。侧卧会放松腹肌,有利于腹式呼吸的形成。

卧式能够锻炼腹式呼吸,加强胃肠活动,改善肠胃功能,比坐、站、行诸式皆好。放松入静的最佳方式就是平卧式和坐式。

(3)站式

站式又称"站桩",可以灵活调节架势的高低,以控制运动量大小,要做到"立如松",足心吸地如大树,整个身体平稳中正。

自然式:自然式是最基本的站式。两腿自然分开,与肩同宽,两足平行踏地,两膝微屈,重心落于两脚之间,上肢自然下垂于体侧,全身放松入静。太极剑的起式动作多采用自然式。

三圆式:两脚开立与肩同宽,两足尖内收呈内"八"字,两膝顺着足尖方向微微弯曲;双臂平放于胸前,作环抱树干状,两掌相对,相距约20厘米,手指呈握球状;肩关节微垂,呈自然伸展,肘略低于肩;其余动作按自然式动作要求。此式"足圆、手圆、臂圆",故称三圆式。要求双臂外抱内撑,神气贯顶,足心吸地,配合呼吸,"吐如落雁,纳如起飞",有飘逸的感觉。

下按式:两脚平行站立,与肩同宽,两膝微屈,双臂自然下垂,放于体侧,手指向前伸直,两掌下按于髋旁,其余要求同自然式。

站式练功容易引气下行,对于下肢力量的锻炼有很好的效果,同时也较适用于青光眼、高血压、神经衰弱及有阳亢症状的患者。

行式主要注重动作的轻灵,即所谓"迈步如猫行"。这里以太极步为例加以介绍。

身体自然直立,两脚分开成平行步,两手交叠于小腹;先以左脚前移一小步,左足跟着地,足尖朝上,左膝自然挺直,同时右膝微屈下蹲;再左脚掌全部着地,膝向前弓出,身体随之前移,右腿自然伸直;慢慢提起右腿,向前移动,与左足平行时,右足尖轻轻点地,同时膝稍弯曲,此时重心在左足。再重复同前,左右交替前进。行走时,两眼平视正前方,头正直,松肩坠肘,上半身要自然舒适。太极步每次可走 20～30 步。该式主要对下肢关节力量和灵活性有增强作用,老年人以此锻炼身体,可以延缓进入"人老腿先衰"的状态。

以上是太极剑最常用的基本姿势,都具有其自身的特点和作用,练习时要根据个人的基本情况而选择。卧式易于放松入静,但有时会导致昏沉入睡,会明显降低机体的代谢率,因此适用于久病体弱的人;坐式方便,有利于放松入静和气沉丹田,又能导引气血下降,使部分肌肉处于静力性收缩状态,有强身健体的功效,适用于初学者和病人;站式练功有强筋壮骨的作用,还可避免坐卧两式易于昏沉的缺点,保持醒觉,有利于以意引气,且便于各种辅助手段的施行。

调身常与调息、调心相结合。对于太极剑中的各种动作,则更应注意与意念、呼吸的配合,并服务于调心、调息及内气运行的需要。只有做到这一点,才能使"三调"有机地融为一体,从而达到运动养生的效果。

3. 注意事项

调身的方法有很多种,都有其不同的形态和要求,为了有利于练功的舒适、有利于身体内部气血运行的需要,练功时要注意以下几点。

(1)形体放松,动作柔和

形体放松,但要松而不懈;动作柔和,但要柔而不软。动作要用意不用力,即不用拙力,这样才能通体柔和、气血畅达。

(2)用意识引动形体

运用意识来引动形体,首先要将意与形相结合,要求姿势正确,在保证姿势正确的基础上,才能促使气血流转,从而达到周身气血畅通。

(3)分清虚实

练功保持周身中正是分清虚实的关键。人体姿势的改变,会使身体重心也随之改变,必须从每招每势中认真体会并掌握虚实的变化规律,才能保持身体的平衡。

（4）动作圆活

太极剑的每一个姿势都要尽量避免出现死角,动作要圆活,要快慢适度,快而不停,慢而不断,达到形断意不断,意不断才能保持气机的流畅。

（5）上下相随

练功必须注意将全身融为一体,虽不像武术对手、眼、身、法、步要求得那么严格,但要保持动作的整体性,也应该注意上下相随,手足一致,达到手与足合、肩与胯合、肘与膝合的要求。

（6）配合呼吸

太极剑养生功法的呼吸配合非常重要,动作外开、上升一般为吸,内合、下降一般为呼。呼吸的配合要注意以自然为原则,熟练为前提。

形体乃气之所依,意之所寄,是生命的支柱。练功必须保持形正体松。形正即正确的姿势和优美的动作;体松是调整肌肉的松紧程度,刚柔相济,紧中求松,松中不懈。

(二)调息

1. 调息的意义

所谓调息就是调整呼吸的方式、速度、节奏、强弱等,呼吸在古代称为吐纳,它是练功中的重要环节之一。古人说:"一呼一吸为一息,不呼不吸亦为息。"意思是说,我们平时没有意识地去注意自己的呼吸,但呼吸客观存在。而在导引锻炼时,我们要有意识地注意自己呼吸的调整,选择和掌握适合自己身体情况的呼吸方法,尽可能多地摄取和利用空气中的氧气,排出机体代谢的废气,这对培育人的真气、提高脏腑各器官组织的功能、增进人体的健康有很大的作用,所以历代养生家都非常重视时呼吸的锻炼。此外,在练功时,注意呼吸的出入,使腹肌、膈肌不断地收缩和扩张,这首先加强了胃肠的蠕动,进而带动了肝、肾、脾等内脏的活动,可以起到加强肺的通气量和吸氧排碳的生命活动过程、改变和加速全身的血液循环、促进消化和营养的吸收、调整各内分泌系统的功能,增强机体抵抗疾病的能力。所以练功时注意呼吸的调整,不仅能使肺功能得到加强,还能改善其他脏器的功能。《黄帝内经》指出:"肺者,气之本。主人体一身之真气。"肺具有维持机体内环境稳定的作用,它与人体的新陈代谢和多种激素的分泌有密切的关系,影响到人体的生长、发育、生殖和免疫系统功能的增强和变化。

2. 调息的方法

(1)自然呼吸法

自然呼吸法是指人们按照原来的呼吸频率和呼吸方法进行呼吸,不同之处就是更加的柔和,要求顺乎自然,柔和均匀,丝毫不用力,不加意念支配,采用鼻吸鼻呼、鼻吸口呼均可。

(2)腹式呼吸法

顺腹式呼吸法:吸气时注意腹肌放松,横膈肌随之下降,腹部隆起,呼气时腹部缓慢回收。

逆腹式呼吸法:吸气时腹肌收缩,横膈肌随之下降,腹壁内凹;呼气时腹肌放松,腹壁放松隆起。

腹式呼吸主要通过横膈肌的运动来完成呼吸动作,增强了膈肌运动,使胸腔容积增大,气体进出量增加。它可以使呼吸完全,功能残气减少,尤其能够有力地改善双肺下部的通气功能,因此有利于治疗呼吸系统疾病。由于增强了腹肌的收缩和放松,对腹腔内脏直接起了一定的按摩作用,对于消化系统的功能也有一定的改善。

(3)停闭呼吸法

在呼与吸或吸与呼之间,稍有片刻的停留,称为停闭呼吸法,内养功就采用了停闭呼吸法。这种呼吸方法能够将肺泡充分扩展,有利于气体在肺泡中的交换,对于呼吸系统功能有很好的改善作用,同时也能增强机体的供氧能力。停闭呼吸大大增加了腹腔内压,也有助于改善消化系统的功能。

（4）提肛呼吸

所谓提肛呼吸法是指练功中把提肛动作和呼吸配合起来的练习方法。在吸气时有意识地收提肛门及会阴部肌肉,呼气时则放松肛门及会阴部肌肉。太极剑中的一些动作也应用到了这种呼吸方法。

3. 注意事项

（1）练功的初期主要是放松机体,要求姿势正确、情绪安宁,之后才注意呼吸的配合调整。

（2）呼吸锻炼要练养结合。当练了一段时间吐纳之后,暂放掉有意识的呼吸锻炼,顺其自然,进入"静养"状态,以达到高度入静的状态。

（3）关于呼吸的形态,古代养生家把它概括为"四相",即:风相、喘相、气相、息相。风相是指能够听到呼吸的声音;喘相是指虽然听不到声音,但呼吸出入尚感结滞不通畅;气相是指呼吸虽然无声,也不结滞,但出入还不够细匀;息相是指在高度安静时出现的深、长、匀的呼吸,气的出入绵绵如丝。只有息相才是太极剑养生功法所要达到的呼吸状态,练功时要注意风、喘、气三相的调整。

（4）练吐纳首先强调要从自然呼吸入手,逐步过渡到腹式呼吸,乃至更高级的呼吸方法。要循序渐进,不要急于求成,要做到"莫忘莫助",也就是说:既不要忘记主动调整呼吸,同时不要勉强对呼吸状态施加压力,否则反而会达不到预期效果。

（三）调心

1. 调心的意义

调心是太极剑养生练功的重要环节,也是导引有别于其他运动的特有练功内容,它包括意念、感觉、情绪等方面的调整。调心就是把注意力集中到一个部位、动作或事物上,从而能安静地练功,排除杂念,达到身体与大脑放松协调的状态。

大脑的入静,就是没有任何杂念,意识思维活动相对集中,进入非常轻松、舒适、宁静的愉快境界。这种入静状态,能够调节机体血液流畅,全身舒适,同时对激发调动人体内在的潜能,诱发聚集人体内部的真气、元气具有重大作用,有利于机体功能紊乱的调整、机体的病理状态修复、机体的动态平衡恢复,使之向正常方面转化的作用。这是导引锻炼能强身健体、延年益寿的根本所在。

人的情绪在很大程度上会影响身体的内部系统,中医有"怒伤肝,喜伤心,思伤脾,悲伤肺,恐伤肾"之说。调心就是要把这些不利于身体健康的情绪变化和思想杂念排除掉,做到清心寡欲,创造一个和谐的内环境,以抵御外界不良因素的刺激。

2. 调心的方法

(1)默念字句法

在练功中用意念去默诵选定好的句子,而不需要念出声来的一种练功方法,叫作"默念字句法"。通过默念字句,放松身体,若机体已基本放松,默念字句又可以集中意念,使大脑思维逐渐安静下来。

常用方法有:吸气时默念"静",呼气时默念"松";吸气时不默念,呼气时默念"静坐使我健康"等字句;也有利用呼吸的停顿来默念字句的。总之,默念的字句要简单,词义要轻松、愉快。

(2)意守部位法

将自身注意力集中在某一个部位上,称为"意守"。常用的部位大都是经络上的主要穴位。这种意守有利于更好地排除杂念,同时可以将穴位打开,疏通经气,加强体内气血的运行和脏腑的功能。下面介绍几种部位和作用。

命门:为督脉经穴位,在第二腰椎棘突下,两肾俞穴中间,为"生命之源,相火之主,精气之府"。肾气会合于此,与垂体、肾上腺、性腺的关系密切,是练气、练精的重要部位。

丹田:古代练功家练功时意守部位的一个名称,通常分为上、中、下三处。

百会：为头顶正中最高处。此处为诸阳之会，与人体一身的阳气关系密切。意守该处有升阳益气、提神醒脑的作用。

会阴：在前后两阴之间，亦称为"海底"。它与性腺、性功能、生殖功能有密切关系，是"练精化气"的重要部位。

涌泉：在脚底中线前三分之一处，此处为人站立时的最低点，为足少阴肾经的井窠。意守此处有镇静降压等作用。

握拳时，中指所对的地方，为心包经的穴位，在导引锻炼中，是练气、聚气、运气、布气的重要部位。

（3）注意呼吸法

数息法：数呼吸的次数，可从一到十或百，周而复始。可以数吸不数呼，也可数呼不数吸。

听息法：静心细听自己的呼吸是否细长而均匀，不计次数。

随息法：意念随呼吸气的出入，不计次数。

（4）内视法

眼帘下垂或轻闭，目不外视，向内返观，可内视丹田、心肺等五脏六腑，注意内脏的活动，可以起到加强内脏功能的作用。

（5）观想法

观想自然界的外景和身体里的秀丽内景。外景可以是生态景观如青松、花草、山川、河流、大海、蓝天等；内景一般指自己身体的某个部位或器脏，也可以是经络或穴位。

3. 注意事项

（1）练功中用意要得当

如果不及或太过，会出现浮、沉、宽、急几个问题。

浮是指有过多的杂念，心身飘动不安。此时应意念集中，安心向下，制止乱念。

沉是指头脑不够清醒，昏沉欲睡。此时应把意念悬于鼻端，即可提神振奋起来。

宽是指心绪散漫，形态萎靡，这是意散之故。应重新调整姿势,集中意念。

急是指摄意用念,发生头胀胸紧等症,这是心急太过之故。此时应宽放其意,放松身体,意念向下到涌泉即可。

（2）练功中意念要集中

初步"入静"。这一阶段,是集中思想的开始阶段,能够将一部分杂念排除,但时间不长,一会儿杂念会再起,机体四肢感到轻松舒适。

中度"入静"。这一阶段,各种思想杂念活动显著减少,意守部位有发热的感觉,可体会气机在体内流动的感觉,如皮肤的热、凉、麻、痒、肌肉的酸、重、跳动等。

高度"入静"。这一阶段,一切思维活动均停止,六门紧闭(六门为听、视、嗅、味、触、意)。能做到眼无所视、耳无所闻、脑无所思,整个机体进入一个似有似无、若存若亡的非常松弛、舒适、美妙、宁静的境界。

（3）避免出现"着意""着想""执着"三种倾向

在用意的掌握上,最重要的一条是要轻,而着意、着想、执着正是用意太过的表现。

着意是指在注意部位时,被意守的部位很明确,硬要想守住部位的时间长。

着想指存想或观相用意过浓。存想是闭目内视,内视对象都是想象的;观相是一种幻想方法,它是把外界环境与内在机体结合起来。

执着在练功中是指片面强调和有意追求某种现象。在用意时,要求若有意,若无意,勿忘勿助,似守非守,称"用意不用力",用意太过就是力。古人说:"不可用心守,不可无意求,用心守则着相,无意求则顽空,有意无意称功夫。""意"和"力"之间如何掌握,需要在有丰富经验教师指导的同时自身细心体会,或需要长期练功的体悟。

第六章 太极扇运动养生理论与科学方法研究

快节奏的生活方式严重威胁着人们的身心健康,太极扇运动是为了适应自然、改善生活而创立的。太极扇属于有氧代谢运动,它能够有效地发挥人体的有氧工作能力,提高大脑的分析、综合能力,使人体能够适应外界环境的变化。本章将对太极扇运动的养生理论与科学方法进行研究。

第一节 太极扇运动概述

一、太极扇的产生与发展

（一）太极扇的产生

中国扇文化历史悠久,据载,舜时已有四明扇,殷高宗（武丁）有稚尾扇（崔豹《古今注》）,距今已有三千多年的历史。中国的古扇都是单柄,扇面呈圆形或椭圆形,称为团扇,宋代开始出现折叠扇。随着历史的发展、文化的进步,扇子的功能不断扩大,以至出现东方文明中特有的文化现象——扇文化。所谓扇文化,是指扇器与其他相关文化结合而产生的一种特有的文化。这种文化有着漫长的历史发展过程。

随着社会等级的出现,扇子成了一些人社会地位、身份的象征。北魏孝明帝时,皇帝和皇后的身后侍者,就常常手持椭圆形的障扇,以显示他们的尊贵。唐代时将扇作为仪仗工具,皇帝上朝，御座两侧要有三柄障扇；皇后出宫，仪仗队要装备偏扇、团扇和方扇各24柄。皇帝赐扇更是常见，大臣们一旦得到皇上赐的扇，便受宠若惊，喜不自胜。

　　折叠扇与书画艺术结合，产生了扇书文化。据载，东晋大书法家王羲之，曾在绍兴蕺山见一穷困老妇人在卖扇，无人问津。王羲之取了几把在上面各写了四个字："右军题书"。老妇人认为弄脏了扇子，很不高兴，王羲之对她说："你就说是王右军写的。每把可卖一百钱。"老妇人心怀疑虑，照着做了，没想到人们争相购买，很快抢购一空。至今绍兴城内，还有"题扇桥"遗迹。宋代大文豪苏东坡在杭州也有题扇故事：他为一个负债累累的扇商画了二十把扇，每把千钱被抢购一空，帮店主还清了债务。上述故事，说明了扇器和书画结合所体现出的一种特殊文化价值。

　　元代以后，扇与戏剧舞台结合，产生了扇器戏剧文化。戏剧《西厢记》中的红娘、《牡丹亭》中的杜丽娘、《红香阁》中的李慧娘，都有俏丽多姿的扑蝶舞扇动作，展示了女性的娇美；《桃花扇》更是以扇为主线，来展开故事情节、刻画人物内心世界；梅兰芳演戏也讲究"扇子功"，他在《贵妃醉酒》中，运用扇子，巧妙地表现了杨贵妃的醉态和复杂的内心世界；豫剧《洛阳桥》则又将戏剧、诗歌、舞蹈、扇艺融为一体，构成舞台艺术的一大亮点。

　　扇器与舞蹈结合形成扇舞文化。每一个演员手持彩扇，翩翩起舞，潇洒飘逸，形象动人。现代以扇作舞的舞蹈数不胜数，如海峡两岸流行的《采茶扑蝶》《茉莉花》《青花瓷》等，都展现了扇舞的优美神韵。扇器与曲艺、体操、杂技等结合，又形成形态各异的扇文化，如此之类不可胜举。

　　在各种扇文化中，武术扇文化又独树一帜。近十余年来，在国家倡导的健身运动中，人们把武术与扇器相结合，创造出一种新的文化形态——扇器武术文化，即扇术文化。太极扇是扇术文化的一个典型代表，它是中国传统扇文化的延伸、丰实。

（二）太极扇的发展

如前所述，太极扇初创于民间，后经加工提炼逐渐成熟定型。1998年，杨丽教授在国防大学首次公开传授太极扇，学员们学得兴致勃勃，结业座谈会上发言热烈，赞声不绝，有个老教授还当场赋诗："杨式太极扇美姿，龙飞凤舞步杨师。桑榆晚景多情趣，难得天下又一枝。"这首诗道出了太极扇的武术价值、观赏价值，以及它给人们带来的乐趣。

1999年，中国青年音像社出版了杨丽的《杨式太极扇》VCD光盘，太极扇迅速向全国普及，2000年李德印推出《太极功夫扇》，配以《中国功夫》音乐，扇乐结合很有气势，很快在全国推行开来。2001年杨丽的《杨式太极扇》由北京体育大学出版社正式出版发行。2002年马春喜创编陈式太极扇，随后四维扇、逍遥扇、宫廷扇、莲花扇、养生扇等也如雨后春笋般涌现出来，著名教练王二平的《24式陈式太极扇》、曾乃梁的《华武扇》等，都为太极扇注入了新的内容和形式。2009年杨丽教授首创太极扇对练套路，由单练向实战技击发展，闪展腾挪，快慢相间，充实了太极扇的内容，成为了太极扇发展的一个新亮点。

历经几年的普及推广，太极扇运动蔚然成风，晨练的人们练过拳、剑之后，总要再打一至两套太极扇。练太极扇几乎成了老百姓健身生活不可或缺的内容。2004年，北京体育大学在全国高校率先设立了太极扇选修课，该课2008年被评为学校精品课程。随着太极扇运动的发展，太极扇团队表演逐渐在省市以及国家级的体育盛会上亮相。2009年，第11届全运会在济南举办，开幕式的第二篇章"和谐风"，1800人扇术表演，悬空大屏幕上单练、对练展示，恢宏的气势，精彩的扇艺，把开幕式表演推向了高潮。与此同时，太极扇由民间迅速向武术专业队提升，由健身项目发展为竞赛项目，许多国内、国际的大型武术比赛，都列有太极扇比赛项目。运动员们美轮美奂的太极扇表演为武术比赛增添了新的光彩。

目前中国的太极扇仍处在开拓创新的时代,它有许多层面——理论的、知识的、技能的,都等待人们去开拓,促使其向更完美、更高端的境界发展。

二、太极扇的特点与性质

(一)太极扇的特点

与太极剑、太极刀、太极棍等器械相比,太极扇的特点主要表现在以下几个方面。

1.路线工整、准确清晰

太极剑讲究路线的平圆、立圆、椭圆、斜线等,作为太极扇而言则对上述要求更为严格,稍微出现偏差,就会影响动作效果和质量。例如,"怀中抱月"动作的开扇,扇要绝对水平,如果路线偏差就会影响开扇的效果。再如,"四维雄风",当反手开扇时如果出现抬肘,开扇路线偏斜,不仅会影响到发力不整,还会影响到下面合扇的速度。"抛接扇"应直线上下抛起下落,接扇就容易,反之会增加失误率,影响动作的完成。

相比太极剑、太极刀而言,太极扇动作在原有的动作工整准确的基础上,活动范围更加夸张,拓展了原有动作中规中矩的活动范围。如"金瓶倒水",两手臂向后绕臂、向上举臂再向前开扇;"凤凰旋舞"动作身体旋转360°,使整个身体动作活动范围加大;"鹞子翻身"是一个立圆翻身动作。这些动作超出了原有太极器械动作的幅度,加大了运动量,使身体更加灵活、协调,更能锻炼身体的控制力和平衡能力。

2.精神贯注、气宇轩昂

传统医学认为,精、气、神是人体生命之本。武术讲究精、气、神,太极扇演练也非常讲究精、气、神,要求精神贯注,注意力集中;每一次的开扇合扇要求眼神的紧密配合,有些动作更强烈些,如"怀中抱月""迎风掸尘""歇步开扇""霸王举鼎"等式架。太极扇的精、气、神应是多种元素的综合体现,浑厚有力的扇声声势、松膀抖腕的开合变化、舒展大方的扇势运行、鲜明的劲力节奏变化及灵动有穿透力的眼神运转,能将扇术演练得气宇轩昂、形神兼备。

3. 刚柔并济、完美统一

武术是力和美的结合体,表现在太极拳美学的特征上,它又是刚柔之美的统一。太极扇也是如此,柔是相对刚而言的,指的是松、轻、韧、顺。其含义是外显和顺而气充于内;刚相对柔而言,是指阳、沉、内之意,其含义是气形诸外而沉着静重,精神内藏而不露。循此拳理,太极扇的演练需要柔到极致显刚劲,刚到极致转柔劲。比如,"随风摆柳"接"迎风掸尘",前一动体现的是柔和缓慢、潇洒飘逸,而后一动体现的就是刚猛爆发、稳如泰山。又如"神龙返首"接"霸王举鼎",前一式体现的是柔劲,绵里藏针,而接着的"霸王举鼎"就体现了动作的刚猛霸气,紧接着身体力量迅速转换成松柔劲。由于扇器的特殊性,能更强烈地表现出刚柔劲反差。

4. 扇法丰富、变化多端

太极扇在扇器开合的前提下,去展示击、打、刺、崩、扫、截、切、穿、云、撩等扇技。合扇时以技击的"点"为主要表现形式,如架扇、劈扇、击打扇等。开扇时以技击的"面"为主要表现形式,比如金童托印,将扇面防护在胸前;云燕南飞在动作行走一圈时,扇始终护在胸前,又如开扇的扫扇、穿扇、云扇、下截扇等,技击面比较大。而剑和刀由于器械所限制,在刺剑、扎刀等动作上就不如扇进攻和防守范围那么大。

5. 开合随意、造型纷呈

在各种武术器械中,由于质地、轻重、长短、造型的不同造就了不同的演练风格。例如,剑身修长、轻灵,剑术就有轻快洒脱的风格;刀身宽短厚重,刀术就有凶猛持重的风格。太极扇所用的扇器别具一格,扇形似蝶,开合随意;合则似短棒,击之如闪电,有力劈华山之势;出之如长风出谷,有势不可挡之力;开则如蝶形,可以做出多姿多彩的进攻与防守的扇技,有时如大鹏展翅,有时又如凤凰落坡。这些多彩多姿的扇术,给人一种美不胜收的感受。如果说"刀如猛虎,剑似游龙"的话,那么"扇似凤舞"也是当之无愧的了。

6. 鼓荡扇声、魅力无穷

武术器械里,像刀、剑、枪、棍、九节鞭之类,在演练过程中会发出轻重不同的声音,观赏者可以从中产生某种感受,而太极扇的扇声更有着独特的魅力。开扇时,由于攻防意识的驱使,也由于手腕和腰身的"抖"劲,会发出突发性的浑厚而有力的声音,这种声音可以造成一种独特的气势,既可以体现自我演练的动作气势,又可以增加舞扇之威,还可以起到震慑对手之力。所以,抖扇这一技术既包括如何出手不凡、准确而有力,又包括如何使扇声厚重聩耳、清脆利落。这种扇声的效果,在群体演练里,表现得更加充分,几千人的太极扇表演,扇声产生了回响和共鸣,这种鼓荡声,有很强的震撼力、威慑力和感染力。

(二)太极扇的性质

太极扇是在太极拳的基础上融合扇术特点而形成的,因而具有拳、扇双重风格。它是武术范畴中的一种扇技,一招一式都与攻防技击有关,只是将攻防技击的动作做了虚化处理,形成了一种具有独特风格的太极器械。这种风格,在扇法上,主要体现在利用扇器的开合、旋转、翻、扫、刺、截、击、撩、切等方法击打对手。在演练上,讲求以意导扇、扇身合一、刚柔相济、内外兼修等,也与内家拳器械相合。

现代武侠小说中有些描写可以从侧面折射出扇术的这种特点。"铁扇暗含机关,临敌之时,折扇一开,瞬间从顶端射出许多细飞镖,袭人胸部要穴;更有甚者,折扇打开,十二扇骨铁尖突出,如锯齿刺向人的面部,或者全扇飞旋而出,如轮刀杀人……"这些描写虽然有些夸张,但它正说明,扇术来源于生活,来源于实战。所不同者,太极扇器改用木制或竹制,以适应广大群众健身需要,套路及各种扇技更加规范;根据现代审美要求,扇面也更加鲜艳夺目。

与戏剧、舞蹈中的扇技做比较,太极扇更能显示出它的特点。戏剧中的扇舞是用来刻画人物、塑造形象的,舞蹈中的扇技,则是用来抒发演员个人思想情怀的,与技击打斗也无缘;戏剧、舞蹈表演中的扇子只是一种道具,是附属品,唯独武术扇技,把扇器提高到主体地位,使扇子成了进攻和防身的主要兵器,所以其风格与特点自然也与其他扇艺迥别。总之,太极扇"武"起来,虽然是一种人体艺术,有很高的观赏价值,但它本质上却是姓"武"而非姓"舞"。

第二节　太极扇运动养生价值分析

太极扇运动不仅丰富了人民群众的业余生活,还增加了健康锻炼的情趣,增强了健身效果,激发了人们健康向上、积极乐观的精神风貌。概括来说,太极扇运动的养生价值主要体现在以下几个方面。

(1)有利于人体中枢神经系统的调理。练习太极扇要求做到心平气和、精神内守,处处柔缓圆活,速度均匀而有规律。太极扇的特征是手、眼、身、步、心等内外一致紧密配合,在运动中精神要高度集中,务必"心静",注意内外上下的统一,因而对中枢神经系统有良好的调理作用。同时由于太极扇动作对协调性和平衡性要求较高,缓慢进退、独立稳健、上下相随这些刺激因素对某些疾病也有良好的疗效。因此,长期坚持练习太极扇,对神经衰弱、失眠、记忆力弱以及由神经系统功能障碍造成的其他疾病均有良好的防治效果。

（2）有利于人体心血管系统的调理。太极扇运动可以使各器官组织的韧性、反应性和耐力性逐步提高。参加太极扇锻炼的人，不仅能促使其心脏纤维增粗、心壁增厚、收缩力增强、容量及每搏输出量增加，还能改善动脉壁的弹性和韧性，使冠状动脉口变粗，提高心脏的工作能力。持久锻炼，内气得以流通，周身放松，有利于毛细血管内外物质交换，促进组织对氧的利用，减少乳酸的蓄积，减轻疲劳，益于身体。

（3）有利于人体消化系统的调理。练习太极扇要求做到呼吸均匀，对胃肠等器官起着一定的按摩作用，进而增强胃肠蠕动，促进消化液的分泌和胃肠等内脏器官的血液循环，最终提高胃肠道的消化和吸收功能。因此，长期练习太极扇对消化不良、便秘、慢性胃肠炎等消化系统的疾病均有良好的防治作用。

（4）有利于人体运动系统的调理。练习太极扇的人精力、心情都明显变好，而且睡眠质量明显增高，药剂量明显减少，这对保持机体工作能力、防止肌肉萎缩、骨质变性等都有积极意义。因此，太极扇有抗老防衰之效，坚持练习太极扇可以对骨骼系统形成良性刺激，有效地减少体内骨矿物质的自然丢失，使骨密度保持稳定，并有效调节骨钙—血钙之间的动态平衡。

第三节　太极扇运动养生的基本知识与技术指导

一、太极扇运动养生的基本知识

（一）扇器规格

目前主要有两种规格，一种适合中等身材以下习练者使用，长度为33厘米；另外一种适合较高身材练习者使用，长度为40厘米。

扇柄、扇茎多用竹子做成,扇面可用绸子,红色、黄色、绿色、蓝色、白色皆可。扇柄两根,宽而厚。扇茎共十根,较薄。扇柄、扇茎轻重要适度,轻则虚浮,出扇无力;重则笨拙,运行开合不灵活。

(二)扇器结构

扇的形状分扇棒、扇叶 2 种。合扇时的形状称扇棒,用它可以做出各种防守与进攻动作;打开时的形状称扇叶,由合到开和开着的扇叶都可以做出扑朔迷离、变化莫测的技击动作。常用的结构名称如图 6-1 所示。需要特别说明的是,本章中所使用的全部图片都来源于杨丽撰写、北京体育大学出版社的《太极扇教程》(2013)。

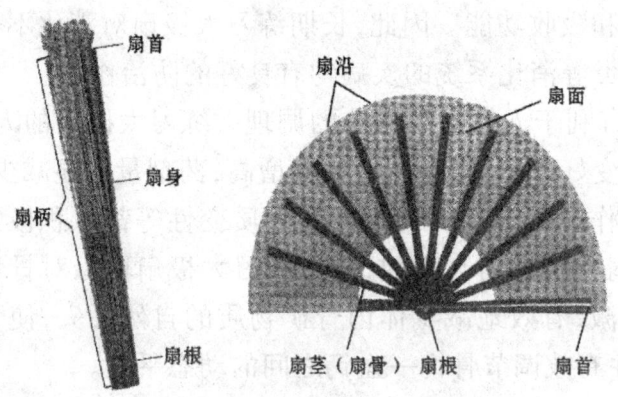

图 6-1 太极扇的结构

扇首:扇器的上端为扇首,偶尔手握的位置。

扇根:扇器的下端为扇根,手常握的位置。

扇柄:手握持的部分,古称大骨,较扇茎宽而厚。扇柄下端称扇根,扇柄上首部分称扇首,扇柄中间部分称扇身。

扇茎:古称小骨,扇柄之间的细枝,较扇柄轻而薄,有支撑扇面的作用。

扇面:即扇的叶面。

扇沿:扇面上端的弧形边沿。

二、太极扇运动养生的技术指导

（一）基本握法

1. 合扇握扇法

（1）正手握扇法：拇指和食指扣紧扇根部位，其他三指自然屈握于食指下方扇首向上。（图6-2）

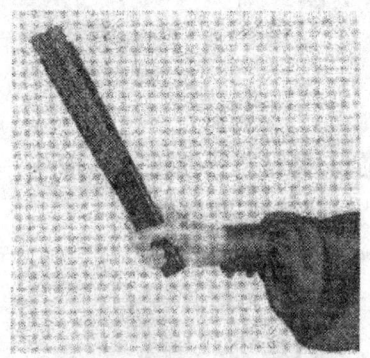

图6-2　正握扇

（2）倒握：拇指和食指扣紧扇首部位，其他三指自然屈握于食指下方，扇根朝上。（图6-3）

图6-3　倒握扇

（3）提握扇：手满把握住扇根一侧，虎口朝斜下方。（图6-4）

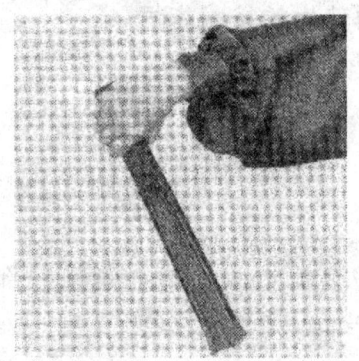

图6-4　提握扇

2. 开扇握扇法

（1）立开扇螺旋正握法：手握扇根，拇指一侧扣紧扇根，其余四指螺旋屈握扇根另一侧。（图6-5）

图6-5　立开扇螺旋正握法

（2）平开扇螺旋握法：右手握扇在体前由右向左突然抖腕开扇，力达扇沿，平开扇，将扇端平，手握扇根，拇指一侧扣紧扇根，其余四指螺旋屈握扇根另一侧。（图6-6）

（3）反平开扇螺旋握法：反平开扇，扇沿朝外，将扇摆平，手握扇根，拇指一侧朝下扣紧扇根，其余四指螺旋屈握扇根另一侧。（图6-7）

图 6-6　平开扇

图 6-7　反平开扇

（4）前开扇螺旋握法：向前开扇，扇沿朝上，手握扇根，旋握开扇同时小指一侧朝前用力，拇指一侧扣紧扇根，其余四指螺旋屈握扇根另一侧。

（5）斜下开扇螺旋握法：向斜下开扇，扇沿朝斜下方，手握扇根，开扇的同时掌背朝上，掌心朝下，拇指一侧扣紧扇根，其余四指屈握扇根另一侧。

（6）上举开扇螺旋握法：头上方开扇，手臂伸直，开扇时扇沿朝前，手握扇根，四指屈握扇根，拇指一侧扣紧扇根朝后。

（7）托扇螺旋端握法：胸前开扇，右手握扇根，呈螺旋状端握腹前，将扇抱于胸前，掌心朝上，拇指一侧扣紧扇根朝前，左手掌心托在右手掌背下方，主要用于胸前防守。

3. 换手接扇法

右手握扇,左手大拇指一侧朝前,掌心朝上,以虎口为力点接握扇。(图6-8)

图6-8 换手接扇法

4. 双手握扇法

(1)两手各握扇柄一侧,四指一侧在下,拇指一侧朝上,掌心向上。(图6-9)

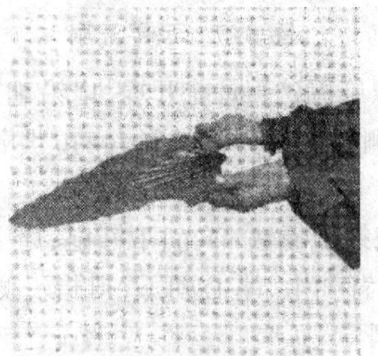

图6-9 双手握扇法

(2)两手各握扇柄一侧,四指一侧在上,拇指一侧在下,掌心向下。(图6-10)

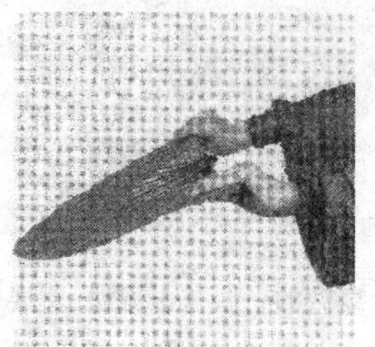

图 6-10 双手反握扇法

(二) 开扇的技击方法

开扇法是指开扇做的一些技击方法,主要包括以下几种。

1. 穿扇

右手握扇,扇沿领先朝左臂下方穿扇。

2. 刺扇

(1) 斜上刺扇:扇沿朝斜上方,手握扇根,掌心朝上,拇指一侧扣紧扇根,其余四指屈握扇根另一侧。

(2) 斜下刺扇:手握扇根朝斜下方刺扇,掌心朝上。

3. 弹击扇

在开扇时以掌背为力点,以身体为助力,将力量传递到掌背,整个开扇是向前发力,而不是朝身体方向回力。

4. 提耳扇

右手握扇屈肘,立扇,扇沿朝前,扇提到耳侧为提耳扇。

5. 内绕扇

右手握扇屈肘,以肘关节为轴,小臂内旋,在左臂的内侧缠绕扇。

6. 拨扇

右手握扇,小指一侧在上,手臂由屈到直,随身体转动时以扇沿为力点做拨扇。

7. 云扇

右手握扇经头上方划圆,翻腕旋臂。

(三)合扇的技击方法

合扇法是指合扇做的一些技击方法,主要包括以下几种。

1. 挂扇

右手握扇根,虎口朝下,扣腕,一般在身体的左右侧走立圆。

2. 撩扇

右手握扇根,小臂外旋,以小指一侧为力点,由下向上撩击,或在身体左右侧撩扇走立圆。

3. 击扇

(1)上击扇:右手握扇根,技击时以扇首为力点,一般技击部位是在对方的头部。

(2)下击扇:右手握扇根,技击时以扇首为力点,一般技击部位是在膝关节处。

(四)抛接扇法

抛扇法是指开扇或者合扇时一些带有技巧性的抛接的方法。

1. 合扇抛接

手握扇首,将扇抛起在空中调换方向,扇首朝前,落下时右手接握扇根。

2. 开扇抛接

开扇抛起将扇在空中旋转一圈,落下时由右手小指一侧在上反接握扇柄下端,然后在手中合收扇。

3. 平抛扇

左手将扇放平抛起,右手接握扇根。

第四节　太极扇运动的养生套路指导

北京体育大学的杨丽老师在教学实践中不断总结经验,编出 28 式扇术套路。这是一个初级套路,短小精悍,一去一回两个段落,结构合理,衔接流畅。此外,这一套路步法灵活,身法多变,基本扇技清晰,还吸收了少量长拳类动作元素,从而使内容更加充实,富于情趣,具有较高的审美价值。本节将对其中的主要动作进行介绍。

一、起势

(1) 两脚自然并步,身体自然直立,右手握扇根,左手自然下垂,两眼目视前方,应做到心静体松,排除杂念,注意力集中。

(2) 右脚支撑,左脚自然提起,向左开步,两臂动作不变,目视前方。

(3) 左脚落实,两脚与肩同宽,身体自然直立,目视前方。

(4) 身体姿势不变,两臂自然提起,与肩同高,与肩同宽;右手握扇扇首朝前,左手成伏掌,目视前方。两臂抬起时要沉肩,两手向前送出,力达掌背。

(5) 松膝,两腿自然屈蹲,同时两掌以掌心为力点,下按于腹前,目视前方。身体下落时,要圆裆坐胯,沉肩坠肘,气沉丹田。

二、青龙出水

(1) 身体姿势不变,两臂自然上提,与肩高,与肩宽,目视前方,两臂上提时体现掤的方法。

(2) 身体右转,重心在左腿,同时两臂自然旋臂向右捋,目视前方。

（3）身体继续右转 45°，重心不变；同时两掌自左向右经体前平捋至斜下按掌，目随手行。转身时松腰松胯，捋是太极拳的主要方法之一。

（4）左脚向右斜前方 45° 落步，脚前掌着地，右腿支撑成左虚步；同时左手经腹前后移于斜后方成横掌，与肩高，掌心朝外，右手握扇由下向体前立开扇，高与肩平，目视扇的前方。做虚步时上下不要起伏，开扇时要快猛。

三、仙人指路

（1）半马步。重心后移左腿成半马步；同时右手扇略向上抬，目视前方。注意松腰、松胯、松肩、沉肘。

（2）转身平捋。右脚外展，左脚跟提起，身体右转 45°；同时右手扇内旋平摆胸前，左掌打开在左胯上方，目视前方。注意体现旋转动态。

（3）并步转身平捋。身体右转 180°，左脚收并在右脚内侧；同时右手扇摆于胸前，左掌摆在左侧，掌心朝外，小指一侧向上，目视左手方向。注意转身时以右脚为轴。

（4）转身旋转平扫。以右脚为轴两脚自然碾步，身体向右后转身 180°；同时右手扇内旋臂平扫划弧至右胯外侧，左臂平摆掌位于前方，目随扇行。身体旋转时重心略下移，旋转时松腰，脚、身体、头部、手臂都要主动配合完整一致。

（5）右弓步刺扇。右脚向右斜前方 30° 上步成右弓步，右手扇经过腰间直线向前平刺，力达扇首，左臂合在右臂内侧，目视扇的前方。右脚迈步时，要轻灵柔和缓慢，虚实分明。

四、铁牛耕田

（1）左转身接扇。身体立起，左转 180°；左腿收半步，右脚尖向内扣转，同时右手扇朝左平扫，成立扇位于身体右侧，左手掌心朝上，放在扇柄下方接扇，目视扇的方向。

（2）转身弓步下刺扇。重心下移，身体继续左转180°，左脚向左斜前方迈步成左弓步，同时两手握扇柄向斜下方刺扇，高于膝上方，目视扇的方向。

（3）提步举扇。重心前移，左腿支撑，右腿自然提起；同时两手将扇上举在脸前，目视扇的方向。重心上提不宜过高。

（4）向下翻扇。身体姿势不变；同时两手将扇朝身体一侧以扇沿为力点翻绕，变成掌心朝下，扇沿位于斜下方，目视扇的方向。

（5）右弓步刺扇。右腿朝斜前方45°上步成右弓步；同时两手握扇以扇沿为力点向右斜下方刺扇，目视扇的方向。

五、云燕觅食

（1）转身平扫扇。左腿跟半步，身体左转180°，右手扇平扫，左臂随摆，掌心朝外，目视扇的方向。

（2）虚步提扇。身体继续左转180°，转向正前方，右脚尖内扣，左脚跟着地；同时右手扇平扫至前方时向耳侧提扇，左掌位于右肩内侧，目视斜下方。

（3）虚步架掌。重心在右腿，左脚外展45°；同时左手向上划弧架于头上方，右手扇落于腰间，手心朝上，目视斜下方。

（4）虚步刺扇。重心下落，左腿支撑，右脚上步成右虚步；同时右手扇从腰间向右腿斜下方刺扇，力达扇沿，左臂架于头上方，目视扇的方向。

六、春色满园

（1）弓步前摆扇。重心移到左腿成左弓步；同时右手扇由上向脸前落摆，扇端平，左臂合于右臂内侧，目视扇的方向。

（2）提步合扇。身体左斜前方45°，左腿支撑，右腿自然提起；同时左手由内朝前合扇，目视前方，合扇时要慢。

（3）提步绕扇。身体姿势不变，左手向下打扇首，右手由后向前打扇根，扇在胸前绕一立圆，目视前方，绕扇的时候要加快速度。

（4）落步按掌。右脚落步，重心下移成马步；同时两臂下落分掌在两胯侧，目视右下方。

（5）提腿展臂。重心移在右腿，左腿自然提起；同时两臂自下而上打开，两掌心朝上，高与肩平，目视右扇前方。

（6）盖步开扇。重心下落，左脚向右腿前方落步成盖插步；同时两臂向上划弧再向下经过胸前，分臂时，右手在右斜下方迅速开扇，扇沿朝下，左臂位于斜后方，掌心朝外，小指一侧向上，目视扇的方向。

（7）抛扇。下肢动作不变，右手以扇柄为力点，将扇器向上抛起，左手动作下落，目视扇的方向。抛扇时尽量向上抛起，速度放慢。

（8）接扇。右手小指一侧在上接握扇柄下方，小臂旋臂将扇合在手中，虎口朝上，目视扇的方向。

七、收势

（1）盖步抛接扇。身体姿势不变，右手扇由下向上抛起，扇首和扇根在空中交换位置，将扇首一侧落到手心，目视扇的方向。

（2）上步托掌。右腿向身体右侧上步，两臂侧平举，掌心朝上，目视扇的方向。

（3）马步上托掌。右脚尖转向前，两脚开立成马步；同时两臂向上托掌，目视上方。

（4）蹲步按掌。重心移至右腿，左脚朝右脚内侧成半蹲步；同时两臂由上向下按在胸前，两掌心朝下，目视下方。

（5）并步按掌。身体直立，两掌下落于腹前，掌心朝下，目视前方。

（6）并步直立。身体姿势不变，两臂继续下移落于两胯侧，目视前方。

第七章 太极柔力球运动养生理论与科学方法研究

被视为球类中的"东方奇葩"的太极柔力球,是一项新兴的民族体育项目。民族的也是世界的,太极柔力球以完全不同于西方现代球类运动的特性吸引了众多国人参与,目前正风靡全球,迅速传播到了世界各地。太极柔力球的迎引抛、绕翻转、切线入、切线出的各种动作,集中了武术、羽毛球、网球等运动的精粹,把传统的太极拳的拳理、拳技与现代网球、羽毛球、武术等运动的技术相结合,以"先引后发、引进合出、以柔克刚、借力打力"为基本运动思想,具有深厚的文化内涵和哲理。本章将对太极柔力球运动的养生理论及科学方法进行分析和探讨。

第一节 太极柔力球运动概述

一、太极柔力球运动的内涵

太极柔力球是太极化的新兴球类体育项目,在运动理念和运动形式上无不体现太极思想和太极运动的内涵,所以"太极"是这项运动的根本和生命,太极运动"以柔克刚、以退为进、顺敌之势、化敌之力、引进合出、借力打力"的核心思想和完整连贯、圆润柔和、自然流畅、连绵不断的动作特点,恰恰在太极柔力球运动中充分体现出来。现有的持拍类体育项目如羽毛球、网球、乒乓球等,都是利用身体力量带动球拍,与来球的方向相对运动,并在瞬间将球直接击打出去，其运动轨迹是直线，技术特点是直接、快速、有力、较为粗放，在心理上体现的是一种宣泄和释放。而太极柔力球是球拍在身体的带动下，与来球方向相向运动，运动轨迹是弧线。通过弧形引化，将来球之力和身体旋转之力结合，形成一个更大的浑圆完整之力，将球高质量、巧妙精确地送出，在太极运动中称为"借力打力、后发制人"，它的技术特色是柔缓含蓄、顺遂婉转、刚柔相济、细腻圆润。

太极柔力球在心理上提倡内敛，主张动静和收放的平衡。作为持拍类运动项目，共同之处都是以身体带动球拍改变球的运动轨迹，只是采用的方法、手段不同。因为太极柔力球球拍控制球有一个较长时间的过程，在这个过程中，可以有目的地在划弧的不同阶段选择向不同方向和角度出球，真假虚实，声东击西，使对方难以判断，划弧的时间也给了运动员充分发挥技巧、运用智慧、创造美的空间。东方民族的含蓄、婉转、灵巧、细腻的民族特点在这项运动中得到充分的体现。

太极柔力球运动是应时代而生的球类体育项目，在竞技类比赛中，它保留着太极思想和太极运动具有的神韵，同时又融入了如羽毛球、网球、乒乓球等体育项目的竞赛形式，使太极柔力球比赛优雅美观、紧张激烈、赏心悦目、精彩纷呈，更加突出了体育运动的竞技性、观赏性和趣味性。同时，它还能进行表演赛，在表演比赛中，将本民族传统的武术、舞蹈、杂技与现代的艺术体操、花样滑冰、现代舞等项目有机结合，兼容并蓄，取其所长，使表演和比赛动作圆润柔和、连绵不断，形成了一种独具太极特色的人球和谐、神形共舞的艺术表演和比赛形式。

二、太极柔力球运动的引化过程三要素

如前所述，太极柔力球运动的引化过程（图7-1）主要包含三个方面，即"迎""引""抛"。

第七章 太极柔力球运动养生理论与科学方法研究

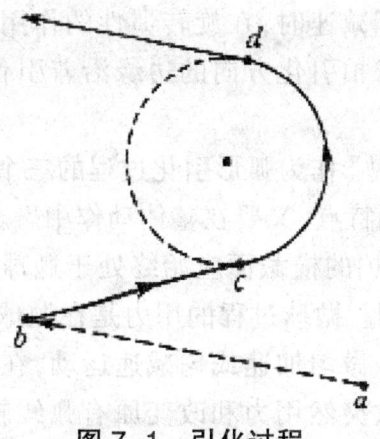

图 7-1 引化过程

（资料来源：李恩荆、曹东平、王大平，2007）

（一）"迎"

当球飞来时手持球拍，对着来球的方向主动伸拍迎球。点 a 到点 b 之间的连线为迎球过程，球拍与来球相对运动，这样就获得了充分的缓冲距离和入球时间，也为引球过程做好了准备。

（二）"引"

在球快入球拍时，球拍顺球的运动方向和轨迹相向运动。点 b 到点 c 之间的连线为引球过程，当球拍与来球的速度接近时，使球从球拍的边框处柔和地切入球拍，并在"引"的过程中，通过流畅的弧线运动，尽可能多地将来球的力量引入抛球圆弧，使抛球过程获得更多的初速度，为抛球过程的开始奠定良好的基础。

（三）"抛"

抛球过程是身体带动持拍臂和球拍进行一个同半径、同转轴、同平面的匀变速圆弧运动。c 点到 d 点之间的连线为抛球过程，它将身体的运动力与"引"球过程导入的来球之力合为一体，并将这个力在抛球过程的最初阶段作用于球拍和球，使它们沿抛球圆弧旋转。在离心力和向心力的作用下，球与球拍合为一体。

当球拍挥旋停止和减速时,在旋转惯性的作用下(物理上称为惯性离心力),球从球拍引化方向的边缘沿着引化圆弧的切线方向飞出。

"迎""引""抛"作为弧形引化过程的三个阶段,既要准确反映各个环节的不同特点,又要在整体动作中融会贯通,浑然一体。在抛球过程中,球拍的横截面应始终处于抛球圆弧的切线上,球保持在球拍的内侧。抛球过程的用力是在抛球的初始阶段,球拍与球在抛球弧线中做匀加速或匀减速运动,在抛球过程开始后,不得再出现第二次突然用力和改变原有弧线轨迹的情况。在球出球拍的瞬间,出球点的拍框外缘应与出球方向保持一致。

第二节　太极柔力球运动养生价值与注意事项

一、太极柔力球运动的养生价值

太极柔力球运动是将中国和谐、自然的养生之道与西方优雅、竞争的体育观相结合,取长补短、有机结合、精心设计的全新运动形式,它刚柔并重、缓急有致、形神兼备,有显著的健身效果。古人曰:精神不运则愚,气血不运则病。个人锻炼一定要找到能够让自己身心得到愉悦和享受的运动,能让自己陶醉、快乐的运动才会对自己的身心健康产生良好的作用,才能既修身又养性。据资料统计,在各种职业中平均生存年龄最高的是指挥家,正是因为他的职业要求他将自我融入优美的音乐之中,无拘无束,尽情地舞动身躯宣泄自己的情感,使精神和身体得到双重的修炼,所以才能健康长寿。太极柔力球最大的特点就是自然,给人以舒畅顺达之美,既悦人又悦己。演练时自由自在,随心所欲,完全是即兴的发挥和创造,踏着音乐的节拍,领悟着音乐的意境和情感,尽情地徜徉在音乐的海洋之中,享受音乐、享受运动带来的快乐。如果我们每个人都成为自己生命乐章的"指挥家",一定能健康快乐到永远。

太极柔力球运动是一种全身性的运动,它可以使颈、肩、腰、腿得到均衡全面的发展。在体育运动中往往双手得不到均衡锻炼,特别是左手得不到应有的活动,而太极柔力球则可以双手持拍打球。大家都知道指挥左手活动的是人体的右脑,医学研究表明右脑在处理节奏、旋律、音乐、图像、幻想等创造性思维方面起主要作用,太极柔力球的双手并用再加上圆形动作的变化比较复杂,随机多样,对训练中枢神经系统机能具有良好的作用。青少年是祖国的未来,他们的身体和智力健康发展是社会的宝贵财富,他们正处于生长发育阶段,身体各组织器官系统都未发育成熟,在形态结构、心理和生理机能上都尚未定型,有很强的可塑性,如果能运用太极柔力球科学有效的锻炼,对增强智力、强壮体魄有着重要的意义。

最新资料表明:决定少年儿童未来成功的因素中,智商只占20%,而80%决定于情商。所谓情商,就是心理承受能力和心理调节能力。大脑是人体的司令部,人体的一切活动都是在神经系统的指挥下进行的,经常锻炼可使大脑皮层的兴奋性增强、抑制加深,兴奋与抑制更加灵活协调,对来自身体内外的刺激反应更加迅速、准确,提高对外界的适应能力和思维想象能力。太极柔力球灵活多样的技术动作、全身参与的整体运动形式,使青少年的身心得到了全面均衡的发展。任意想象、自由发挥、随机创造的运动特点,以退为进、以静制动的反意识活动,大大促进了青少年的多向思维、反向思维和创造性意识的发展,不仅锻炼了身体,也开发了智力,还提高了学习能力。

当今科技飞速发展,要求人的接受能力、反应速度、思维过程也要随之不断提高;生活节奏不断加快,学习竞争和生存日趋激烈,这样就带来了精神和心理上的高度紧张,巨大的升学压力和就业压力,使得在校的大中小学生普遍感到精神压抑,心理负担过重,主要表现为情绪烦躁、容易激动、没有耐心、性格孤僻、自私、不善于与人交流等心理障碍。太极柔力球这项运动处处圆灵舒展、平和自然，时刻追求一种人与人、人与球、人与自然的和谐，当球飞来时就像一个个困难和考验的来临，并不是简单的对立或逃避，而是要认识矛盾、化解矛盾，变被动为主动。通过每一个接球过程，千百次的退忍、避让，巧妙婉转地获取成功。这样在运动中就慢慢地培养了青少年含蓄包容的性格，积极向上、永不言败的精神，不畏艰险的意志品质和谦虚好学、与人为善的处事之道，使青少年更快地成熟、理智起来，让学校和社会充满更多的欢声笑语，而不是打架、自杀、吸毒等不和谐的声音。

在人的一生中，大部分时间都是在向前走、向上行，更多地注重正面，却忽视了反面作用，忽视了退后效应，忽视了整体的平衡。太极柔力球就是典型的反向运动，而且每一个动作都是以退为进，以守为攻，后发制人。进行这样的反向运动和逆向思维，对现代人来说能够得到很好的身心放松和休息，让人们体会到需劳逸结合、张弛有度，合理的后退会获得更好的工作效率，同时也是保持身体结构平衡和心理平衡的重要方式。

人体活动受到中枢神经系统的控制，所以兴奋和抑制的互动各种内分泌腺体的分泌活动都处于平衡状态，这种平衡一旦被破坏就会产生疾病，这也正是中国传统医学认为的：人体阴阳的任何一方只要出现不平衡——"偏盛""偏衰"，均会导致人体生理功能紊乱而引发疾病。由于太极柔力球是一种轻灵柔和的运动，练习时尽管肢体在运动，却又高度放松，放松的肌肉在肢体的带动下更像是在按摩，这样使周身气血流通，舒筋活络，畅其积郁，人体的五脏六腑、全身各关节和肌肉得到了整体的协调和锻炼，从而使人体的阴阳获得了平衡。我们在练习时拍内随时要控制一个小球，所以意识集中在控球上，运动器官活跃兴奋，摆脱了病态心理，使大脑皮层的部分区域都处于保护性的抑制状态，因此得到积极的休息和调整，腺体的分泌也慢慢恢复正常，使不平衡的部分逐渐内部调整至平衡，从而使人体得到新的生理平衡，这也是许多慢性疾病在忘我愉悦的运动中，不知不觉减轻病痛，甚至彻底治愈的主要原因。现代医学证明，积极的情绪能调动人体的内在潜力,有利于激发人体各器官功能的自我调节和控制能力。

　　进行太极柔力球运动时,要求全身自然放松,整体用力,不去突出地使用局部肌肉发力,所以运动起来对身体的肌肉和关节有着柔和而有效的锻炼意义。人体中除了水分,80%是肌肉,在血液循环过程中,有90%的工作是由肌肉辅助完成的。人体中循环系统的功能是通过心脏和血管持续不断地灌注于全身各器官组织以保证它们的氧气和营养物质的供应,以及排除其新陈代谢过程中产生的废物以维持身体正常的功能,它是我们身体中工作量最大、最艰巨,当然也是最容易出问题的系统。据最新公布调查结果,我国民众男性40岁、女性35岁以后就开始出现不同程度的动脉血管硬化或高血压,而肺活量开始降低,循环系统开始退化。尤其是高血压、冠心病、脑血栓、糖尿病、脂肪肝等过去的老年疾病逐渐向低龄化发展,这些疾患总的致病机理是运动少、营养过剩、脂肪积存过量,代谢失衡,心脏、血管、肾脏、肝脏长期高负荷运转。由于身体运动减少,肌肉萎缩,肌肉不能帮助心肺完成重要的循环工作,再加上脂肪大量蓄积在心脏和血管内外,使得人体的循环系统不堪重负。经常参加太极柔力球运动的人一定体会得到,在运动时出汗很快、很顺畅,长时间运动不会感到疲劳,并且运动后身体恢复很快。因为太极柔力球几乎所有的动作都是在转圈、划弧、旋转中完成的,圆形运动产生的离心力加快了血液的流动和排汗过程,这与洗衣机的工作原理是一样的。很多人将去打太极柔力球称为去"桑拿浴",一天不打浑身难受,这是因为身体在进行全身参与和放松柔和的运动时,肌肉内开放的微血管的数量增加了许多倍,并且血管沟通的横截面扩大了,感觉好像身体中的血管扩大和通畅了,使人感到轻松舒适,这些现象的产生,就是由于开放的微细血管数目增加。微细血管的开放、畅通,大大改善了人体各器官系统的微循环能力,增强了各器官系统的自我保护、自我修复功能和工作效能。通过太极柔力球的练习,能够使血压降低到正常值,防止血管硬化和栓塞等疾病的产生。人体在运动时出汗是血液循环和代谢加快的良性产物,良好的新陈代谢使体内的废物得到及时清除,多余的能量被充分消耗,使得人体保持了健康的生理平衡。通过锻炼感到神清气爽,大大增强了身体的免疫力和总体健康水平。

由于太极柔力球运动是一项全身参与的有氧运动,动作轻松自然、柔和缓慢、趣味性强、不易疲劳,长时间持续运动出汗而不气喘,因此从青少年到耄耋老人都可练太极柔力球,特别是从事知识性劳动的现代人,认真参加太极柔力球运动,对启迪人们认识生命、认识人生,皆不无裨益。

中国古代思想家认为:"天地之大,一诚所为。"太极柔力球的练习过程要求在松静自然中完成。以"自得"的精神去练习,最终可以达到一种真诚的、理想的虚静境界,求得人本身、人与人、人与自然的和谐发展。

二、太极柔力球运动的注意事项

(一)对心理的要求

中国人对生命的认识有自己独到的见解,讲究生命的整体和谐观,注重人与环境、人与自然、人与社会以及人自身内外的整体和谐观念。因为人的健康也是一种整体和谐、松静柔和的循环,如行云流水的太极运动,正符合人的健康机理。由"天人合一"而展开形成的人们对生命和健康的主旨,首先是形神统一,在形和神的统一过程中追求一个最佳的平衡点,只要拥有这种平衡,人的生命便可以保证它原有的天年,所以追求"形神合一"的太极柔力球自然能够起到延年益寿的作用。人在进行太极柔力球运动锻炼中要保持自身内外的统一、形神的统一,主要体现为上下相合、周身一致、内外合一、形神兼备等具体的整体和谐观的要求。由太极思想演变出的太极柔力球运动不外乎是内与外的锻炼。所谓内是指意念、意识。意识和意念的锻炼准则,是保持一种心平气和的心态,也就是平常心。从外形动作上讲,太极柔力球运动的动作讲究上下协调、内外合一,要求用意不用力。整个动作缓慢柔和,非常和谐。这种和谐运动是太极运动的重要之处,也是太极柔力球运动健体强身的关键。

(二)对动作的要求

学习太极柔力球应该循序渐进,从最基本的手形、步法开始,过渡到学习最基本的动作,然后再学习套路、竞技。要通过学习太极柔力球动作的外形,逐渐提高对太极柔力球内涵的认识体会,在不断的学习过程中,逐渐加深对太极柔力球的理解。学习太极柔力球,切不可急功近利,要循序渐进,遵循柔中愈刚、刚中愈柔、刚柔相济的特点。在刚柔相济的运动中,达到心平气和,在大脑安静、思想意念高度集中的状态下来完成每一个动作,从迎球到抛球,是一个匀速的过程,不能忽快忽慢、时断时续。动作时也要均匀,身体不能忽高忽低,步子不能时大时小,进退、伸屈、变转都要匀速。在人们的思维定式中,体育项目更多的是以力量和速度取胜,但要学好太极柔力球,动作就一定要柔软,使僵硬劲化作柔软劲,并养成这种柔软的习惯。要求在动作中尽力求柔,在不用蛮力的原则下慢慢地做各种技术动作,不用力容易使人发现动作中的缺点,并在慢柔中改正存在的问题,促使形成正确的动力定型。总之,一定要注意动作的圆柔性和完整性,每一个动作都要完整连贯,一气呵成。

(三)对本质的学习

太极柔力球运动的本质是各种不同方向的圆或弧的运动,出球的好坏取决于球能否在球拍上粘贴不动,且球拍能否在身体的带动下进行圆周运动进而划出一个有速度的规矩完整的圆。有了速度自然就有了力量,但是我们在平时的训练中往往忽视了这两个问题,舍本逐末,总想着在运动过程中突然压肘、抖腕,加速加力,以获得好的进攻力量,但这恰恰破坏了这个圆的完整,破坏了圆周运动整体的美观和协调,当然也破坏了整体力量的蓄积过程,使动作僵硬,并造成二次加力犯规。所以,不论在竞技比赛的入球到出球阶段,还是在各种套路演练中,都要带球拉出力量,时刻从手上感觉出球对拍体的压力,恰到好处地将球拍置于最佳的包球位置,使球拍和球贴得更紧,更不易出现失误掉球,这样才能形成力不断、圆不缺,球和拍沾连粘连,动作环环相扣、势势相连、绵绵不断的太极柔力球特色。

（四）强调身体中正

太极柔力球运动强调动作的平衡和身体的中正,每一个技术动作都有一个相对的轴和中心,如果过刚过柔、过强过弱、过远过近、过高过低或用力过大过小,都会造成旋转偏离主轴,失去平衡,不能高质量地完成动作。这就需要在平时的训练中加强辅助训练,使每一个方向和不同步法及腾空都能有一个平稳的轴,以便高质量地完成每一个动作。所以,在训练中,找准动作的中心和支撑点,找准动作的旋转轴,是提高动作质量的关键。练习太极拳时要求立身中正,不偏不倚,并以立身中正为第一要义,而且身法端正,才能不受制于人。练习太极柔力球也是如此,移动靠步伐滑动,保持身体中正,也就保持了平衡,有了平衡就可以顺利地旋转,随意自如地变化动作,打出巧妙和有力度的球。因为太极柔力球的力起于双腿,由腰主宰而发出上下一体的合力,所以要求周身协调,一动全身皆动。如果我们接球时不积极移动脚步,身体左歪右斜、前俯后仰,就会使动作上下脱节,无法使全身的力量集中,无法完成太极柔力球特有的技术要求,对正确的掌握动作形成了障碍,在比赛场上就会变得很被动。因此在训练时一定要养成良好的习惯,加强步伐的移动速度,切忌各种弯腰、探身的动作;身体重心要平稳,上体要保持正直,周身之力上下要相随、连绵不断。

（五）用力方法和时机

太极柔力球运动看起来绵软柔和、不紧不慢，却同样能打出势大力沉的进攻球，柔则微波不兴，刚则雷霆万钧，柔中愈刚、刚中愈柔、刚柔相济，这是太极类运动的攻略要诀。但由于初学者对太极柔力球的用力方法缺乏正确的认识，往往一发力就破坏了动作的连贯性，出现技术违例，这就要求我们对如何发力有一个正确的概念。首先要明确的是太极柔力球是以柔为主体，以柔化力，以柔克刚，它的力量是均匀、连贯、完整的浑圆之力，那种我们习惯的间接式和停顿后再爆发式的用力都是违反规则的。太极柔力球的力度和抛球方向是在入球的瞬间决定的，太极柔力球规则中规定，球在球拍中必须在一个弧形曲线中完成出球。规则中还规定球的运动要完整连贯，不得出现间断和二次加力，这也说明不能让球在球拍运行过程中突然加力，而只能是一个完整连贯的匀加力或匀减力。所以，力要用在抛球圆弧的开始部分，要想使出球速度快，就要加快身体的旋转速度，这就要求我们在入球以前做好充分准备，根据来球方向使身体反旋，拧起劲力使身体的对抗肌尽量放松，主动肌最大限度地增加初长度，加大身体的弹性势能。球入球拍后获得好的旋转初速度，在具备了速度以后，做功距离越长就会产生越大的力量。要想使做功距离加长，就要加大身体幅度，在固定圆心、保持身体平衡的前提下，最大限度地增长转动半径，有效地增加做功距离，使整个动作舒展大方，美观自然，同时使动作的变化空间和进攻角度也大大扩展。在动作距离和速度具备以后，身体的做功效能增大，球也随之获得强大的出球惯性。除了发掘自身潜力外，还要学会借对方的来球之力，太极拳中叫借力打力，通过圆的旋转化解对方来球之力。通过圆引导这个力与自身的力会合相加，形成一个更大的力反击对方，动作看似柔缓但力量惊人，这就是太极柔力球也是其他太极运动用力发劲的精妙之处。这些都需要在训练中细心体会，掌握蓄力和发力的时机和方法，打出太极柔力球特有的韵律和风格。

第三节　太极柔力球运动养生技术指导

一、初级技术

（一）握拍技术

握拍技术是最基础和最简单的基本技术,也是最容易被忽略的基本技术,正确的握拍法,对于准确、全面、迅速地掌握基本技术意义重大。正确的持拍,有助于练习者随心所欲地把球打到对方场区的任何落点上;但如果握拍的方法错误,往往会影响对球的控制能力,会严重制约技术和战术的发挥,降低回球的效果和准确性,且容易产生错误的技术动作。因此,握拍技术必须引起初学者注意。

握拍法有正握和反握两种(基本技术介绍均以右手握拍为例)。

1. 正手握拍法

正手握拍之前,先用左手拿住球拍,使球拍竖直,与地面垂直。再张开右手,用拇指和食指第一指节的指腹部位,相对捏住拍把与拍面平行的两个宽面处,大拇指贴靠在拍柄上,并与其成一直线,其余手指自然弯曲依次扣握,拍把的尾部靠在手掌的小鱼际处,掌心要空出,以便球拍在手中运转自如。握拍的时候,不要过于用力,手、臂部肌肉要放松。此握拍法,较多用于右侧位及旋转时接抛球,便于初学者掌握,如图 7-2 所示。

2. 反手握拍法

反手握拍时,拇指和食指第一指节的指腹部位,相对捏握在拍把与拍面垂直的两个窄面处。中指、无名指、小指依次扣握,要求食指离三个指头稍稍分开,掌心空出,使球拍能灵活方便地应对各种复杂技术动作的要求。此握拍法,较多用于左侧位接抛球,以及套路练习中,如图7-3所示。

图 7-2　正手握拍法

(资料来源:李恩荆、曹东平、王大平,2007)

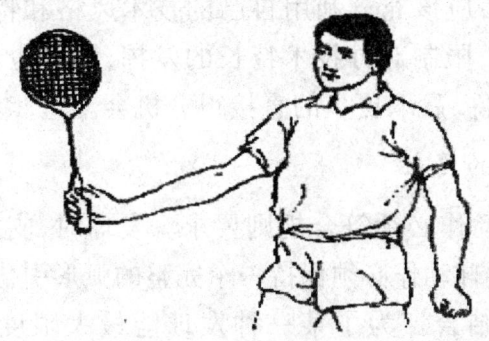

图 7-3　反手握拍法

(资料来源:李恩荆、曹东平、王大平,2007)

(二)基本站位技术

1. 正手基本站位

正手基本站位是指运动员正手握拍,接抛身体右侧来球的站位方法。要求面向对方,左脚在前,右脚在后,两脚自然开立,略宽于肩,两膝弯曲略内扣,重心在两脚之间,脚跟略微提起,以脚前掌着地,髋关节放松,含胸收腹,上体略向前,平视前方,右手持拍,自然置于身体右前上方或右侧头上方。

2. 反手基本站位

反手基本站位是指运动员反手握拍,接抛身体左侧来球的方法。要求面向对方,右脚在前,左脚在后,两脚自然开立,略宽于肩,两膝弯曲略内扣,重心在两脚之间,含胸收腹,注视前方,右手持拍,自然置于体前左上方或左侧头上方。

(三)发球技术

发球是一场比赛中每一分的开始,它是太极柔力球比赛中唯一不受对方制约和限制的技术,可以最大限度地施展自己的战术意图,因此具有极大的自主性。

在发球时,应该充分利用自己的技术风格和特长,破坏对方的站位或战术,限制对方技术特长的发挥,同时也尽可能地为发球抢攻创造条件,赢取更多的直接得分机会。

1. 对发球的要求

(1)发球动作必须符合规则要求。发球时,支撑脚不得移位和脱离地面,发球动作必须保持一个完整的弧形引化过程。

(2)真假结合。为了某一种发球能最大限度地发挥作用,可以用虚假的动作做配合。如发网前球可以用发高远球的动作完成。

(3)速度和落点相结合。在发球追求速度的同时,一定要考虑落点的巧妙和准确,做到既有突发性,又有精准的落点。

发出的球以其在空中的滑行分为高远球、高压球、平快球和网前球四种。

2. 发球方法

(1)发高远球。发出的球,运行轨迹高而远,落点在对方场区底线附近的球,叫高远球。发球时双脚前后站立,左手拿球,右手持拍,左手将球由身体的前方向后上方抛出,使球在空中有明显的飞行轨迹,在抛球的同时右手持拍向前迎球;球入拍后,做完整的弧形引化动作,利用腿和腰的蹬转合力,重心由后向前移动,右脚蹬伸后可以顺势前移,并运用手臂继续挥摆的力量,将球向前上方抛出,上体也同时向左拧转,使球沿着球拍边框飞出。

(2)发高压球。发球时两脚前后站立,重心靠前;抛球后,持拍顺势后引,重心下沉并后移,同时单脚支撑,利用身体正旋转或反旋转,引化至球拍最高点时,发出的旋转加力球,叫高压球。此类球速度快,攻击性强,具有极强的杀伤力。球的落点往往是后场两侧或对方所站位置。

(3)发平快球。弧形较低,速度较快,具有一定攻击力的发球。此类发球与发高远球动作相似,但出球时的挥摆动作要以向前用力为主,发出的平快球,从接近网口的高度直奔对方后场。发球时用力一定要完整连贯,不能用肘或手腕在发球的后程突然加速加力。

(4)发网前球。面对球网,两脚前后站立,自然分开,重心在两脚之间,发球时,手臂用力柔和准确,重心的起伏和前后移动较小,发出的球,最好贴近球网而过,使球在过网之后,立即坠落。球的落点应在对方比赛场地允许落球的近网处和边角处。

(四)接发球技术

接发球是比赛中攻守转化的开始,是一项在被动中求主动的技术。它不仅要求身体的灵活性、动作的规范性、判断的准确性,而且必须贯彻积极主动的指导思想。

运用合理的接发球可以破坏对方的发球抢攻,限制对方特长技术的发挥,为自己寻找反击创造条件。接发球技术不好,不仅会直接失分,或给对方以更多的抢攻机会,造成自己战术上的被动,还会因此引起心理上的恐惧。

1. 对接发球的要求

(1)提高对各种发球的预判能力,是接好发球的基础。接发球本身是一个被动的过程,可是接好发球却又可以使被动变主动。

（2）树立积极主动的接发球意识，克服单纯求稳的思想。竞技比赛贵在求变，变速度、变角度、变动作等，打乱对方战术，以我为主，创造得分机会。

2. 接发球方法

（1）接高远球。利用正手基本站位或反手基本站位的姿势，眼睛注意观察对方发球的动作，当发出高远球时，应积极主动地利用后撤步向后场底线退步，同时手臂主动伸拍迎球，以腰为中心向有球方转体，重心下沉并后移到后侧支撑腿，球上拍后应顺势化弧，利用腿的蹬伸和腰的转体力量将球向指定位置抛出。

（2）接高压球。此类来球利用旋转从高点发出，势大力沉，因此应适当站在靠近后场处迎球，要求接球时屈膝，并尽量降低重心，上体保持一定程度的前倾，球拍放在腰腹部前侧，根据不同的来球高度，用提前平弧、身后、正翻身、反翻身等动作接抛。

（3）接平快球。此类来球一般沿着球网高度飞来，攻击性很强，因此应注意接球时脚步的快速移动，特别是追身球时，更要先主动侧身动脚，再伸拍迎球，给持拍臂一个自由活动的空间。根据不同的来球方向，可以用水平转体，正、反手接抛高球等动作接球。

（4）接网前球。网前球因为发球动作小，具有一定的隐蔽性和误导性，因此要求接球时尽可能利用垫步加弓箭步的脚步动作上前，充分利用腿部后蹬力量，重心前移，上体积极下压，上步的同时再伸拍迎球，在保证动作正确性的前提下合理完成接抛球动作。

二、基本技术

（一）正手接抛球技术

正手接抛球是使用最多的基本技术，也是一项较难掌握的动作。它要求在整个迎、引、抛过程中，身体重心平稳，持拍臂舒展，所划圆弧饱满连续。

1. 正手接抛高球

正手接抛高球主要在接对方高远球时使用。其特点是动作幅度大，速度不快，攻击性不强，有一定的隐蔽性。其动作要领包括如下两点。

（1）接抛球时，根据来球的方向、速度及时调整站位，将接球点置于身体右侧前上方，持拍臂以肩为轴，向右前方主动伸出迎球，身体重心落在左腿上，当球触及球拍后，持拍臂迅速顺势向后经右后上方、右后方向右后下方做弧形引化，重心也相应做出变化，从身体的右前下方将球抛出。

（2）在球入球拍时应从球拍的侧框切入，并从入球点对面的侧框出拍，在球出球拍的瞬间，出球点的球拍侧框应与出球方向保持一致，不要让拍头对向出球方向，注意身体重心要稳，双腿主动蹬伸发力，腰要拧转。

2. 正手接抛低球

正手接抛低球是变化较多的动作之一。如果动作幅度大且慢，就是一个防攻球的动作；动作快且加力，就是一个正手进攻动作，并且其攻击点准确。因此，此动作可根据需要灵活变化，具有很强的可变性。其动作要领包含如下两点。

（1）正手接抛低球是指接球队员以正手握拍，接抛身体右侧前下方来球的方法。接球队员正手握拍，接抛球时，根据来球的方向、速度及时调整站位，将接球点置于身体右侧前下方，持拍臂以肩为轴，向右前下方伸出迎球，此时拍面应向外略偏。

（2）当球触及球拍后，迅速顺势向右侧后约45°方向做弧形引化，经右前上方将球抛出。在弧形引化过程中动作要连贯，入球时全身协调拉上力量，双腿要主动蹬伸发力，腰要拧转，特别是在加速加力时，更要腰腿发力。在球出球拍的瞬间，球拍的侧框应正对出球方向。

（二）反手接抛球技术

下面四项反手基本技术，它们的接抛球方法、路线、目的都是一样的，其中正握拍的优点是接抛球的稳定性高，容易带上力量，失误少，缺点是控制范围小；反握拍的优点是控制范围大，动作舒展，球路变化多，缺点是接抛球稳定性低，容易失误掉球。

1. 反手正握接抛高球

反手正握接抛高球指接球队员以正握拍方法，在身体左侧按逆时针方向完成弧形引化动作。此技术动作幅度小，接抛球的稳定性高，主要针对速度不快的反手高球使用。其动作要领包含如下三点。

（1）接球前，右脚在前，左脚在后，身体左转，球拍上举在头部左前方。

（2）来球时，根据来球的速度和落点及时调整站位，持拍臂以肩为轴，手臂外旋，拇指在下四指在上，向左前上方伸出迎球，球拍的边框对着来球。

（3）当球触及球拍后，由腰带动持拍臂向左侧后下方做弧形引化，肘部也积极向左胸靠，持拍臂画圆的同时，双脚蹬转，最终将球由左前下方向前抛出。

2. 反手正握接抛低球

反手正握接抛低球指接球队员以正握拍方法，在身体左侧按顺时针方向完成弧形引化动作。此动作易化解速度较快的进攻球，可用于防守，也可用于高点进攻。作为进攻动作时，必须更多地使用腰腹力量。其动作要领包含如下三点。

（1）接球前，右脚在前，左脚在后，身体左转，将接球点置于身体左侧前下方。

（2）来球时，根据来球的方向、速度及时调整站位，持拍臂以肩为轴，向左侧前下方主动伸出迎球，持拍手拇指在上四指在下，拍头略上翘。

（3）当球触及球拍后,使全身的力集中在腰部,以腰带动持拍臂向左后上方做弧形引化后,将球由左前上方向前抛出。在练习加力高点进攻球时,可以转腰向后,背对正前方,利用腰的力量带动手臂挥摆。

3. 反手反握接抛高球

反手反握接抛高球指接球队员以反手握拍,接抛身体左侧前上方来球,并按逆时针方向完成弧形引化动作。其特点是控球范围较大,手臂肌肉放松。此动作可更好地控制球的落点。其动作要领包含如下三点。

（1）接球前,右脚在前,左脚在后,身体左转,球拍上举在头部左前方,此时拇指和食指分握拍柄两窄面处。

（2）来球时,根据来球的方向、速度及时调整站位,持拍臂向左前上方伸拍迎球,同时重心前移到右脚。

（3）当球触及球拍后,迅速以身体的完整力量带动持拍臂向身体的左侧后下方做弧形引化,同时重心后移并下沉。在整个弧形引化过程中,重心也在不断地改变,最后利用腰腿力量,将球由左前下方向前抛出。

4. 反手反握接抛低球

反手反握接抛低球指接球队员以反手握拍,接抛身体左侧前下方来球。其特点是控球范围较大,手臂肌肉放松。此动作更多地用于网前小球的处理。其动作要领包含如下三点。

（1）接球前,右脚在前,左脚在后,身体左转,将接球点置于身体左侧前下方。此时拇指和食指分握拍柄两窄面处,拍面向内。

（2）来球时,根据来球的方向、速度及时调整站位,向身体的左侧前下方主动伸拍迎球,同时重心前移到右脚。

（3）当球触及球拍后,迅速以身体带动持拍臂经左后下方向左后上方做弧形引化,将球在身体的左前上方向前抛出。

（三）体前平弧球技术

体前平弧球是指接球队员在身体前侧，用拍头向下的水平弧形引化方法的接抛球技术。由于它的引化动作是有支撑点无实体轴的运动，虽然动作缺少力量，但在场上变化多，进攻效果好，落点精确，是前场常用的小球技术。

1. 正拍右拉球

正拍右拉球动作是反关节运动，动作幅度不大，要求接球前身体尽量前倾，手臂肌肉放松。此动作主要用来控制攻向本方左腿腰部以下的球。其动作要领包含如下三点。

（1）接球前，两脚平行站立，自然分开，上体尽量前倾，重心保持在两脚之间，右臂置于身体左侧，拍头自然下垂，两眼正视前方。

（2）来球时，根据来球的方向、速度及时调整站位，持拍臂向左前上方伸拍迎球，同时重心前移到左脚。

（3）当球触及球拍后，迅速在体前做水平弧形引化，经两腿前侧向右侧外上方引球划弧，重心也随之跟到右脚，出球时，手臂尽量打开，但手腕不要有挑、抖等动作。

2. 正拍左拉球

正拍左拉球动作能很好地化解攻向本方右腿下方的球。其特点是动作自然、简单、合理，便于掌握。要求接球前身体尽量前倾，手臂肌肉放松。其动作要领包含如下三点。

（1）接球前，两脚平行站立，自然分开，上体尽量前倾，保持重心在两脚之间，右臂自然下垂，轻握球拍，球拍侧框对向来球方向，拍头自然下垂，两眼正视前方。

（2）来球时，根据来球的方向、速度及时调整站位，持拍臂向前上方伸拍迎球，同时重心前移到右脚。

（3）当球触及球拍后，迅速在体前做水平弧形引化，经两腿前侧向左侧外上方引球划弧，重心也随之移到左脚，出球时，手臂尽量打开,但手腕不要有挑、抖等动作。

3. 反拍右拉球

反拍右拉球动作相对于正手握拍,动作更自然,控制的范围也更大,具有更强的隐蔽性,但较难掌握。其动作要领包含如下三点。

(1)接球前,两脚平行站立,自然分开,上体尽量前倾,重心保持在两脚之间,右臂自然下垂,轻握球拍,球拍侧框对向来球方向,拍头自然下垂,两眼正视前方。

(2)来球时,根据来球的方向、速度及时调整站位,持拍臂向前上方伸拍迎球,同时重心前移到左脚。

(3)当球触及球拍后,迅速在体前做水平弧形引化,经两腿前侧向右侧外上方引球划弧,重心也随之移到右脚,出球时,手臂尽量打开,但手腕不要有挑、抖等动作。

4. 反拍左拉球

反拍左拉球动作能够很好地化解攻向本方右腿下方的球。其动作更舒展、合理,控球范围也更大,但掌握有一定难度。其动作要领包含如下三点。

(1)接球前,两脚平行站立,自然分开,上体尽量前倾,重心保持在两脚之间,右臂自然下垂,反手轻握球拍,球拍侧框对向来球方向,拍头自然下垂,两眼正视前方。

(2)来球时,根据来球的方向、速度及时调整站位,持拍臂向前上方伸拍迎球,同时重心前移到右脚。

(3)当球触及球拍后,迅速在体前做水平弧形引化,经两腿前侧向左侧外上方引球划弧,重心也随之移到左脚,出球时,手臂尽量打开,但手腕不要有挑、抖等动作。

第四节　太极柔力球运动养生战术指导

一、太极柔力球运动养生战术的运用原则

体育战术是一种通过参赛者的个体或群体行为来实现确定的比赛意图的原则和方法。在比赛中,双方都想要控制对手,力争主动。以己之长,攻彼之短,抑彼之长,避己之短——控制与反控制之间的竞争是十分激烈的。能够根据不同对手的特点,采取相应变化的技术手段战而胜之,这就是战术的意义。

太极柔力球养生战术的目的主要有以下几点。首先,调动对方位置。对方一般站在场地中心位置,全面照顾各个角落,以便回应各种来球。如果把对方调离中心位置,其场区就会出现空当,这空当就成了进攻的目标。其次,使对方重心失去控制。利用重复球或假动作打乱对方的步法,使对方重心失去控制,来不及还击或延误接球时间而导致回球质量差,造成被动。再次,消耗对方体力。控制球的落点,最大限度地利用整个场地,把球攻到场地的四个角上或离对方最远的位置,尽量使对方在每一次回球时消耗体力。在争夺一球的得失时,也应以多拍调动对方,让对方多跑动,当对方体力不支时,再行进攻。最后,有意识地攻其易失误点。在对抗中,一旦发现对方有某个技术动作或技术环节不规范而易被裁判判罚时,则可有意识地多将球抛至对方易失误点,造成对方接球质量不高或技术动作错误而失分。

了解了太极柔力球养生战术的目的,接下来就来分析运用战术的基本原则。具体而言,主要包含以下三点。

（1）知己知彼,百战不殆。球场上除了知道自身技战术特点,也要求能掌握对方的技战术特点,针对场上可能出现的情况,设计多种可行对策。赛前做好充分准备,不论在比赛节奏上还是具体打法上要尽可能力争主动,控制场上局面,而不要误入对方的

"圈套";要随时根据场上的变化调整战术,让对方摸不到规律。

(2)在比赛中要最大限度地发挥自己的优势和特长,找准对方弱点或要害,力求以长击短;要攻防结合,打吊结合,精心做好攻防动作的衔接和组合,讲究攻防的一体性和进攻的连续性。

(3)双打要发挥两名球员的技战术优势,正确选位,合理分工,默契配合,形成最佳攻防体系。在规则允许的范围内,运筹谋划,大胆创新。

二、太极柔力球运动养生的常用战术

(一)单打战术

(1)压后场战术。遇到技术不够熟练、后场还击能力差、回球路线和落点盲目性大的对手时,一般采用这种战术,压对方于后场底线附近,造成对手被动,然后伺机进攻得分。另外,在对付后退步法较慢、反击能力较差的对手时,重复压后场底线或重复攻后场直线,突击对角线,都能取得很好的效果。

(2)放前攻后战术。在对付移动步法较慢、网前应变能力较差的对手时,可以先吊网前小球,打乱对方的阵脚,然后突然攻击对方的后场底线。

(3)打四方球结合突击战术。这种战术用来对付体力差、步伐慢的对手时较为有效。它以快速、准确的落点攻击对方场区的四个角落,调动对方前后左右奔跑,并在对手来不及回位时,向其空当部位进攻。

(4)攻后吊前战术。先用长线高点进攻球压攻对手的后场,然后突然利用旋转时的速度变化或隐蔽技术手段将球吊在网前。

(5)真假变换战术。充分利用弧形引化过程的时间,用身体的假动作、眼神等,以真真假假、虚虚实实让对手琢磨不定,疲于应付,然后伺机攻其不备而得分。

(6)追身球战术。人的裆部到头部之间是正反手接抛都最感困难的部位,是防守中的弱点。用追身球直指对方胸前,可使对方接抛困难,或直接造成对手失误。

(二)单打应变战术

1. 发球抢攻战术的应变

发球抢攻是比赛的重要得分手段,可根据对手的站位、回应球的习惯球路、反击能力、打法特点、精神和心理状态等情况,运用不同的发球方法,以取得前几球的主动权。通过这一战术的运用,打乱对手的整个战略部署,造成对方措手不及。特别是在关键时刻,运用发球抢攻战术能达到较好的效果:相持时可以用它来打开僵持的局面,力争主动;领先时可以用它来乘胜追击,一鼓作气战胜对手;落后时可以用它来做最后的拼搏,力挽狂澜,反败为胜。发球抢攻战术的应变包含如下几点。

(1)发前场区球抢攻战术。发前场区球的目的,一是为了偷袭,如对方反应慢,或站位偏后场,偷袭成功率较大;二是为了限制对手的快速攻击;三是有意识地准确判断对方的回击球路,从而组织和发动快速而强有力的抢攻,达到直接得分或获得第二次攻击机会的目的。

(2)发平快球抢攻战术。发平快球抢攻战术和发前场区球抢攻战术的不同点在于:发前场区球抢攻可直接抓住战机进行抢攻,而发平快球抢攻则要通过守中反攻的手段才能获得抢攻的机会。发平快球的目的:一是为了配合发前场区球抢攻;二是让对手进行盲目进攻或在我方判断的范围之中进攻,使发球方能从防守快速转入进攻;三是造成对手因失去控制而直接失误。

(3)发高远球战术。发高远球战术的目的:一是为了把对手逼至后场区而造成网前区的空缺;二是让对手无法进攻或进攻路线变长而造成进攻力量不足;三是为自己进场准备接发球赢得较充分的时间。

(4)发高压球进攻战术。利用高压球势大力沉、攻击速度快的特点,迫使对手接球困难,回球质量差,为我方进攻创造条件。发高压球目的主要是限制对手接发球进攻,争取我方主动权。

2. 接发球抢攻战术的应变

接发球抢攻战术是接发球战术中最易得分、最具威胁力的一种战术,但前提是对手发球的质量欠佳,如发高远球时落点不到位,发前场区球过网时过高,发平快球时速度不快,角度不佳等。

离开上述前提条件而盲目地进行抢攻,效果就差,成功率就低。除此以外,还要有积极、大胆的抢攻意识。要获得抢攻战术的成功(得分)还应根据自己的技术特点和身体条件,同时结合对手的技术特点、身体条件和心理素质。

抢攻战术的完成大都要有两三拍抢攻球路的组织才能奏效,所以一旦发动抢攻就要加快速度,扩大控制面,抓住对手的弱点或习惯路线一攻到底,一气呵成,完成一个组合的抢攻战术。

3. 单个技术的进攻战术应变

(1)重复高远球进攻战术。这种战术的特点是以重复高远球进攻对手同一个后场区,甚至可连续重复数拍,以求达到置对手于死地或逼对手回应球质量差,以利我方进行最后一击。这种战术对主动上网快、控制底线球能力差以及后撤步法差的对手效果较好。

(2)拉开两边高远球进攻战术。这是使用高远球或连续攻击对手两边后底线,以求获得主动权,或逼对手陷入被动,以利于我方最后一击的战术。采用这种战术,对我方控制高球的出手速度、击球的准确性和动作的一致性要求较高。这种战术对主动上网快、两底线攻击能力较弱的对手效果较好。

(3)重复网前小球战术。重复使用网前小球,吊两边或吊一边,以求获得主动攻击权。这种战术要求我方吊球技术较好,并能掌握假动作吊球,对于对手上网步法差,或回底线球不到位而急于后退去防守我方的对手最为有效。

(4)重复杀球进攻战术。当遇上一位习惯防守的对手时,就可采用重复杀球的进攻战术。采用这种战术首先要了解对手的情况,先有意识"喂"对手几个球,观察其战术特点,而后调整好自己的位置,反复强攻,并注意落点的刁难性。

(5)高远与小吊的进攻战术。可依据对手站位情况,反复采用高远与小吊的进攻战术,迫使对手疲于应付,使其技术动作变形,一旦回球质量不高,就可乘势进攻得分。

4. 单打防守战术的应变

防守战术的原则是"积极防守""守中反攻",而不是"消极防守"。因此,要达到"积极防守、守中反攻"的目的,就要在自己处于防守的被动情况下,通过调整战术来化解对手的攻势、夺回失去的主动权。这就要求必须具备较好的防守能力,包法手法、步法、身法等。

(1)打两底线高远球的防守战术。打两底线高远球是为了使自己有更多的时间调整,从而为转守为攻创造条件。这种战术在防守上非常有效。

(2)采用长短结合的防守战术。在防守中采用勾对角网前小球和放后场高远球战术是很有效的,当然这需要准确判断对手进攻的落点,反应到位,并具有灵活多变的手法,才能打出精准的勾对角球,达到"守中反攻"的目的。

(三)双打战术

双打要求两名队员配合得像一个人,才能把两人的长处结合起来,打出比任何一个人单打水平都高的比赛。由于双打战术的机动灵活,变化比单打复杂得多,无论是在高水平的对攻战还是在中低水平的攻防战中,能做到瞬间的默契配合很不容易,而这一点正是双打战术的突出特点,是双打战术成功的关键。"默契配合"要建立在两人相互了解和信任的基础上,这是在长期配合中磨炼出来的。好的双打配对应紧密合作、互创条件、扬长避短、相辅相成,在场上有呼有应、相互鼓励、气势如虹,即使由于实力不如对手而失利,两人合作也是愉快、融洽的。因此,双打的根本是两人如同一个整体,无论何时都要并肩作战,移动要一致。可以想象为两人被一根松弛的绳子相连接,这根绳子使他们一同向前、向后、向左、向右移动。

1. 发球的战术

双打球经常比单打球更具强烈的攻击性。发球可充分观察对手站位,考虑对手回球路线。在比赛中,发球技术最好的球员通常是第一发球员。而在每次发球时,发好第一次发球尤为重要。

2. 攻人战术

这是一种经常运用的行之有效的战术。当发现对手有一个人的防守能力或心理素质较差,失误率比较高或防守时球路单调,就可采用这种战术,把球进攻到较弱者的一边。这种战术可集中优势兵力以多打少,以优势打劣势,造成主动或得分;另外有利于打乱对手防守站位,另一个不被攻的人,由于没有球可打,慢慢地站位会偏向同伴,形成站位上的空当,有利于我方突击另一线而成功,并可能造成对手思想上的矛盾而互相埋怨,影响其士气。

3. 攻间隙战术

不论对手把球打到什么地方,我方攻球的落点都应集中在对手两人之间的结合部,并靠近防守能力较差者一侧,或在中线上。攻中路战术,可以造成对手抢球或漏球;可以限制对手击出大角度的球路,有利于我方网前的小球变化。这是对付配合较差对手的有效战术。

4. 攻直线战术

攻直线战术要求杀球路线和落点均为直线,没有固定的目标和对象,只依靠杀球的力量和落点来得分。当对手的来球靠边线时,攻球的落点在边线上;当对手的来球在中间区时,就朝中路进攻。这个战术在使用上较易被记住和贯彻,杀球路线虽然难度高一些,但效果不错。

5. 拉开掩护战术

双打中己方一人接抛球时,另一人积极跑位,拉开掩护,用准备接球进攻的行动,吸引对方防守队员,为接球手进攻创造机会。

6. "二传球"战术

对手击来的球我方不是一次就回击过去,而是充分利用规则进行一次"二传"(俗称"做球"),为本方主攻手创造进攻机会。二传战术要求两人配合默契,分工明确。

以上是太极柔力球竞技比赛中的常用战术打法。技术是战术的基础,战术是技术的灵魂,二者相辅相成。在运用战术时要注意技术的合理性,如求快时不可撞击或省略引化,求慢时不可停顿或持球引化,追求方向时不可折向,追求杀伤威力时不可二次发力等。一个战术的运用,往往能为下一个战术创造机会。赛场情况千变万化,战术运用也应灵活多变,所以要不断创新发展。

第八章 太极养生杖运动养生理论与科学方法研究

健康与养生是现代人们普遍关心的问题。在众多保健方法中,太极养生得到越来越多人的喜爱。作为一种独特的养生方式,太极起源于中华远古时期,并在历代得到发展。太极养生杖作为中国优秀传统文化的重要组成部分,其中包含着中医的养生理论,蕴含着儒家、道家、佛家等修身养性、追求超越的文化理念,又与中国古代哲学思想融合在一起,强调人与自然、人与社会合一,进而达到身心和谐的完美境界。本章主要研究太极养生杖运动养生理论与科学方法,在简述太极养生杖的概念的基础上,分析其养生价值,进而介绍该运动形式的功法以及技术指导。需要特别说明的是,本章中所使用的全部图片都来源于由国家体育总局健身气功管理中心编写、人民体育出版社出版的《健身气功:太极养生杖、导引养生功十二法、十二段锦、马王堆导引术、大舞》(2012)一书中。

第一节 太极养生杖运动概述

杖,泛指棍棒,是人类最早使用的工具之一。在我国传统养生文化中,以杖作为器械进行身体锻炼的历史非常久远。现存最早文献史料记载见于1973年湖南长沙马王堆3号汉墓出土的《导引图》,其中有两幅手持长杖做出不同姿势的图像(见图8-1、图8-2),这是目前所知运用杖来导引肢体进行养生锻炼的最早资料。

图 8-1　　　　　　　图 8-2

据湖南省考古研究所周世荣研究员《马王堆导引术》一书对《导引图》中持杖图像考证："作屈身转体运动状，双手持杖，两手左上右下，文字注释为以丈（杖）通阴阳。"这说明利用杖导引、行气达到养生健体的方法，已被人们所认识和运用。从古代最原始形态祛病健体的"舞"，到在导引、仿生、按跷、行气等多种气功养生方法的发展脉络中，看到有用"杖"导引肢体的形式，表明了历史上曾出现一种利用器械辅助导引的方法。

从文献史料看，《吕氏春秋》第五卷仲夏纪（古乐）记载："昔陶唐之始，阴多滞伏而湛积，水道壅塞，不行其源，民气郁阏而滞着，筋骨瑟缩不达，故作舞以宣导之。"春秋战国时期的《庄子》第六卷外篇（刻意）篇记载，"吹呴呼吸，吐故纳新，熊经鸟伸，为寿而已矣……"，将导引和行气术结合了起来。《黄帝内经·素问》卷第四异法方宜论记载，"中央者，其地平以湿，天地所以生万物也众，其民食杂而不劳，故其病多痿厥寒热，其治宜导引按跷，故导引按跷者，亦从中央出也"，指导引和按摩术的结合（按跷即按摩）。

大量史料记载和《导引图》中杖的利用，揭示了古代气功健身机理以及多种形式的练功方法相互之间的必然联系和发展关系，这是我们挖掘、继承、编创健身气功功法的重要理论依据。从

《导引图》到近代赵中道的"太极棒"(又称"太极尺")等功法,都说明了使用杖进行养生锻炼的历史源远流长,并延续至今。

第二节 太极养生杖运动养生价值分析

一、太极养生杖能够增强人的体魄

太极养生杖是在国家体育总局的组织下进行编创、推广的,重点考虑到了中国人的身体素质状况。太极养生杖在进行设计、编制的时候目的就是为了不断提高人们的身体素质,为人们锻炼身体提供更为科学合理的方法。在实际应用的过程中,人们能够通过太极养生杖连贯八式的手法充分锻炼身体上的众多部位,将人的身体机能有效利用,从而不断增强人自身的身体素质。

太极养生杖的功法充分结合了人体的重要生理特征,根据人的生理情况进行有效的编排,从而达到不断增强身体素质的效果。运用太极养生杖进行实际锻炼的时候,其动作能够对人体的全身关节以及脏腑经脉等起到良好的锻炼效果,对于提高人的总体身体素质具有重要作用。同时,太极养生杖还能够对人体的一些重点部位进行着重锻炼,其中的很多动作都是专门针对人体的腰部、胸腹部以及脊柱等部位进行的,很多蹲起动作能够促进人体的血液循环,因而使用太极养生杖的功法进行锻炼能够有效增强人的体魄,起到良好的锻炼效果。

二、太极养生杖能够增强人的精神力量

通过太极养生杖功法的使用,不仅能够有效增强人的体魄,还能够有效提高人的精神力量。换句话说,太极养生杖对于人的身体素质和心理素质都能够起到良好的效果。太极养生杖是利用太极的重要原理进行编创的,其中涵盖了众多中国古代修身养

性的思想。在进行锻炼的过程中,通过有效练习太极养生杖功法增强人的身体素质,从而为人进行养身调心提供坚实的物质基础。

精神力量对于人的整体发展状况具有重要影响,能够支撑人们在面对艰难问题时勇敢向前,因而注重培养人们的精神始终是我国社会主义核心价值观的重要内容之一。国家体育总局在进行编创太极养生杖时就已经将这个问题考虑在内。太极养生杖中涵盖的众多动作以及样式等无一不将增强人的精神力量作为重要目标,就连各个动作的名字中都体现着高雅趣味。修身养性一直被认为是我国传统价值观中的重要内容,太极养生杖在锻炼的过程中,潜移默化地影响着人们的心态,对陶冶人们的性情起到良好的作用。

三、太极养生杖可通过特定的动作调动人的意念

(一)放松的动作

太极养生杖对于一些太极动作的原理进行有效的结合,使得整套功法中蕴含了太极方面的众多养生理念,其中的众多动作,对于充分调动人的意念具有良好效果。太极养生杖中预备式是典型的放松动作,对于集中人的精神具有良好效果,人们在使用预备式时能够充分体会到其安定神智的作用。

预备式在进行使用的过程中,首先要保持身体正直的状态,然后松静一些时候,凝神静气,使全身的气脉畅通,这种动作在实际进行锻炼的时候,能够使全身达到放松的状态。太极养生杖运动与人体的身体结构比较契合,同时充分应用了太极的相关理念,预备式起典型的引导作用,引导人们能够更快、更好地进入到良好的状态之中。

（二）执杖的动作

太极养生杖最为重要的是将杖的作用发挥到最大，以杖作为主导，将人和杖之间的相互联系作用发挥到极致。执杖的动作同样需要将养神放在首要位置，在进行太极养生杖的练习过程中，要做到人和杖的有效统一和结合，合二为一是典型的理想状态。想要达到良好的状态，练习者需要在锻炼的过程中，集中自己的意识，以意识指导相关动作的有效进行，这个过程既是对于一些动作的练习，同时也是对于精神的锻炼。

（三）冥想的动作

冥想动作和放松动作都需要良好的注意力，对于人的精神状态要求较高。太极养生杖功法中关于冥想的动作也较多，尤其是收式动作中。太极养生杖功法中的收式要求人们能够自然地站立，身体自然处于放松状态，中正的身体，从动态中回归到静态中，对于调节身心到最佳的平衡和放松状态具有良好作用。

众多研究表明，冥想能够较为明显地帮助人们达到良好的精神状态，同时还对陶冶人们的性情、保持人们的身体和心理健康都具有重要作用。冥想训练能够有效集中人的注意力，增加人们对于事物的关注程度，让人们在冥想的过程中，获得愉悦的心情。通过冥想训练，还能够在很大程度上增加人们的积极情绪，减少负面情绪造成的影响，对于减轻人们的焦虑和抑郁症状具有良好效果，因而很多心理疗法当中都将冥想作为重要的方式之一。太极养生杖功法中将冥想动作添加入内，对于人们保持良好的精神状态具有重要意义。

总之，健身气功太极养生杖对人体的锻炼与调控依赖于人体精密庞大的经络系统，神对形的主宰和调节作用的中枢是心，而联络各器官组织的通路是经络，所以无论是对脏腑的锻炼，还是对形体官窍的影响，都离不开经络的作用，因此太极养生杖重视经络的锻炼，也是其"调心"的重要方法之一。太极养生杖中这些特殊动作和方法,能够使神与形完美结合,达到形神互养、神御形的作用,从而起到很好的"调心"效果。

第三节　太极养生杖运动基础养生功法

一、太极养生杖功法的特点

太极养生杖取意"太极"阴阳和合、天人合一、内外相谐等传统文化理念,借鉴《导引图》中持杖图像和"以丈(杖)通阴阳"表现功法特征,继承了传统持杖功法的精要,整套功法动作柔和缓慢、舒展连绵、动静相间、意境优美、意气相随、好学易练,易于推广普及。

(一)以杖导引,形神统一

太极养生杖的运动理念是以杖为导,引气运行,养神为先,以形相随。凡动静、开合、屈伸、进退,皆为杖动气起,杖到气至,在杖的上下、左右、前后诸方位的导引中,平心静气,意在气先,精神内守,形与神俱。

(1)形,指形体,包括皮肉、筋骨、脉络、脏腑等,是人体生命活动的物质外壳。

(2)神,指思维活动,包括精神、意念等,是人体生命活动的内在主宰。

(3)外,不仅指身形姿势、肢体动作,还指持杖手法、行杖方法等一切外在表现。

(4)内,不仅指呼吸、意念,还指劲力、意境等所有内在活动。

(二)腰为轴枢,身械协调

太极养生杖在运动过程中强调以腰为轴进行拧、转、屈、伸等全方位运动,并通过腰部动作带动脊柱进行运动。在太极养生杖功法练习时,要求松腰、松胯,保持身形中正、安舒,做到腰部松、活、灵,以腰的圆转、虚实变化贯穿全身上下,使周身与器械协调统一。如杖向上举,则腰向下松沉,气沉丹田;杖向下落,则竖腰,百会向上虚领;杖划平圆,则腰转如磨盘,以腰带身,以身使臂。这些都体现了以腰为主宰和枢纽的重要作用。腰为肾之府,肾为先天之本,通过正确的腰部运动,配合呼吸、意念,可以有效地调补先天,补益后天,扶正培本,使人元气充足,增进健康。

(三)按摩行杖,融为一体

持杖练功,杖不仅引导着肢体动作与呼吸密切配合,更大幅度地抻拉筋骨,而且还起到了按摩穴位、经络、脏腑的作用。如两手环握,在持杖运动中对腹部等部位进行摩运,使按摩行杖融为一体,深入刺激相关脏器,加强了太极养生杖的健身效用。

(四)杖行弧线,圆转四方

杖的运行路线要处处带有弧形,往复衔接不起棱角,既有平圆和立圆运动,又有前后、上下、左右各方位的运行。中国古人认为"天圆地方"并"以天为法""法于阴阳""如天行健""天动地静""天道有自然之秩序",所以太极养生杖以柔和、缓慢、连贯的圆周运动为主,以"天人合一"为指导思想。

(五)两手握杖,相牵相系

杖是手臂的延长,要使杖与练习者融为一体。两手握杖,腰为轴枢,相牵相系,带动全身运动;杖引肢体,牵动脏腑,内外相互照应,变化配合,二者相辅相成、相依相靠、相承相接。这套功法既可成套练习,又可专门练习单式或多式组合。通过以杖引导肢体的运动,特别是手腕的卷旋、颈椎的屈伸和脊柱的旋转,得以舒筋调脉,促进全身气血流通,调节人体阴阳平衡,达到健身、健美、健康的目的。

二、太极养生杖功法的基础

杖可用白蜡杆、松木、硬杂木、竹子、藤木等多种材质制成，粗细均匀，表面光洁，也可以雕刻吉祥图案及养生文字。器械规格可根据身高和手掌大小及持握感觉确定，其长105～125厘米，直径2.3～2.8厘米。

（一）基本手型

1. 持杖

食指伸直贴于杖上，其余指自然屈握杖，如图8-3所示。

图8-3

2. 环握

握杖时掌心虚空，拇指自然压于食指第一指节，呈环握状，如图8-4所示。

图8-4

3. 夹持

手掌自然舒展，用虎口夹杖，如图8-5至图8-7所示。

图 8-5　　　　　　图 8-6

图 8-7

4. 托杖

手掌自然舒展,杖托于掌心上,如图 8-8 所示。

图 8-8

(二)基本手法

1. 卷杖

环握,向内卷屈手腕,如图 8-9 所示。

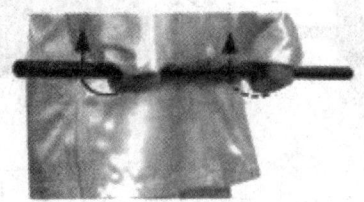

图 8-9

2. 旋杖

两手环握,一手臂外旋至手心向上成夹持;另一手自然配合杖在手中的转动(以左手为例),如图 8-10、图 8-11 所示。

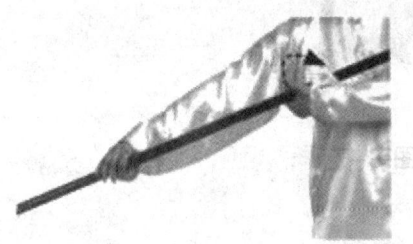 

图 8-10　　　　　　　　图 8-11

3. 卷旋

两手手心向上,虎口夹杖;内侧手屈腕,由小指开始依次握杖,内旋手腕,两手变环握杖;同时杖上下转动大于 90°,如图 8-12、图 8-13、图 8-14 所示。

图 8-12

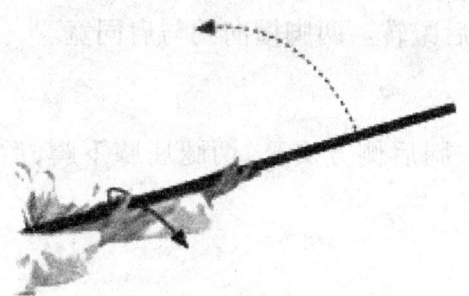

图 8-13

图 8-14

4. 滑杖

一手环握固定,另一手沿杖滑动。

5. 绞杖

一手环握于杖端,由外向上、向内、向下划圆,变成手心向下(以右手为例)。

6. 摩运

两手环握,约与肩同宽,轻按杖于体表,边动作边缓慢按摩运行杖(以体前屈卷提摩运腹腿为例)。

(三)基本步型

1. 弓步

一腿屈膝前弓,膝与脚尖上下相对,脚尖微内扣;另一腿自然伸直,脚跟向后蹬转。两脚横向约与肩同宽。

2. 高歇步

一腿向另一腿后侧方交叉,两腿屈膝下蹲,后腿的膝关节抵压前腿的承山穴。

3. 低歇步

一腿向另一腿后侧方交叉,两腿屈膝全蹲,臀部坐在后脚跟上。

（四）呼吸、意念

1. 呼吸

初学者以自然呼吸为主,随着习练者对动作要领的熟练掌握和技术水平的逐步提高,可以逐渐过渡到以腹式呼吸为主。动作和呼吸的配合基本遵循以下几个规律：起吸落呼；开吸合呼；杖远离身体时吸气,靠近身体时呼气；卷杖时吸气,舒放时呼气等。

2. 意念

太极养生杖功法的意念以象形取意为主要特点,并随动作的进行而产生变化,如水中摇橹、风中荷叶、岸边背纤、探海寻物等,以一念代万念,使人沉醉于美好的意境中,甚至达到物我两忘的境界。如此引导练功者在身心放松的状态下,在清静淡定中,专注于练功要领,并逐步达到意、气、形合一的境界。

（五）基本功练习

1. 卷杖练习

自然站立,两手环握置于腹前,两手距离约与肩同宽,做手腕卷曲、舒伸的屈伸练习。

2. 旋杖练习

自然站立,两手环握置于腹前,两手距离约与肩同宽；一手臂外旋,掌心向上、夹持,随即内旋手臂复原环握;另一手自然配合杖在手中的滑动、旋转。两手可交替练习。

3. 滑杖练习

自然站立,右手心向上、左手心向下环握杖,置于腹前,两手距离约与肩同宽;右手由右向上移动,左手由左向下转动,转动杖竖立在面前。

同时两手相向沿杖滑动,环握杖转动180°,变左手心向上、右手心向下环握杖,置于腹前。反方向两手交换练习。

4. 划圆练习

(1)平圆。以向左划圆为例。两腿屈膝半蹲,两脚平行,距离约与肩同宽;腰由右向左转,同时两手由环握杖变为虎口夹杖,舒伸手指,手心向下,杖由腹前向右前、向左侧划圆;随即两腿伸膝、站立,屈指环握、卷杖弧形收至腹前。可以往复向一个方向划圆练习,也可以一次向左、一次向右交替划圆练习。

(2)立圆。具有以下两种情况。

其一,两脚前后站立,随着两腿的屈伸,腰向左、右转,两手环握杖,由侧下向后、向上、向前再向另一体侧下方连续划立圆练习。

其二,以向左划立圆为例。两脚间的距离约与肩同宽,两手环握杖置于腹前,由体右侧向上划圆弧经头上向体左划立圆。左、右可依次练习,也可交替练习。

5. 按摩穴位

(1)大椎穴。自然站立,两手环握杖置于肩上,从大椎穴沿颈椎向上滚动至玉枕穴,再滚动返回大椎穴。

(2)肩井穴。自然站立,两手环握杖置于肩上,可以随着左右转腰,用杖按压左或右肩井穴。

(3)承山穴。两腿交叉屈膝下蹲成高歇步,后腿膝盖抵压前小腿的承山穴。两腿前后交换练习。

第四节　太极养生杖运动养生技术指导

太极养生杖一共包括八式动作,各式动作名称为:预备势、第一式艄公摇橹、第二式轻舟缓行、第三式风摆荷叶、第四式船夫背纤、第五式神针定海、第六式金龙绞尾、第七式探海寻宝、第八式气归丹田、收势。限于篇幅,本节主要针对预备式、第一式艄公摇橹、第二式轻舟缓行、第三式风摆荷叶以及收势展开技术方面的详细分析。

一、预备势

（一）技术要领

动作一:并步站立,身体正直,全身放松,左手持杖的下 1/3 处,两臂垂于体侧;目光平视,松静片刻。

动作二:左脚侧开约与肩同宽,两脚平行站立;左手持杖的下端向内抬起,右手于腹前接握杖,左手滑杖,两手水平环握杖与肩同宽;目视前方。

动作三:轻贴腹部卷杖上提至两乳下,然后沿腹向下摩运至两臂自然伸直;目视前方。

重复动作三遍。

（二）注意事项

（1）站立时,两腿自然伸直,身体中正,百会向上虚领,下颌微收,沉肩、虚腋、松腰、敛臀,凝神静气,思想专注。

（2）卷杖上提时,卷腕、屈肘、上提要依次连贯完成,吸气与之自然配合;向下伸腕、伸臂落杖与呼气自然配合。

（三）功理作用

（1）以杖引导动作，使人心静体松，排除杂念，三调合一。

（2）呼吸与动作相配合，利于排出体内浊气，吐故纳新。

二、第一式：艄公摇橹

（一）技术要领

1. 左式

动作一：接上式。两腿屈膝下蹲，左脚向左前45°上步，勾脚尖向上，足跟着地；身体左转45°，两手卷杖至两乳下，翻腕，屈肘；随即左脚落平，重心前移成左弓步，同时，两手夹杖向上、向前、向下弧形摇杖至与腰同高；目视杖的方向。

动作二：重心后移，右腿屈膝、屈胯，左腿自然伸直，勾脚尖向上，足跟着地；腰右转转正再向左前45°转，两手环握杖划弧至腹前，卷杖提至两乳下，翻腕；随即左脚落平，重心前移成左弓步；同时，两手夹持杖向上、向前、向下弧形摇杖至与腰同高；目视杖的方向。

动作三：重复动作两遍。

动作四：重心后移，右腿屈膝，左腿自然伸直，勾脚尖向上，足跟着地，两手环握杖划弧至腹前，再卷杖提至两乳下，收左脚与右脚并拢，两腿由屈到伸，自然站立；同时，两手向前摇转杖划圆落至腹前。

2. 右式

右式与左式动作、次数相同，唯左右方向相反。

（二）注意事项

（1）弓步时，练习者要根据个人身体素质状况选择合适的步幅,注意因人而异,循序渐进,切勿撅臀。

(2)杖在体前摇转划圆时,上下肢动作配合要协调、自然、流畅。摇杖的幅度在肩、腰之间,向前摇杖肘要随,肩要送,肘关节保持自然微屈;注意百会上领,气息深长。

(三)功理作用

(1)手腕有节律地屈伸运动,可以有效刺激腕部的原穴,对手少阴心经、手厥阴心包经、手太阴肺经有一定的刺激、疏导作用,可以起到养心、安神作用。

(2)有节奏地、柔和地屈伸手腕动作有利于缓解腕部肌肉的过度紧张,减小因工作、生活造成腕部周围肌肉或肌腱产生劳损的程度。

三、第二式:轻舟缓行

(一)技术要领

1. 左式

动作一:接上式。两腿屈膝,左脚向前一步,勾脚尖向上,足跟着地;腰右转,两手环握杖由体右侧经后下方向上划圆弧举至头右侧上方,然后右手指舒伸,手心向上贴杖,外旋手腕180°环握;随即重心前移,两膝伸直,左脚落平,右脚脚尖点地;腰向左前45°转,杖向前、向体左侧后下方划圆弧,右手划至左腰侧,似撑船动作;目视前方。

动作二:重心后移,右腿屈膝、屈胯,左腿自然伸直;同时,腰继续左转,杖由体左侧经后下方向上划圆弧举至头左侧上方;然后右手指舒伸,手心向上贴杖,内旋手腕180°环握;随即左脚经右踝内侧向后一步,左腿屈膝、屈胯,右腿自然伸直,勾脚尖向上,足跟着地;腰向右前45°转,杖经体前向体右侧后下方划圆弧,左手划至右腰侧,似撑船动作;目视前方。

动作三:右脚落平,左脚向前与右脚并拢,屈膝半蹲;同时,腰继续向右转,杖由体右侧经后下方向上划圆弧举至头右侧上方;随即两腿伸膝,自然站立,腰向左前45°转,杖向前、向体左侧后下方划圆弧,右手划至与腰同高,似撑船动作;目视前方。

2. 右式

右式与左式动作相同,唯左右相反。

本式一左一右为1遍,共做两遍。

(二)注意事项

(1)杖在体侧划圆时,腰自然转动与之相配合,视线随杖变化,呼吸遵循起吸落呼的规律。

(2)撑杖时,以杖向下传递劲力,气沉丹田。

(3)初学者在上步、退步时,两脚间距可稍宽一些。待技术熟练以后,下肢平衡能力增强,两脚内侧应站在一条直线上。

(4)有肩关节活动障碍的练习者可单独练习此式,并灵活掌握动作幅度和速度。

(三)功理作用

(1)划桨撑船突出了手腕的旋转和肩部的圆转运动,进一步加强了对手三阴、手三阳经络的刺激程度。肺经与大肠经、心经与小肠经、心包经与三焦经相表里,本式动作有助于促进水谷运化,消食导滞。

(2)踝关节的屈伸动作可以加强对足三阴、足三阳经络的刺激程度,有利于疏肝利胆,通调膀胱。

(3)肩部的圆转运动,有利于防治肩周病,缓解肩部病痛。

四、第三式：风摆荷叶

（一）技术要领

1. 左式

动作一：接上式。左脚侧开，两脚平行，距离约与肩同宽，两腿屈膝下蹲；腰由右向左前45°转，两手由环握变为虎口夹持杖，手心向下，经腹向左前方划平圆；两腿伸膝自然站立；两手环握杖，卷腕，弧形收杖于腹左侧；目视左前下方。

动作二：两腿不变；腰右转，杖由左向右横向摩运小腹，右手引杖至右肩斜后方，左手环握杖行至右肋胁处；随即两腿屈膝半蹲；腰转正，左右两手分别向右、向左交错划圆，右臂在上、左臂在下交叠于胸前；目视前方。

动作三：两腿伸膝，自然站立；左手握杖经腰前向体左侧后方划平圆，至左脚脚跟后缘向左的延长线上，左手约同腰高，右臂自然伸直，贴于右耳侧，上体成左侧屈，杖斜立，停于体左侧斜后方；随即两手十指自然伸直，夹持杖，稍停；目视杖的方向。

动作四：两腿不动；身体直立，仰头，杖向上弧形举至头上方，直腕，十指向上，两臂自然伸直，目视上方；随即两腿屈膝下蹲，杖下落至胸前，再由两乳向下摩运至腹，两手手心向下；收左脚与右脚并拢，自然站立，两手环握杖，置于腹前；目视前方。

2. 右式

右式与左式动作相同，唯左右方向相反。
本式一左一右为1遍，共做两遍。

（二）注意事项

（1）在动作过程中，两手有环握、夹持等不同的手法变化，注意卷腕、旋腕、直腕的动作与之配合。

（2）两手环握杖做水平交错划圆时要注意配合转腰、松肩、伸臂。

（3）杖向体侧划圆成上体侧屈时，在下的手先向体侧划圆引领，高不过腰；在上的手臂伸臂贴耳于头上。两手运动要有前有后、有主有从地引导杖完成动作。

（4）中老年人可适当减小侧屈动作幅度；青年人的动作要到位，幅度大一些。

（5）根据杖的长短以及自己的身体素质情况，注意适当调整向侧开步的步幅和重心的高低等。

（三）功理作用

（1）身体侧屈，可以有效地刺激胆经、冲脉和任督二脉等重要经脉，有助于疏肝利胆，平抑肝阳上亢，促进全身气血通畅运行。

（2）根据整脊学实践及理论，脊柱左、右侧屈动作，可以预防或调理脊柱生理弯曲不对称、不平衡等现象，有效地避免脊柱在形态上的不良变化。

五、收势

（一）技术要领

接上式，稍停，随即收左脚与右脚并拢，自然站立；目视前方，稍停。

（二）注意事项

（1）站立要松腰、敛臀、虚腋，两肩松沉，身体中正，自然放松；意念人与天地交流乐融融。

（2）配合深长细匀的腹式呼吸。呼吸深长的程度因人而异，顺其自然。

（三）功理作用

由动复静，巩固丹田元气，使身心调节到最佳的放松和平衡状态，以达到强身健体的目的。

第九章 高校太极养生运动开展情况及其他养生功法研究

太极养生运动是我国民族传统体育的重要组成部分,也是优秀的民族文化成果,对高校学生的发展有着积极意义,理应在高校中开展。本章将对高校太极养生运动的开展情况进行分析,并对导引养生功和八段锦进行研究。

第一节 高校太极养生运动开展情况研究

一、高校太极运动开展的原因

太极运动是一种身体文化教育,在学习的过程中不仅能起到强身健体的作用,还能帮助学生了解到太极运动的内在文化精神,并积极继承和发扬这种文化精神。

(一)高校开展太极运动的必要性

首先,中国是太极运动的发源地,历来都非常注重对太极运动的传承和发扬。近几年来,经过我国政府和从事太极运动的人们的努力,已经成功将太极运动推向了世界的舞台,并作为一项世界性的健身运动在全球各地发展起来。值得称道的是,我国海南省三亚市于2001年3月举办了首届世界太极拳健康大会,在此次大会中,我们看到了来自世界各地的优秀太极运动爱好者的精彩表现。当然作为东道主的中国也不可落人之后,在推动太极运动传播的同时,我们要进一步深入对太极运动的理论和技术研究,高等院校作为我国人才的培养基地,推动高校太极运动课程化更为必要。

其次,太极运动不同于其他的运动项目,它的锻炼目的不仅仅在于强身健体,更多的是从太极运动和谐为美的学习中感悟人生,提高审美情绪,增进道德修养。目前,高校大学生对太极运动的学习认知还没有上升到人生这一深层含义,很多学生的学习只做到形似而非神似,这样一来,太极运动的教学就失去了原本的意义。因此推动高校太极运动课程化,把太极运动作为一门独立的学科来学习,也是提高大学生专业素养的需求。

最后,推动高校太极运动课程化也是高校体育改革的需要,身体是革命的本钱,身心的全面发展才是一个人健康生活的最基本要求。我国在体育教育方面始终倡导"健康第一、强身育人"的方针,高校太极运动课程化也是促进高校体育制度改革的基本途径之一,把太极运动课程化提升到一个新的高度,摆脱形式化教学,做到真正的教书育人。

(二)高校开展太极运动的意义

在传统的高校太极运动教学模式下,学生在对这一类运动的认知上存在很大的缺陷,仅仅把它当作平时简单的身体锻炼来看待,缺乏对太极运动的深层探究和学习,导致了许多大学生只知其名,却难以道出学习这种运动的深层意义。可以说,太极运动作为我国优秀的历史文化成果,具有"崇德尚礼、修身养性、强体娱性"等鲜明的中华民族精神内涵,在现阶段依旧承载着本民族的深厚文化精神。太极运动课程化对于教育体制的改革也具有指导意义,能够提高大学生对这种运动的认知水平,推动学生对太极运动理论知识的学习,促进学生太极运动技能的提升以及美德的培育,培养出一批优秀的太极运动爱好者,并继续发扬太极运动,推动世界太极运动事业的进步。

二、高校太极运动教学开展的现状

（一）高校太极运动教学开展的总体情况

大多数的高校太极运动教学都具有有形无神的缺点，教师为完成既定的教学计划进行套路式教学，在教学的过程中关注的大都只是学生是否会做动作了，却忽视了学生是否领会了太极运动的精神。再者，部分教师的专业素养不够高，在教学中缺乏详细专业的技术指导，造成了高校太极运动教学低水平化。太极运动的要点是平心静气、以柔克刚、气沉丹田、重在内壮，太极运动的训练就是将这几点带入其中"以意引气"，而现实教学中教师都忽视了这些学习要领，导致太极运动的训练缺少韵和之感。另外，缺乏意念引导动作练习。太极运动的学习要求学生能够理解动作，自主学习并激发灵感，让意念贯穿于整套动作中，然而高校教学中，却并不注重培养学生的意念，导致太极运动的学习遇到很大阻碍。

（二）高校太极拳运动开展的情况分析

太极拳作为中国传统体育的精华，近几十年来不断发展壮大，并且从国内走向世界。据统计，在中国有近亿人练习，在日本参加正式太极拳拳社的社员有几百万之多。太极拳能够提高神经系统功能，增强心肺系统功能，强化消化系统功能，发展运动系统功能，提高心理素质。通过练习太极拳，学生在平衡力、协调性和灵活性等方面的运动能力得到很大提高，并且学生来到太极拳课堂都表现出愉快的情绪，锻炼积极，热情高涨，进步快，效果好；在睡眠上表现为睡得快，睡得深，早晨起床精神好，感觉轻松；食欲不赖；自信增强，心态积极，思想上进。经常坚持练习的学生生活节奏比较稳定，比同等年龄的人思维敏捷，反应迅速。此外，太极拳作为一种文化教育手段，具有独特的教育功能，它不仅可以通过体育行为为素质培养起到积极的导向作用,还可以帮助塑造大学生的人生观、思想观、价值观。

太极拳作为我国民族传统体育文化的典型代表,凭借其诸多的价值功能,在高校得到了广泛的开展,并且取得了不错的效果,但是在具体的教学中还存在一定的问题。第一,宣传不够。学生最熟悉的体育项目是乒乓球、篮球、足球,对其他如健美、有氧操、软式排球、太极拳等项目基本不了解,因此刚踏入大学校园就面对学校教学等诸多陌生因素,他们根本没有时间去了解消化大学体育课的各种信息就不得不匆忙选课。大部分学生都会选择他们最熟悉的项目,如乒乓球、篮球、足球等。第二,选课方式不科学。学生选课时首先考虑什么时间可选体育课(体育课没有优先权),再考虑选什么课,一大批学生在同一时间选同一体育课程,但因同一单元学科设置人数有限,多余的学生将被迫改选其他课程。第三,教学内容不够深化。学生必修体育课只有,教学大纲根据教学时数而设立,因此内容都是一些较易完成的内容如简化太极拳式竞赛套路,一些活步双推手、传统老架太极拳等未放入教学内容,不利于培养更高层次的人才。第四,练习的场地条件差。体育课教学场地都是在露天水泥地或者田径场中见缝插针,风吹日晒,偶尔还会被足球场上飞来的足球射到身上,或者就是在有氧操班旁上课,被音乐闹得入不了静。

经过不断研究,我们可以发现制约高校太极拳运动开展的因素是多方面的。首先,中国传统文化思想与大众文化的思想冲突。高校是培养社会主义事业建设者和接班人的重要场所。随着市场经济的发展,大量大众文化涌入大学校园,这有利于在校大学生对社会进步的竞争观念、平等观念的接受,但与此同时也带来了一些以各种利益为导向的拜金主义、极端主义、个人主义的负面影响。而太极文化作为中华民族优秀传统文化的代表,吸收了众多文化的营养,渗透着诸如社会责任感、处世规范等中国传统的伦理观、道德观,反映了民族个性,包含着充沛的民族情感,所蕴含的道德思想与当前高校思想道德主流文化思想是相吻合的,因此,适宜在高校传播和开展。但在大众文化思潮中,新时代的大学生喜欢追求新鲜、刺激,挑战主流文化的个性特征,使得他们与传统思想文化有着隔阂,而对大众流行文化青睐有加,这也成为影响太极文化在参与高校多元文化竞争中被束之高阁的因素之一。其次,社会大众文化与高校主流文化的直接碰撞。高校主流文化是以思想道德教育为核心内容,通过引导大学生高尚的思想品德和情操,来追求并养成健康文明的生活理念和生活方式。伴随经济全球化的发展、网络科技的进步,以商业化、时尚化为代表的快餐文化不断冲击着高校校园,使得高校主流文化在与中国传统文化的融合中面临着巨大挑战。"越是民族的,越是世界的",太极文化中的民族内涵与理念十分符合高校主流文化思想,有助于大学生思想道德的培养,但受大众文化的冲击,加上太极拳缓慢柔和的特点与大学生的年龄特征、个性存在一定的冲突,使得他们在练习过程中有抵触情绪,从而制约了太极拳运动在高校的开展和传播。再次,高校课程教学与实际需求相背离。太极文化能否在高校校园更好地传播,归根结底在于太极拳运动在高校开展的情况。太极拳集健身性、文化性、民族性、世界性于一体,符合《全国普通高等学校体育课程教学指导纲要》确立的体育课程设置内容原则。但是,现实情况下太极拳在高校开展的情况并不理想,与国家出台的教育政策相背离,究其原因主要有以下几点:(1)高质量的师资队伍短缺。太极拳在高校校园开展并不理想的原因,很大程度是由于缺乏优秀师资力量,包括专项太极拳教师的数量、素质以及培养,都还存在着一定的问题和困难。(2)太极拳传承方式与现行体育教学模式相冲突。武术起源于我国农耕文明,在传承方式上,主要是以师徒、血缘等小群体传授为主,这与现代学校教育采取多人班级教学模式形成鲜明对比。其次,像太极拳中的一些导引吐纳练习方式,包含"阴阳开合""内外相随"的中国古典文化传统理论,与现今教学中简洁、准确的科学理论相比,也显得模糊和难以理解,不易被学生所接纳。在两种模式冲突的前提下,授课教师要想在有限的课堂教学时间里,既要保证教学质量,又要完成教学大纲规定的教学任务,难度很大。(3)太极拳运动的特点与大学生的个性、需求相矛盾。练好太极拳的门槛太高,要把结构严谨、节奏分明、形象取意的动作做到行云流水般地流畅,需要大量的练习时间来保证,和一些简单易学、趣味性强的体育项目相比,太极拳毫无优势可言。

此外,学校太极拳教材缺乏一些能使学生亲身体验的"快乐"性内容,如太极拳的攻防含义等,单一的以太极套路为主的教学模式无法满足学生多样性的需求,最终会给终身体育的实施带来阻碍。

(三)高校其他太极运动开展的情况分析

1.太极功夫扇的开展情况

太极功夫扇作为新兴大众体育项目,在群众中有一定的基础,简单易学,且对身体协调性、音乐、乐感等方面要求不高,正是由于这些原因,很容易在学生中形成体育锻炼的思维和意识。形成终身体育锻炼意识,能够使他们感受到其中的乐趣和集体主义精神。太极功夫扇吸取中华传统武术精华,在创编中进行大胆、有益的新探索和新创造,把太极拳的动作和不同风格特点的武术动作熔为一炉,巧妙糅进其他武术项目以及京剧、舞蹈等的动作,与现代歌曲"中国功夫"的节奏相结合,形成了载歌载舞、快慢相间、刚柔并举、活泼新颖、情趣盎然的特色,令人耳目一新。特别是团队表演,更显得场面恢宏、气势磅礴。太极功夫扇不仅适合表演,而且具有显著的健身效果,经常练习,可以陶冶情操,强身健体,获得前所未有的武术健身乐趣。它的推广普及,不仅丰富了学生的健身活动内容,也增加了健康生活的趣味性、多样性,增强健身效果,能激发学生健康向上、积极乐观的精神风貌。太极功夫扇引入高校体育教学,在实现轻松、快乐锻炼的前提下,不仅能提高学生的体育文化欣赏能力、音乐欣赏能力,同时还让学生掌握了太极功夫扇的基本方法和技能,科学地进行体育锻炼,为终身体育锻炼奠定基础。

太极扇运动的宣传与推广得益于申办2008年奥运会中民族体育文化展示这一平台。2002年数千人汇聚天安门广场表演太极功夫扇,作为申奥中民族文化展示的体育项目之一,其磅礴的气势独特新颖的动作立即受到了社会广大群众和国家奥组委等组织机构官员的关注。此次活动展示成为今后太极扇项目在国内外推广有力的宣传窗口。此后自2005年以来在国际、国内的重大赛事开幕式上都有太极扇的亮相展示。受此影响,太极功夫扇的表演也逐渐出现在各大高校的校园中,如2007年西北大学的运动会、湖南师大70年校庆、河南工业大学第四届校运动会开幕式、呼和浩特职业学院2008年校运会、江西蓝天学院运动会开幕式和闭幕式上等都有太极扇表演。但是也可以看出,太极功夫扇在高校中主要是出现在一些表演活动上,而鲜有作为教学内容得以开展。受传统大纲的影响,高校武术选修课主要以套路学习为主,学生对太极功夫扇尚缺乏深入的了解,所以太极功夫扇在高校尚需进一步的宣传和推广。

2. 太极柔力球的开展情况

太极柔力球起源于我国民间,于1992年正式向社会推广,它是一项融传统(太极)运动方式与现代竞技于一体,集健身性、娱乐性、民族性、表演性、竞技性和活动方式多样性为一身的优秀体育项目,然而这样一项优秀的体育项目在全国高校范围内的普及和推广却还不够全面。

到目前为止,全国高校中只有北京体育大学、沈阳体育学院、武汉体育学院、山西财经大学等高校开展了此项运动。然而虽然,有些高校的大学体育课程已把太极柔力球纳入其中,甚至开设了体育专业学生选修课,但是在课时上的安排却较少,有的把太极柔力球的内容糅合在太极拳课程里。虽然高校已经关注到此项运动,并愿意把太极柔力球引入大学体育教学课程中,但是,还有大部分的高校没有涉及此项内容。造成当前这种现状的原因主要有两点:第一,教学的师资力量不足,大部分体育教师对此项运动没有进行系统的学习,缺少相关技能和经验,导致不能较好地进行授课;第二,高校学生对太极柔力球这项运动本身还不够了解,学习兴趣并不浓厚。

通过调查得出,大部分高校教师对太极柔力球有一定的了解,这为太极柔力球在该地区高校中的进一步推广创造了很好的条件。至于不了解的原因可能与教师获得信息的途径有关。教师了解太极柔力球的主要途径是通过在路上看到人们练习而认识。练习太极柔力球最多的是中老年人,这个结果能够反映出,目前太极柔力球在社会上已被人们认可,尤其是深受中老年人的欢迎。由于练习太极柔力球只要有一块平整的场地即可,比如商场门前、市民广场、公园等地方,只要有人锻炼,这便为教师们提供了更多认识的机会。互联网、电视媒体以及报纸、杂志等宣传途径也是教师了解太极柔力球的重要途径,这说明宣传已取得了一定成效,但力度还有所欠缺。大部分教师愿意参加太极柔力球培训班的学习,并表示愿意在本校从事太极柔力球的教学工作。而大部分学生没听说过,甚至有很多人从没见过球拍和球是什么样子,听说过的学生只占少数。可见,目前太极柔力球项目还没有完全走进大学校园,大部分学生对太极柔力球不了解,并且了解程度远不及教师,说明大学生了解太极柔力球的途径相对较少。这种情况反映出两方面:一方面他们所在学校没有开设太极柔力球课;另一方面与大学生社会交往较少有关。大部分大学生对开设太极柔力球项目感兴趣,在感兴趣的大学生中以女大学生居多,这说明大部分学生对开设太极柔力球课感兴趣,尤其是女大学生。这可能是由于男女生生理和心理发展特点方面的差异所导致的。大部分男生好动,喜欢对抗性较强、竞争激烈的运动,如篮球、足球等;女生则比较内向,怕受伤,喜欢安全性较高的运动,如体育舞蹈、乒乓球等项目。在具体内容方面,高校学生最喜欢的内容是隔网对抗,套路表演紧随其后,自选动作占比最少。隔网对抗的喜好人数占比最多,不仅是因为隔网对抗更具有挑战性和趣味性,而且也因为它符合学生年龄阶层的生理和心理特点。而自选动作因为其难度较大,既需要学生具有一定的音乐领悟能力,又需要学生具有创编能力,所以目前对它感兴趣的学生数量较少。高校学生对太极柔力球运动的学习动机各种各样,在各种学习动机中,个人爱好占大部分。兴趣是最好的老师,它能够为人们提供强大的动力,只要某个运动符合个体兴趣,那么他们的积极性就会高涨,对于此项运动的学习和掌握就能起到很大的推动作用。太极柔力球运动不同于一般的体育运动项目,正是因为它的运动方式新颖,所以自然会引起广大高校学生的学习兴趣,此外还有些学生以强身健体、易得学分、跟随同伴或人际交往的目的进行太极柔力球的学习。

三、高校太极运动开展的对策

(一)设计科学的太极运动课程化模式

太极运动课程化即将太极运动发展为一门独立的体育学科,让学生在专业而又系统的教学模式中把握太极运动学习的重点的前提下,再进行学习。太极运动课程分为理论教学和实践技术、技能教学两个部分,在这两个教学内容下都包含普修和专修两类教学方式。太极理论课程专修包括太极运动的经典要论学习、训练手段与原则、技术分析与研究等,普修课程包括太极运动的表演与竞赛、锻炼常识和发展概述等。太极技术技能课程专修包括太极运动的竞赛套路选修和传统套路选修、各种活步推手和太极散手训练,普修课程包括太极运动的基本手型、步型训练和简化套路、柔身协调功法训练等。将太极运动的课程教学统分为以上几种类型,方便加深学生对太极运动的了解,培养学生对太极运动的兴趣,更利于太极运动在高校学生中的深入发展。并且,系统地学习太极运动的理论知识,了解练习太极运动的基本理念,更有利于学生学好这门学科,培养出更多的太极运动人才。

（二）制定合理的教学计划和训练手段

1. 从松柔技术着手，培养动作的协调性

太极运动一般以"柔性之美"著称，一套太极运动注重的便是肢体的柔软和协调。不少初学者往往领悟不了以柔克刚的运动内涵，做出的动作不太协调，更缺少太极运动应有的和谐韵味。"柔身协调缠丝功法"是太极运动的入门教学方法，它的基本内涵就是将身体的各个关节部分打通并联合起来，让每一套动作都能按照顺序从身体各个部位柔和地表现出来，进行协调多方位的缠丝练习。老师在实际教学中，首先要将每个动作分解开，对动作要领加以指导，特别是某一关节部位的练习以及协同发劲、化劲等方法，加深学生对动作要领的理解，然后还要将分解后的动作再连接起来，组成一连串和谐优美的动作。在教学中要特别注意培养学生的柔身协调能力，也可以使用不同节奏的音乐带动学生的情绪，提高身体韵律感，找到太极运动柔和的要点。

2. 太极运动课程教学理论与实践同步

太极运动学习的重点是学生的学与用，一般步骤都是学习新的理论，再加以吸收并运用。为提高太极运动教学效果可以采取边教套路边教推手的方法，让理论与实践同时进行。在具体的实践教学中，将太极运动每一套动作分为几个小组分别进行讲解，要求学生在运动的过程中感悟不同动作的要领以及运动过程中的感觉。太极运动的学习不同于其他运动项目的是它更注重学生的体验，让学生在自身体验中将每一步动作顺利地串联起来，当然，如果有这样的学习体验就说明学到了太极运动的精髓。

3. 组合桩功，提升内劲

太极运动重在韵和，韵和的体现在于"功力"的训练，站桩是功力训练的主要途径。站桩的训练可以用来集聚身体的内劲，达到增强功力的效果。其中组合桩的训练方法更契合大学生的学习需求,既有效又有趣味,然后结合一些简单的基本架势进行学习和感悟,比如在训练中将野马分鬃的招式重复不断练习,就会慢慢找到发力的关键点结合内力打出具有神韵的太极运动。

（三）发挥高校教学条件优势

高校是专业人才、专业技术和人力资源的汇聚地,其中大学生作为一群优秀的可供开发的人力资源,为太极运动的发展注入了新鲜的血液,是日后推动太极运动继续发展的主要力量。比如高校可利用电教手段,多方引进关于太极运动的优秀的教学方式,并要求学生通过观看专家教学视频或者是运用先进的教学设备改善传统的太极运动教学,以提高学生对太极运动的学习能力。另外,高校也具备组织太极运动学习团体的条件,可以建立一个太极运动兴趣社团或是研讨会,通过社团内部的学习,推动太极运动在大学生中的传播与学习。

（四）培训专业的教学人才

教学人才在太极运动的传播与教学中担任着重要的角色,从事太极运动的教学人才是否具备足够的专业素养直接决定了大学生学习太极运动的效果。因此,高校实行太极运动课程化的前提便是聘用高资质的教学人员,或者培训本校的教学人员以提高他们的教学素质,让学生能够在正确且专业的教学指导下学习太极运动。

第二节　导引养生功

一、导引养生功概述

我国的导引养生文化源远流长、博大精深,是中华民族医学、保健学以及长寿学的重要组成部分,是我国劳动人民同大自然和自身疾病做斗争的产物,为中华民族的身心健康、种族繁衍和国家文明做出了重要贡献。

导引养生功十二法是通过意识的运用、呼吸的控制和形体的调整使生命优化的自我经络锻炼的方法。它是一套提高五脏六腑机能、有助于防治疾病的经络导引术,其动作不仅具有丰富的文化内涵,理深意远,而且俏丽清新、简练易学。

二、导引养生功十二法动作方法

(一)预备式

两脚并步站立,周身放松,两眼轻闭或者平视前方,两牙齿轻轻叩起,当听到默念口诀时,默念"夜阑人静万虑抛,意守丹田封七窍,呼吸徐缓搭鹊桥,身轻如燕飘云霄",同时两手要叠于丹田,左手放在里面。口诀念完,两手慢慢放下。

(二)乾元启运

重心移至右脚,左脚向左开步,稍宽于肩,头向左转,同时两臂内旋,摆至与肩平,目视左手,配合吸气,两臂稍外旋,将手摆至胸前,目视前方。蹲腿屈膝,两肘下沉带动两手下按于腹前,两手与肚脐相平,要松腰敛臀,目视前方,配合呼气。两腿伸直,头向右转,目视右手,同时两臂内旋,摆至与肩平,配合吸气;两臂稍外旋,将手摆至胸前,重心移至右腿。左脚并拢,两腿由屈逐渐伸直,两手下落置于身体两侧,配合呼气,目视前方。

右式动作与左式相同,方向相反。

(三)双鱼悬阁

身体半面45°转身向左,同时,两臂内旋(臂与身体的夹角约为60°),身体半面右转,右腿下蹲,左脚跟提起,右手放在左手的脉口上,同时成左丁步(手的高度是放在右小腹前)。左脚绷脚向左前方上步,同时左手向右前方伸出,以腰为轴,身体后坐,两手两臂随着腰的旋转,相合于胸前,身体转正。左脚并拢,双腿慢慢伸直,右手上托,左掌下按,指尖朝内。目视右手,沉肘带手落于体侧,目视前方。

右式动作与左式相同,方向相反。

(四)老骥伏枥

重心移至右脚,左脚向左开一大步,脚尖朝前,同时,两手与两臂外旋,摆至与肩平。两手握拳,两肘相靠,肘尖下垂(拳面与下颌平齐,两肘靠紧,压迫胸腔)。两拳变掌,随两臂内旋向前上方举起,两手的距离稍宽于肩,两腿下蹲成马步,同时两手逐渐成勾手向后勾挂,眼睛逐渐向左看,身体中正,脚尖朝正前方。两勾手变掌,两手背相靠叠于腹前,两腿伸直,卷指弹甲,经面前向左右分开,两掌与肩同高,肘自然下垂。重心移至右腿,并步、沉肘,两臂随两腿伸直,慢慢下落垂于体侧。意守太渊。

右式动作与左式相同,方向相反。

(五)纪昌贯虱

左脚开步,两拳变掌前推,手腕与肩同高。两手轻握拳,身体向左转,左腿弯曲,右腿伸直,脚跟侧蹬,捻动涌泉,成拉弓射箭式,两拳由轻握转紧握,手抠劳宫,右手从左肘前、左胸前拉到右胸前。两拳变掌,掌心向下,身体转正,右腿跟向里捻动,脚尖向前,重心移至右脚,目视前方。左脚向右脚并拢,两手随之轻轻握拳,随两腿伸直,紧握收于腰侧。

右式动作与左式相同,方向相反。

(六)躬身掸靴

身体向左转,左拳变掌向左后方伸出去,高高举起,随着身体右转,摆到身体右前方,下落至右肩前。身体向右前方躬身,两腿伸直,稍抬头,摩运右腿外侧,掸靴,掸至左脚外面。左手随左臂外旋,轻轻握拳,慢慢起身,左拳贴左腿而上至左膝外侧。身体竖直,左拳紧握,手抠劳宫,收于腰侧。

右式动作与左式相同,方向相反。

(七)犀牛望月

重心移到右脚,左脚向左开一大步,同时两拳变掌坐腕后撑,重心左移至左脚,两手放松。身体左转,右脚跟侧蹬,捻动涌泉,两手从两侧抖腕,分别亮于头的左右前侧方,两臂成弧形,掌指相对。右脚跟向里捻动,两臂外旋,两眼先注视左手,随重心移到右脚,两手摆至胸前。左脚并步,两手内旋,掌心向下,下落至体侧后再握拳收于腰侧。

右式动作与左式相同,方向相反。

(八)芙蓉出水

左脚开步,身体微蹲,两手手背叠于小腹前,随着腿伸直,两手叠腕卷指弹指甲,经面前分向身体的两侧,两目平视前方。身体左转,两手轻轻握拳,右脚向左脚左后方插步,两拳屈于胸前,右拳在上左,左拳在下,拳心向下,下蹲成盘根步。右拳拉至右肩前,左拳随着左臂内旋,收于左胯旁,翘腕。右手下落,左手向上,掌根相靠,收于胸前,身体直起,右脚收回,两掌经胸前同时上举于额前,头向后仰。重心移至右腿,左脚并步,两腿微屈,两手随着肘下沉垂于体侧,两腿伸直,目视前方。

右式动作与左式相同,方向相反。

(九)金鸡报晓

随着吸气提肛收腹,两手成勾手,百会上顶脚跟拔起,头向左转,两手向两侧抬起与肩平,手腕尽量弯曲。脚跟落地,两腿半蹲,两勾手变掌,沉肘落于胯旁,手心朝下,手指朝侧。腿逐渐伸直,两手成勾手摆至小腹前,左脚向后抬起,屈膝脚底朝上,两勾手经小腹摆至头上方。右脚下蹲,左脚并步,两手变掌慢慢下落,垂于身体两侧。

右式动作与左式相同,方向相反。

(十)平沙落雁

眼睛向右看,二掌以腕关节的顶端领先,摆至与肩平。左脚向右脚的右后方插步,同时两肘下沉,手心向下,手指朝侧,收于两肩上侧。身体下蹲,成盘根步,两手侧推,沉肩、伸肘、坐腕、翘指,左脚着地。两臂伸直,腕关节的顶端领先,随着两腿伸直摆至与肩平,稍沉肘。两肘内收,手心向下,手指朝侧,收于两肩上侧,慢慢下蹲,目视右手,成盘根步,沉肩、伸肘、坐腕、翘指,左脚着地。两臂伸直,腕关节的顶端领先,随着两腿伸直摆至与肩平,稍沉肘,动作徐缓,速度均匀。沉肘带手,左脚收于右脚旁,并步,腿伸直,两手落于体侧。

右式动作与左式相同,方向相反。

(十一)云端白鹤

脚趾上翘,合谷沿身体的两侧摩运至大包,合谷捻动大包、压迫大包,手指朝后。脚趾抓地,两腿半蹲,两手贴胸摩运至胸前,叠腕卷指向两侧分开与肩平,两膝相靠。百会上顶,两腿伸直,脚跟拔起,两手经两侧上举至头上方,抖腕。两腿伸直,脚跟落地,两手同时落于身体两侧。

同样动作做两遍。

(十二)凤凰来仪

上身左转45°,两臂内旋,摆至与肩平后手心向上移到胸前。身体下蹲,左脚绷脚上步,由虚步变成提步,重心前移,两手逐渐成勾手,向身后勾挂,目视左前方。重心后移成虚步,前脚尖上翘,两勾手变掌,十字交叉,左手在里,右手在外,掌心朝内,合于胸前。身体转正,目视前方。两手转掌心朝外,经面前分开,手腕与肩高。左脚并拢,两腿伸直,两手下落垂于体侧,目视前方。

右式动作与左式相同,方向相反。

(十三) 气息归元

随着吸气提肛收腹,两臂内旋摆至体侧,两掌随两臂外旋,手心朝前。呼气,气沉丹田,两腿半蹲,两掌合抱,收于腹前。同样动作共做三次,第三次最后一动时,两手叠于丹田,男性左手在内,女性右手在内。

(十四) 收势

两臂内旋,左右分开,手心向后,两臂外旋,手心向前,两手叠于丹田。男性左手在内,女性右手在内。赤龙搅海,先从左向右绕三周,再由右向左绕三周。将唾液分三口咽下。

第三节 八段锦

一、八段锦运动概述

对于八段锦的创始人与创始时间,到目前为止还没有确切的说法。通过对在湖南长沙马王堆三号墓出土的《导引图》研究发现,其中至少有4幅图势与八段锦图势中的"调理脾胃须单举""双手攀足固肾腰""左右开弓似射雕""背后七颠百病消"相似。另外,最早出现"八段锦"是在南宋洪迈所著的《夷坚志》中:"政和七年,李似矩为起居郎……尝以夜半时起坐,嘘吸按摩,行所谓八段锦者。"由此可以看出,在北宋时期,就已经出现八段锦了。

南宋时期,曾慥著《道枢·众妙篇》中就出现了对立式八段锦的描述:"仰掌上举以治三焦者也;左肝右肺如射雕焉;东西独托,所以安其脾胃矣;反复而顾,所以理其伤劳矣;大小朝天,所以通其五脏矣;咽津补气,左右挑其手;摆鳝之尾,所以祛心之疾矣;左右手以攀其足,所以治其腰矣。"陈元靓所编的《事林广记·修真秘旨》中为八段锦定名:"昂首仰托顺三焦,左肝右肺如射雕;东脾单托兼西胃,五劳回顾七伤调;鳝鱼摆尾通心气,两手搬脚定于腰;大小朝天安五脏,漱津咽纳指双挑。"传统八段锦在民间广泛流传是在清末时期。这一时期,清末的《新出保身图说·八段锦》中首次以"八段锦"为名,并绘有图像,形成了较完整的动作套路。

八段锦以其显著的健身特征为广大群众所喜欢,同时,在高校中,八段锦也得到了一定程度的发展,并且还将在各种政策的支持下,在健身热潮的推动下,向更远的方向继续发展。

二、八段锦运动方法

(一)预备式

身体直立,两臂下垂,全身放松,舌抵上腭,目光平视。

(二)两手托天理三焦

随着吸气,两臂从体侧缓缓上举至头顶,掌心朝上;两手指交叉,内旋翻掌向上撑起,肘关节伸直,如托天状;同时两脚跟尽量上提,抬头,眼看手背。随着呼气,两臂经体侧缓缓下落;脚跟轻轻着地,还原成预备式。(图9-1)

图9-1

(三)左右开弓似射雕

左脚向左横开一步,屈膝下蹲成马步,同时两臂屈肘抬起,右外左内在胸前交叉。左手拇指和食指撑开成八字,其余三指扣住,缓缓用力向左侧平推,同时右拳松握屈肘向右平拉,似拉弓状,眼看左手,此为"左开弓"。两臂下落,经腹前向上抬起,在胸前交叉,右手在内,左手握拳在外。然后做右开弓。(图9-2)

图9-2

(四)调整脾胃须单举

并步直立,两臂屈肘上抬至胸前,掌心向下。左手内旋上举至头顶,同时右手下按至右胯旁,此为"左举"。左手向下,右手向上至胸前;"右举"与左举动作相同,唯左右相反。(图9-3)

图9-3

(五)五劳七伤往后瞧

两脚并步,头缓缓向左、向后转,眼看后方。上动稍停片刻,头慢慢转回原位;头再次缓缓向右、向后转,眼看后方。(图9-4)

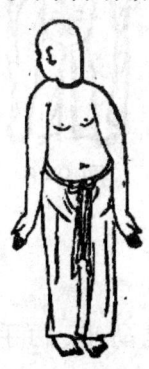

图9-4

(六)摇头摆尾去心火

左脚向左横跨一步成马步,两手扶按在膝上,虎口朝里。随着吸气,头向左下摆,臀部向右上摆,上体左倾;随着呼气,头向右下摆,臀部向左上摆,上体右倾。上体前俯,头和躯干和向左、向后、向右、向前绕环一周。(图9-5)

图9-5

(七)双手攀足固肾腰

两脚并步,上体后仰,两手由体侧移至身后。上体缓缓前俯

深屈,两膝挺直,两臂随屈体向前、向下,用手攀握脚尖(或手触地),保持片刻。(图9-6)

图9-6

(八)攒拳怒目增力气

左脚向左平跨一步成马步,两手握拳抱于腰间,眼看前方。左拳向前用劲缓缓冲出,小臂内旋拳心向下。左拳变掌,再抓握成拳收抱腰间。右拳向前用劲缓缓冲出,小臂内旋拳心向下。左、右侧冲拳的方法与左、右前冲拳动作相同,方向由前变为侧。(图9-7)

(九)背后七颠百病消

两手左里右外交叠于身后;脚跟尽量上提,头上顶,同时吸气。足跟轻轻落下,接近地面,但不着地,同时呼气。(图9-8)

图9-7

图9-8

参考文献

[1] 白榕. 太极柔力球教学与研究 [M]. 太原：山西农业大学期刊社，2004.

[2] 冯志强. 太极拳全书 [M]. 北京：学苑出版社，2000.

[3] 周庆海. 养生太极拳太极剑太极扇 [M]. 北京：化学工业出版社，2016.

[4] 国家体育总局健身气功管理中心. 健身气功：太极养生杖、导引养生功十二法、十二段锦、马王堆导引术、大舞 [M]. 北京：人民体育出版社，2012.

[5] 金文泉，李广周. 太极养生真法：养精、补气、调神 [M]. 北京：科学出版社，2010.

[6] 李德印. 三十二式太极剑——教与学 [M]. 北京：北京体育大学出版社，1997.

[7] 李恩荆，曹东平，王大平. 太极柔力球与小球运动 [M]. 武汉：华中师范大学出版社，2007.

[8] 邱丕相，蔡仲林. 传统体育养生教程 [M]. 北京：高等教育出版社，2011.

[9] 全国体育院校教材委员会. 中国传统体育养生学 [M]. 北京：人民体育出版社，2006.

[10] 杨丽. 太极扇教程 [M]. 北京：北京体育大学出版社，2013.

[11] 尹海立. 传统体育养生方法导论 [M]. 北京：高等教育出版社，2008.

[12] 余功保. 太极健康号快车 [M]. 北京：中国旅游出版社，2005.

[13] 宋志毅. 陈式太极拳老架一路对高校大学生体质相关指标影响的实验研究 [D]. 开封：河南大学, 2010.

[14] 孙祥莲. 太极柔力球运动的体育美学特征及审美价值的研究 [D]. 南京：南京师范大学, 2014.

[15] 周慧虹. 太极身心灵修炼及其和谐价值研究 [D]. 长沙：湖南师范大学, 2012.

[16] 蔡中, 蔡智忠, 毛海燕. 太极扇运动的价值与制约其发展的因素分析 [J]. 体育科技文献通报, 2012, (2).

[17] 蒋鸣. 太极扇对太原市老年人健康的影响 [J]. 山西煤炭管理干部学院学报, 2010, (4).

[18] 李恩荆. 太极柔力球的现状与发展对策 [J]. 北京体育大学学报, 2002, (6).

[19] 李小妮. 太极柔力球运动的体育美学特征及审美价值的研究 [J]. 体育世界（学术版）, 2015, (1).

[20] 刘鑫. 哲学视角下的太极养生文化研究 [J]. 少林与太极（中州体育）, 2015, (8).

[21] 石健东, 梁风, 陶意敏. 浅谈普通高校开展太极柔力球运动的价值 [J]. 体育科技文献通报, 2008, (5).

[22] 王昌明. 太极剑的健身价值探讨 [J]. 群文天地, 2011, (2).

[23] 王海英. 太极柔力球运动对促进中老年健康的价值研究 [J]. 黑龙江科技信息, 2010, (35).

[24] 王楠. 中国传统体育养生观及其现实意义 [J]. 少林与太极（中州体育）, 2009, (5).

[25] 魏真等. 少林养生体育理论基础探析 [J]. 山东体育学院学报, 2010, (1).

[26] 张丽娟. 从"形神合一"解析健身气功太极养生杖的调心机理 [J]. 河南中医, 2016, (9).